新世纪高职高专
市场营销类课程规划教材

市场营销实务

SHICHANG YINGXIAO SHIWU

新世纪高职高专教材编审委员会 组编
主 编 宣春霞
副主编 傅 兰 魏成平
主 审 罗小东

大连理工大学出版社
DALIAN UNIVERSITY OF TECHNOLOGY PRESS

图书在版编目(CIP)数据

市场营销实务 / 宣春霞主编. — 大连 ：大连理工大学出版社，2010.10(2013.7 重印)
新世纪高职高专市场营销类课程规划教材
ISBN 978-7-5611-5841-8

Ⅰ.①市… Ⅱ.①宣… Ⅲ.①市场营销学—高等学校：技术学校—教材 Ⅳ.①F713.50

中国版本图书馆 CIP 数据核字(2010)第 198403 号

大连理工大学出版社出版

地址：大连市软件园路 80 号　邮政编码：116023

发行：0411-84708842　邮购：0411-84703636　传真：0411-84701466

E-mail：dutp@dutp.cn　URL：http://www.dutp.cn

丹东新东方彩色包装印刷有限公司印刷　大连理工大学出版社发行

幅面尺寸：185mm×260mm　印张：15.5　字数：358 千字

印数：6001～7500

2010 年 10 月第 1 版　2013 年 7 月第 3 次印刷

责任编辑：雷春雨　责任校对：黄慧敏

封面设计：张　莹

ISBN 978-7-5611-5841-8　定　价：30.00 元

总　序

我们已经进入了一个新的充满机遇与挑战的时代，我们已经跨入了21世纪的门槛。

20世纪与21世纪之交的中国，高等教育体制正经历着一场缓慢而深刻的革命，我们正在对传统的普通高等教育的培养目标与社会发展的现实需要不相适应的现状作历史性的反思与变革的尝试。

20世纪最后的几年里，高等职业教育的迅速崛起，是影响高等教育体制变革的一件大事。在短短的几年时间里，普通中专教育、普通高专教育全面转轨，以高等职业教育为主导的各种形式的培养应用型人才的教育发展到与普通高等教育等量齐观的地步，其来势之迅猛，发人深思。

无论是正在缓慢变革着的普通高等教育，还是迅速推进着的培养应用型人才的高职教育，都向我们提出了一个同样的严肃问题：中国的高等教育为谁服务，是为教育发展自身，还是为包括教育在内的大千社会？答案肯定而且唯一，那就是教育也置身其中的现实社会。

由此又引发出高等教育的目的问题。既然教育必须服务于社会，它就必须按照不同领域的社会需要来完成自己的教育过程。换言之，教育资源必须按照社会划分的各个专业（行业）领域（岗位群）的需要实施配置，这就是我们长期以来明乎其理而疏于力行的学以致用问题，这就是我们长期以来未能给予足够关注的教育目的问题。

如所周知，整个社会由其发展所需要的不同部门构成，包括公共管理部门如国家机构、基础建设部门如教育研究机构和各种实业部门如工业部门、商业部门，等等。每一个部门又可作更为具体的划分，直至同它所需要的各种专门人才相对应。教育如果不能按照实际需要完成各种专门人才培养的目标，就不能很好地完成社会分工所赋予它的使命，而教育作为社会分工的一种独立存在就应受到质疑（在市场经济条件下尤其如此）。可以断言，按照社会的各种不同需要培养各种直接有用人才，是教育体制变革的终极目的。

随着教育体制变革的进一步深入，高等院校的设置是否会同社会对人才类型的不同需要一一对应，我们姑且不论。但高等教育走应用型人才培养的道路和走研究型（也是一种特殊应用）人才培养的道路，学生们根据自己的偏好各取所需，始终是一个理性运行的社会状态下高等教育正常发展的途径。

高等职业教育的崛起，既是高等教育体制变革的结果，也是高等教育体制变革的一个阶段性表征。它的进一步发展，必将极大地推进中国教育体制变革的进程。作为一种应用型人才培养的教育，它从专科层次起步，进而应用本科教育、应用硕士教育、应用博士教育……当应用型人才培养的渠道贯通之时，也许就是我们迎接中国教育体制变革的成功之日。从这一意义上说，高等职业教育的崛起，正是在为必然会取得最后成功的教育体制变革奠基。

高等职业教育还刚刚开始自己发展道路的探索过程，它要全面达到应用型人才培养的正常理性发展状态，直至可以和现存的（同时也正处在变革分化过程中的）研究型人才培养的教育并驾齐驱，还需要假以时日；还需要政府教育主管部门的大力推进，需要人才需求市场的进一步完善发育，尤其需要高职教学单位及其直接相关部门肯于做长期的坚忍不拔的努力。新世纪高职高专教材编审委员会就是由全国100余所高职高专院校和出版单位组成的旨在以推动高职高专教材建设来推进高等职业教育这一变革过程的联盟共同体。

在宏观层面上，这个联盟始终会以推动高职高专教材的特色建设为己任，始终会从高职高专教学单位实际教学需要出发，以其对高职教育发展的前瞻性的总体把握，以其纵览全国高职高专教材市场需求的广阔视野，以其创新的理念与创新的运作模式，通过不断深化的教材建设过程，总结高职高专教学成果，探索高职高专教材建设规律。

在微观层面上，我们将充分依托众多高职高专院校联盟的互补优势和丰裕的人才资源优势，从每一个专业领域、每一种教材入手，突破传统的片面追求理论体系严整性的意识限制，努力凸现高职教育职业能力培养的本质特征，在不断构建特色教材建设体系的过程中，逐步形成自己的品牌优势。

新世纪高职高专教材编审委员会在推进高职高专教材建设事业的过程中，始终得到了各级教育主管部门以及各相关院校相关部门的热忱支持和积极参与，对此我们谨致深深谢意，也希望一切关注、参与高职教育发展的同道朋友，在共同推动高职教育发展、进而推动高等教育体制变革的进程中，和我们携手并肩，共同担负起这一具有开拓性挑战意义的历史重任。

新世纪高职高专教材编审委员会

2001年8月18日

前言

《市场营销实务》是高职高专教材编审委员会组编的市场营销类课程规划教材之一。

市场营销是一门操作性、实践性很强的学科。本教材的编写依据现代营销岗位的实际工作内容，着眼于培养学生的职业素质、营销技能和创业能力，打破了以知识传授为主要特征的传统模式，基于工作过程开发，把营销基本理论和创业过程相结合，通过引入模拟公司的形式，以工作任务为引领，以项目化教学为载体，让学生自己模拟创业团队来学习市场营销知识。本教材的编写思路重点突出以下几个方面的特点：

1. 体例新颖。打破了按章节进行讲授的传统模式，结合实训基地和学生培养目标，设计了认识市场营销、市场选择、市场定位、营销策划及营销实施五个情境。每个情境教学中由学生根据自己选择的市场为前提，并结合大量实战案例进行专题式的讲解和教学。

2. 强化实践，实行商战项目链接。将培养学生的营销意识、市场眼光、职业技能融入教学内容，把项目教学的内容与各个情境紧密呼应，每个情境均设计了多个贴近商战的教学项目，以项目引导课程开展，使教学过程与营销过程一体化，把理论融入现实，着重强调实用性和可操作性，增强趣味性。

3. 定位准确，突出学生主体地位。本教材以营销职业能力培养为重点，以消费品营销工作过程为主线，采用任务驱动、项目导向的教学模式，灵活运用案例分析、分组讨论、角色扮演、启发引导、实战体验等教学方法，构建立体化、多层次的实践教学体系，做到教、学、做一体化。

本教材编审团队由具有丰富教学经验与实战经验的一线教师和企业营销专家组成，由江苏省青蓝工程骨干教师、健雄职业技术学院宣春霞任主编，由健雄职业技术学院傅兰、乌鲁木齐职业大学魏成平任副主编，健雄职业技术学院张薇、周琪玮参与了本教材的编写。具体分工如下：学习情境一由傅兰编写；学习情境二由张薇编写；学习情境三由魏成平编写；学习情境四由宣春霞编写；学习情境五由傅兰和周琪玮共同编写。江苏史泰博（中国）文化办公用品公司的崔晓春经理和太仓华联商厦的殷洪经理对本教材中各项目中的工作实施进行了策划和审定。四川商务职业学院罗小东审阅了全稿。

本教材可作为高职高专院校及成人高校营销、连锁经营管理、国贸、物流等专业的教学用书，也可作为其他专业学生和企业营销人员的培训教材，同时也可以供社会中有志于创业的读者参阅。

本教材在编写过程中，参考了大量国内外同类教材和专家学者的研究成果，恕不能一一列出，在此谨向各位作者致谢！尽管我们始终致力于探索高职高专院校工学结合的人才培养模式，并以此来设计教材内容，但限于编者的水平和能力，本教材还存在许多不足之处，恳请读者批评指正。同时，为方便教学，本教材配有课件，欢迎登录我们的网站进行下载。

所有意见和建议请发往：gzjckfb@163.com
欢迎访问我们的网站：http://www.dutpbook.com
联系电话：0411-84707492　84706104

编　者

2010年10月

目　录

学习情境一

认识市场营销

【案例引入】

IBM的口号是:“一切为了销售”,“一切为了用户”,“人人参与销售”,“人人参与服务”。IBM与用户打交道,不单纯是为了推销产品,而是要替用户排忧解难。IBM公司认为,把产品销售出去,安装好仅仅是服务的开始。在这以后,公司要时时同用户保持联系,提供用户需要的各种维修和服务。IBM认为,建立买卖双方相互信任的伙伴关系,才能保证企业的长盛不衰。我们能从中获得哪些有益的启示?

【工作项目】

要了解如何应用现代营销理念来组建模拟公司,进行创业实践,需要完成以下的各项目工作:

项目1　认识营销内涵

项目2　确立正确的营销观念

项目3　创设模拟营销公司

项目1 认识营销内涵

【知识目标】

- 掌握市场营销的基本概念

【能力目标】

- 能准确理解和灵活运用各种营销理念指导实践

【任务分解】

工作任务1 理解市场营销的概念

工作任务2 掌握市场营销的原理

工作任务1 理解市场营销的概念

工作流程

1. 搜集某知名企业的营销案例

↓

2. 分析该企业成功的关键

↓

3. 列出该企业市场营销的内容

↓

4. 分析该企业的营销系统组成

相关知识

一、市场营销的概念

“市场营销”是由英文“Marketing”一词翻译而来的。它有两层意思：一是指企业如何依据消费者的需求，生产适销对路的产品，扩大市场销售所进行的一整套经济活动；二是指建立在经济科学、行为科学、现代管理理论基础之上的应用学科，是经济学、行为科学、心理学、社会学、现代管理学、广告学、公共关系学等学科密切结合的一门综合性、边缘性的经营管理学科。当"Marketing"指经济活动时，称为"市场营销"或"营销活动"；当它指学科时称为"市场营销学"。

定义1(1960年)"市场营销是将货物和服务从生产者流转到消费者这一过程中的一切企业活动。"这一定义把"营销"等同于"销售"，强调了销售在生产经营过程中的突出地位。(美国市场营销学会)

定义2(1985年)"市场营销是指通过对货物、服务和计谋的构想、定价、分销、促销等方面的计划和实施，实现个人和组织的预期目标的交换过程。"根据这一定义，市场营销活动已超越了流通过程，是一个包含了分析、计划、执行与控制的管理活动。(美国市场营销学会)

定义3(2006年)市场营销是"个人和集体通过创造，提供出售，并同别人自由交换产品和价值，以获得其所需所欲之物的一种社会过程。"从这一定义可以看出，市场营销主要包括以下内容：(美国菲利普·科特勒和凯文·莱恩·凯勒《营销管理》)

1.营销是一种创造性行为

营销不仅寻找已存在的需要并满足它，而且激发和解决顾客并没有提出的需要，使他们热烈响应企业的营销行为，正像索尼公司的创始人盛田昭夫宣称的，他不是服务于市场而是创造市场。

2.营销是一种自愿的交换行为

买卖双方自由交换使各方通过提供某种东西从而取得回报。交换是构成营销的基础。

3.营销是一种满足人们需要的行为

消费者的各种需要和欲望是企业营销工作的出发点。因此，企业必须对市场进行调研，寻求、了解、识别、研究和掌握消费者的需要和欲望，进而确定需求量的大小。

4.市场营销是一个系统的管理过程

市场营销不仅包括生产、经营之前的具体经济活动，如搜集市场环境信息、市场调研、分析市场机会、进行市场细分、选择目标市场、设计开发新产品等；而且还包括生产过程完成之后进入销售过程的一系列具体的经济活动，如产品定价、选择分销渠道、开展促销活动、提供销售服务等；还包括销售过程之后的售后服务、信息反馈等一系列活动。可见，市场营销过程是远远超出流通范围而涉及生产、分配、交换和消费的总循环过程。

5.营销是一种企业参与社会的纽带

营销是联结企业与社会的纽带。营销工作者在制定营销政策时必须权衡三方面的利益：企业利益、顾客需要和社会利益。只有满足社会利益和顾客需要的企业才能长久不衰地获得经营成功。

二、市场营销涉及的核心概念

正确理解市场营销的定义，还必须弄清其涉及的如下相互关联的核心概念：需要、欲望和需求，产品，价值、满意和质量，交换、交易、关系和网络，市场，市场营销者。这些核心概念的相互关系如图 1-1 所示。

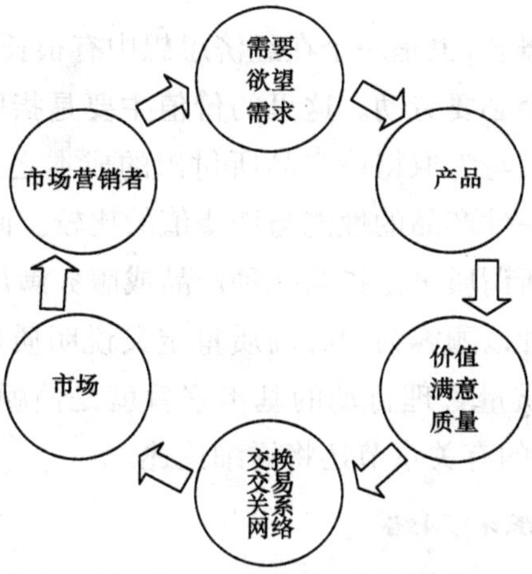

图 1-1　市场营销涉及的核心概念

（一）需要、欲望和需求

人类的需要和欲望是市场营销的出发点。所谓需要，是指没有得到某些基本满足的感受状态。所谓欲望，是指想得到某种东西或想达到某种目的的要求。所谓需求，是指对于有能力购买并且愿意购买某个具体产品的欲望。人类为了生存，需要食品、衣服、住所、安全、归属、受人尊重等，这些需要可用不同的方式来满足。人类的需要有限，但其欲望却很多，当具有购买能力时，欲望便转化成需求。将需要、欲望和需求加以区分，其重要意义就在于阐明这样一个事实，即：市场营销者并不创造需要，需要早就存在于市场营销活动出现之前，市场营销者连同社会上的其他因素只能影响人们的欲望，并向人们提出各种特定产品如何满足特定需要，进而通过使产品富有吸引力、适应消费者的支付能力和使之容易得到等途径来影响需求。

（二）产品

人类靠产品来满足自己的各种需要和欲望。因此，可将产品表述为能够用以满足人类某种需要或欲望的任何东西。人们通常用产品和服务这两个词来区分实体产品和无形产品。实体产品的重要性不仅在于拥有它们，而且在于使用它们来满足人们的欲望。例如，人们购买小汽车不是为了观赏，而是因为它可以提供一种称为交通工具的服务。所以，实体产品实际上是向人们传送服务的工具。如果生产者关心产品胜于关心产品所提供的服务，那就会陷入困境。过分钟爱自己的产品，往往导致忽略顾客购买产品是为了满足某种需要这一事实。人们不是为了产品的实体而购买产品，而是因为产品实体是服务的外壳或载体，即通过购买某种产品实体能够获得自己所需要的服务。市场营销者的任务，是向市场展示产品实体中所包含的利益或服务，而不能仅限于描述产品的形貌。否则，将导致企业"市场营销近视"，即在市场营销管理中缺乏远见，只看见自己的产品质量好，看不见市场需要在变化，最终使企业经营陷入困境。

（三）价值、满意和质量

价值是一个很复杂的概念，也是一个在经济思想中有很长历史的概念。马克思认为：价值是体现在商品里的社会必要劳动。这里的价值主要是指顾客价值，即顾客从拥有和使用某产品中所获得的价值与为取得该产品所付出的成本之差。满意也是指顾客满意，它取决于消费者所理解的一件产品的性能与期望值的比较。而顾客价值和满意又与产品或服务的质量密切相关。所谓质量是指与一种产品或服务满足顾客需要的能力有关的各种特色和特征的总和。这种以顾客为中心的质量定义说明质量以顾客需要为开始，以顾客满意为结束。当今全面质量管理行动的基本宗旨就是使顾客完全满意。对于顾客价值，顾客满意等理论在以后的有关章节还将详细论述。

（四）交换、交易、关系和网络

当人们决定以交换方式来满足需要或欲望时，就存在市场营销了。一个人可以通过四种方式获得自己所需要的产品：第一种方式是自行生产，第二种方式是强制取得，第三种方式是乞讨，第四种方式是交换。市场营销活动产生于第四种获得产品的方式。所谓交换，是指通过提供某种东西作为回报，从别人那里取得所需物品的行为。交换的发生，必须具备五个条件：

（1）至少有两方。

（2）每一方都有被对方认为有价值的东西。

（3）每一方都能沟通信息和传送物品。

（4）每一方都可以自由接受或拒绝对方的产品。

（5）每一方都认为与另一方进行交换是适当的或称心如意的。

具备了上述条件，就有可能发生交换行为。但交换能否真正发生，取决于双方能否找到交换条件，即交换以后双方都比交换以前好（至少不比以前差）。

交换应被看成是一个过程而不是一个事件。如果双方正在进行谈判，并趋于达成协议，这就意味着他们正在进行交换。一旦达成协议，我们就说发生了交易行为。交易是交换活动的基本单元，是由双方之间的价值交换所构成的行为。一次交易包括三个可以度量的实质内容：

（1）至少有两个有价值的实物。

（2）买卖双方所同意的条件。

（3）协议时间和地点。

事实上，与交易有关的市场营销活动，即交易市场营销，只是另外一个大概念——关系市场营销的一部分。关系市场营销可定义为:企业与其顾客、分销商、经销商、供应商等建立、保持并加强联系,通过互利交换及共同履行诺言,使有关各方实现各自目的的经济活动。关系市场营销将使企业获得较之其在交易市场营销中所得到的更多利益。精明的市场营销者,总是试图与其顾客、分销商、经销商、供应商等建立起长期的互信互利关系。这就需要以公平的价格、优质的产品、良好的服务与对方交易。同时,双方的成员之间还需加强经济、技术及社会等各方面的联系与交往。双方越是增进相互间的信任和了解,便越有利于互相帮助。关系市场营销还可节省交易成本和时间,并由过去逐项、逐次的谈判交易发展成为例行的程序化交易。

所谓市场营销网络,是指企业和与之建立起牢固的互相信赖的商业关系的其他企业所构成的网络。在市场营销网络中,企业可以找到战略伙伴并与之联合,以获得一个更广泛、更有效的地理占有。市场营销网络已经超出了纯粹的"市场营销渠道"的概念范畴。借助该网络,企业可以在全球各地市场上同时推出新产品,并减少由于产品进入市场的时间滞后而被具有进攻性的模仿者夺走市场的风险。市场营销管理也正日益由过去追求单项交易的利润最大化,转变为追求与对方互利关系的最大化。其经营理念是:建立良好关系,有利可图的交易随之即来。

(五)市场

市场是商品经济特有的经济范畴,是一种以商品交换为内容的经济联系形式。市场的基本关系是商品供求关系,基本的活动则是商品交换(商品买卖)活动。市场的形成必须具备下列基本条件:

(1)存在可供交换的商品(包括有形的货物和无形的服务,下同)。

(2)存在着提供商品的卖方和具有购买欲望与购买能力的买方。

(3)具备买卖双方都能接受的交易价格、行为规范及其他条件(如场所、信息、储运、保管、信用、保险、资金渠道、服务等)。

只有在这样一些条件下,才能实现商品的让渡,形成有意义的现实市场。而这样一些形成市场的现实条件,就成为企业市场营销活动最基本的制约因素。

任何企业对其产品的市场需求、销往的地区和场所、市场的供求状况以及与企业产品有关的当事人都必须被考虑到,必须兼顾各方的经济利益,协调彼此间的各种关系。从营销的角度看待市场,市场是由人口、购买力和购买动机(欲望)有机组成的总和。它包含三个主要因素:有某种需要的人、有满足这种需要的购买能力以及购买欲望。用公式来表示就是:

市场=人口+购买力+购买欲望

(六)市场营销者

由上述分析可知,我们可以将市场营销理解为与市场有关的人类活动,即以满足人类的各种需要和欲望为目的,通过市场变潜在交换为现实交换的活动。在交换双方中,如果一方比另一方更主动、更积极地寻求交换,则前者称为市场营销者,后者称为潜在顾客。

所谓市场营销者，是指希望从别人那里取得资源并愿意以某种有价之物作为交换的人。市场营销者可以是卖主，也可以是买主。假如有几个人同时想买正在市场上出售的某种奇缺产品，每个准备购买的人都尽力使自己被卖主选中，这些购买者就都在进行市场营销活动。在另一种场合，买卖双方都在积极寻求交换，那么，我们就把双方都称为市场营销者，并把这种情况称为相互市场营销。

工作任务2　掌握市场营销的原理

工作流程

1. 讨论某企业的市场营销案例
↓
2. 分析该企业的营销环境
↓
3. 分析该企业的目标市场选择情况
↓
4. 分析该企业的营销组合情况
↓
5. 总结市场营销研究的内容及原理

相关知识

一、市场营销研究的内容

市场营销研究的主要内容可以归纳为以下三个方面，见表1-1。

表1-1　市场营销研究的内容

序　号	三个方面	研究的主要内容
1	关于市场的质的分析	研究影响市场营销活动的各种可控和不可控因素，对市场因素进行分析，并研究消费者的购买行为等
2	关于市场的量的分析	研究市场调查与市场预测的方法，确定市场规模，合理地组织营销力量，制订销售计划的方法等
3	关于市场营销的战略及具体策略的分析	包括市场细分策略、市场营销组合策略、市场进入和发展策略、产品策略、定价策略、销售渠道策略和促进销售策略等，是市场营销理论的应用部分

二、市场营销的基本原理

市场营销的理论体系涉及职能、任务、指导思想、管理、策略、方法、技巧及法规等多个方面，就市场营销的基本原理而言，主要由目标市场、市场营销组合、营销环境及其相互之间的联系和作用组成。

（一）目标市场

企业在对整体市场和细分市场进行分析评价的基础上，结合企业自身的条件和能力，确定欲满足其需要并提供相应服务的相似顾客群，即为该企业的目标市场。目标市场营销有以下三个主要步骤：

（1）市场细分，并对细分市场作出分析评价。

（2）选择准备进入的目标市场。

（3）对目标市场的产品进行定位，系统地确定相应的营销策略和其竞争位置及目标。

可供企业选择的目标市场进入策略主要有以下三种：

（1）无差别市场营销策略，即注重细分市场共性，不考虑细分市场特性，只推出单一产品，力求在一定程度上适应尽可能多的顾客的需求。

（2）差别市场营销策略，即企业设计推出不同的产品，同时进入几个细分市场，满足各个细分市场的需求。

（3）集中市场营销策略，即企业的产品设计要在一个或几个细分市场上都有较大的市场占有率。

（二）市场营销组合

企业在选择了目标市场后，确定了进入目标市场的策略，然后就要围绕着目标市场，结合企业自身的实际情况，制定一个合理的、由市场营销策略组合构成的整体营销战略。市场营销策略组合是企业对可控制的各种营销手段的综合应用。尽管企业市场营销手段很多，但综合起来主要有四种基本营销手段，也称之为四种基本市场营销策略：产品策略、价格策略、分销渠道策略、促销策略。这四种策略就是“4P”策略。“4P”是企业可控制的变数，企业的市场营销实际上就是对“4P”进行有效的结合。企业的营销组合是企业营销战略的重要组成部分。企业的营销战略就是根据可能和机会选择目标市场，并为目标市场提供一个合适的市场营销组合。

（三）营销环境

在企业市场营销实际活动中，“4P”不仅要受到企业自身的资源条件及目标的影响和制约，还要受到市场营销环境等企业不可控制的变数的影响和制约。这种影响可能是机遇，也可能是威胁。企业的任务是合理安排好“4P”，使“4P”与营销环境迅速相适应，从而使企业的生产经营活动获得成功，以保证企业在激烈的市场竞争中立于不败之地。

拓展知识

让销售变得多余

——营销大师科特勒谈营销

什么叫市场营销？是能说会道挨家挨户上门推销吗？还是设计玉米片的包装？或是

用免费玩具吸引顾客买欢乐套餐？或是购物时给顾客积分卡？

科特勒说：“市场营销最简短的解释是：发现还没有被满足的需求并满足它。这是一个整体思维体系，你的成功不是跟着干别人已经干成功的事，而是找到人们想买却只有你能卖的东西。”

科特勒说：“人们经常把市场营销和销售混为一谈。不过彼得·德鲁克的《经营权威》里面一段著名的话说得好：‘市场营销的目标是让销售变成多余’——这就是说，如果你真能找到没有被满足的需求并做好满足需求的工作，你就不用在销售上下太多工夫。”

换句话说，市场营销的目的不是像50年前或100年前那样为了把已经生产的产品销出去。相反，制造产品是为了支持市场营销。一家公司总可以在外面采购其所需的产品，但使其繁荣的却是市场营销的理念和做法。公司其他职能——制造、研发、采购和财务——都是为了支持公司在市场的运作而存在的。

营销大师科特勒说过，已被推动的市场和推动中的市场是不一样的。特别是在技术领域中的公司，都应遵循索尼老总盛田昭夫的格言：“我们不是为市场服务，我们是创造市场。”的确，在录像机、摄像机、传真机和个人数码用品面世前，谁能知道自己会有这种需求呢？

工作实施

“认识营销”写作技能训练

一、目标

通过本训练，帮助学生认识营销，使学生理解营销的真正含义，认识市场营销学所研究的营销策略、营销观念和营销管理对企业做好营销的重要性。同时通过本训练，帮助学生掌握“认识体会”类文章写作的基本技能。

二、步骤

1. 全面、正确理解“市场营销”、“营销观念”、“营销管理”的概念和基本内容。
2. 结合企业营销成败的实例，认真进行思考分析，提高对营销的认识。
3. 学习“认识体会”的写作要求。
4. 完成一篇1500字的认识体会。

三、考核标准

评分项目	分 值	得 分
结构合理，内容完整	25	
理论联系实际，以实例论证观点	25	
观点正确、鲜明	25	
紧扣主题，条理清晰	25	
总 分	100	

四、注意事项

1. 要求教师对学习市场营销学的实践应用价值给予说明，调动学生课业操作的积极性。

2. 要求学生根据课业要求，搜集企业营销成败的实例材料，完成“认识体会”的写作。

3. 要求教师对市场营销、营销观念、营销管理的概念及其实践意义和“认识体会”写作进行具体指导。

五、写作要求

如何写好一篇体会文章，掌握文章写作的结构和要求是关键。一般来说，体会文章分为三部分：开头、正文、结尾。其基本写作要求如下：

（一）开头

文章的开头应该提出问题，说明体会文章要解决的是什么问题，论述的观点是什么，即判断。例如，提出：“树立以消费者为中心的现代营销观念是实现企业营销目标的重要保障”，就是一个论点。论点的提出要遵循以下要求：

1. 概念要准确。
2. 判断要符合客观事物的发展规律。
3. 符合人们对客观事物的认识习惯。

（二）正文

文章的正文应该分析提出的问题，说明文章为什么要确立这样一个论点？即推理。例如，“树立以消费者为中心的现代营销观念是实现企业营销目标的重要保障”这一论点，可以从理论与实践的结合上，以理论观点和实例资料为论据，来论述现代营销观念为什么能保障企业营销目标的实现。正文的论述要遵循以下要求：

1. 紧扣主题（以论点为中心）。
2. 言之有序（分析条理分明）。
3. 言之有理（分析要正确，符合逻辑）。
4. 言之有据（理论依据和实例资料）。

（三）结尾

文章的结尾应该提出解决问题的结论。可以从正文论述中进行归纳和综合得出总结或联系现实存在的客观问题，提出自己的观点、见解与建议。结论表达了作者对论点的见解，是文章的精髓。结论要遵循以下要求：

1. 上升为自我认识。
2. 观点、见解与建议要鲜明。
3. 结论要概括、简短。

项目2 确立正确的营销观念

【知识目标】

• 了解各种不同的企业营销观念

【能力目标】

• 确立营销职业道德

【任务分解】

工作任务1 了解五种企业营销观念

工作任务2 确立营销职业道德

工作任务1 了解五种企业营销观念

工作流程

1. 搜集某知名企业的营销案例

↓

2. 分析该企业在不同情况下所采用的市场营销观念的差异

↓

3. 分析该企业在不同时期采用不同市场营销观念的合理性

↓

4. 列出该企业在同一时期不同产品的营销观念

↓

5. 总结市场营销观念对企业发展的影响

相关知识

一、市场营销观念

企业的市场营销活动是在特定指导思想或经营观念的指导下进行的。所谓市场营销观念，是指企业在一定时期、一定生产经营技术和市场环境条件下，进行全部市场营销活动，正确处理企业、顾客和社会三者利益方面的指导思想和行为的根本准则。近百年来，市场营销观念随着经济增长和市场供求关系的变化，大致经历了以下发展阶段。

（一）生产观念

1920 年以前，世界资本主义经济虽然已有相当程度的发展，但生产力水平和科学技术的发展还比较落后，社会产品供应不足，市场需求是被动的、静态的，没有多大的选择余地。企业营销不过是将生产的产品从工厂分配、运送到市场，再销售给消费者。这一时期，企业的营销观念普遍是以生产为中心，企业致力于提高生产效率和分销效率，扩大生产、降低成本，以价格低廉的产品来提高市场份额。这种观念的核心是：一切从生产出发，而不是为消费者的需要服务，生产什么就卖什么。

（二）产品观念

产品观念是指企业不是通过市场分析开发相应的产品和品种，而是把提高质量、降低成本作为一切活动的中心，以此扩大销售、取得利润的一种经营指导思想。产品观念不仅注重生产数量，还注重产品质量。产品观念认为，消费者最喜欢高质量、多功能和具有某种特色的产品，企业应致力于生产高值产品，并不断加以改进。它产生于产品供不应求的"卖方市场"形势下。最容易滋生产品观念的场合，莫过于当企业发明一项新产品时。此时，企业最容易导致"市场营销近视"，致使企业经营陷入困境。

（三）推销观念

1920 年至 1945 年第二次世界大战结束前，由于科学技术的发展，社会生产水平有了较大地提高，但购买力水平没有相应地提高。特别是 1920 年以后，世界经济危机的出现，生产"过剩"，购买力下降，市场趋势发生了质的变化，市场上某些商品开始供过于求，企业之间竞争加剧，生产和销售矛盾尖锐起来，这就迫使资本家把经营的注意力从生产转到销售，逐步确立了以销售为中心的营销观念。推销观念的核心内容是：强调销售和推销的作用，增加销售人员，扩大销售机构，重视销售技术的研究，充分利用广告宣传，千方百计招徕顾客。20 世纪 30 年代，美国的汽车商就是突出的例子。当时汽车供过于求，每当顾客一走进商店的汽车陈列室，推销员就笑脸相迎，热情相待，主动介绍各种汽车的性能，有的甚至使用带有进逼性的销售手段，促成交易。这时，企业营销的主要任务已由生产、采购转到销售上。这种营销观念提高了销售在企业经营中的地位，但其本质仍然是以"生产什么就卖什么"为条件，以销售为中心只是就工作重点而言的，没有从根本上动摇以生产为中心的营销思想，更不是以销定产。所以，西方营销学家还是把它归结到以产定销的经营思想范围内。

（四）营销观念

营销观念要求企业的一切计划与策略应以消费者为中心，要求企业营销管理贯彻“顾客至上”的原则，将管理重心放在善于发现和了解目标顾客的需要，并千方百计去满足它，使顾客满意，从而实现企业目标。市场营销观念是一种新型的企业经营哲学。这种观念是以满足顾客需求为出发点的，即“顾客需要什么，就生产什么”。尽管这种思想由来已久，但其核心原则直到20世纪50年代中期才基本定型，当时，社会生产力迅速发展，市场趋势表现为供过于求的买方市场，同时广大居民的个人收入迅速提高，有可能对产品进行选择，企业之间的竞争加剧，许多企业开始认识到，必须转变经营观念，才能求得生存和发展。市场营销观念认为，实现企业各项目标的关键，在于正确确定目标市场的需要和欲望，并且比竞争者更有效地传送目标市场所期望的物品或服务，进而比竞争者更有效地满足目标市场的需要和欲望。市场营销观念的出现，使企业经营观念发生了根本性转变，也使市场营销学发生了一次革命。

（五）社会营销观念

社会营销观念是指导企业市场营销决策者进行市场营销实践活动的指导思想，是企业界根据经济形势，在特定的营销环境条件下所形成的一种具有普遍意义的工商哲学。

随着全球环境破坏、资源短缺、人口爆炸等问题日益严重，要求企业顾及消费者整体与长远利益即社会利益的呼声越来越高。市场营销学界提出了一系列新观念。如人类观念、理智消费观念、生态准则观念等。其共同点认为，企业生产经营不仅要考虑消费者的需要，更要考虑消费者和整个社会的长远利益，这种观念被称为社会营销观念。此观念要求企业的任务在于确定目标市场的需要、欲望和利益，比竞争者更有效地使顾客满意，同时维护与增进消费者和社会的长远利益。

二、市场营销发展的新趋势

（一）营销知识化

营销知识化指的是向大众传播新的科学技术以及它们对人们生活的影响，通过科普宣传，让消费者不仅知其然，而且知其所以然，重新建立新的产品概念，进而使消费者萌发对新产品的需要，达到拓展市场的目的。随着知识经济时代的到来，知识成为发展经济的资本，知识的积累和创新成为促进经济增长的主要动力源。因此，作为一个企业，在搞科研开发的同时，就要想到知识的推广，使研制新产品的市场风险降到最小，而要做到这一点，就必须运作知识营销。

（二）营销网络化

营销网络化就是以国际互联网为基础，利用数字化的信息和网络媒体的交互性来辅助营销目标实现的一种新型的市场营销方式。简单地说，营销网络化就是以互联网为主要手段进行，为达到一定营销目的的营销活动。

（三）营销绿色化

营销绿色化又称环保营销，是指企业运用营销工具，以不损害人类自身及未来需要为前提，满足社会和消费者需要的经营与销售活动，它是随着社会对环境的关注日益加强而产生和发展起来的。工业革命在使经济高速增长的同时，也使地球资源迅速减少，人类生存环境遭受史无前例的破坏，这引起了人们环保意识的不断增强。从20世纪70年代起，以保护环境、保护地球为宗旨的环保运动在全球蓬勃兴起。随之，一种旨在改善生活质量的消费观念应运而生，并促使以消除和减少产品对人类生存环境的影响而展开的营销实践活动，即“绿色营销”的产生。在营销绿色化的观念下，“清洁生产”、“绿色包装”、“绿色食品”、“绿色产品”和环境逐渐成为企业市场定位与产品定位的决定性因素，成为市场营销成败的关键。

（四）营销大市场化

营销大市场化是指在实行贸易保护的条件下，企业的市场营销战略除了“4PS”之外，还必须加上“2PS”，即“政治力量”和“公共关系”。这种战略思想被称为“大市场营销”。“大市场营销”的定义为：企业为了成功地进入特定市场或者在特定市场经营，应用经济的、心理的、政治的和公共关系的技能，赢得若干参与者的支持与合作。

（五）营销生态化

进入20世纪70年代以后，西方发达国家普遍接受市场营销观念。但是，在实践中，有的企业片面强调满足消费者的需求和欲望，往往去追求企业并不擅长生产的产品，结果，并不能达到在满足消费者需求的同时获取尽可能多的利润的目的。因此，美国的一些市场营销学者在发展上述市场营销观念的基础上，进一步提出了生态营销观念作为补充。

生态学中讲到，任何生物都必须保持与其生存环境协调平衡的关系，才能得到生存和发展。生态营销观念是指任何一个企业如同生物有机体一样，要同它们的生存环境相协调。根据这一观念，随着科学技术的发展，专业化更强，分工更细，社会政治和经济发展加速，企业与外部环境的相互依存关系日益密切。企业在决定其生产的产品、数量、质量，采用的技术装备，使用的原材料，确定的价格水平、交货时间及方式等一系列问题时，不仅应首先考虑市场需求，还应同时考虑企业自身的人力、物力、财力等各方面的条件和优势。企业要想做到以有限的资源去满足消费者无限的需求，就必须发挥自己的优势，去生产既是消费者需要又是自己擅长的产品。

工作任务2　确立营销职业道德

工作流程

1. 搜集知名企业营销道德的案例

2. 分析该企业在营销过程中存在的营销道德

3. 总结营销各环节中营销道德对该企业的影响

4. 就“诚商为商之道”、“奸商为商之道”展开辩论

相关知识

一、市场营销道德的含义

道德是评价某决定和行为正确与否的价值判断以及评价某决定和行为是否被大众所接受。市场营销道德则是指消费者对企业营销决策的价值判断，即判断企业营销活动是否符合广大消费者及社会的利益，能否给广大消费者及社会带来最大的幸福。这势必涉及企业经营活动的价值取向，要求企业以道德标准来规范其经营行为及履行社会责任。

最基本的道德标准已被规定为法律和法规，并成为社会遵循的规范，企业必须遵守这些法律和法规。营销道德则不仅包括法律范畴，还包括未纳入法律范畴而作为判断营销活动正确与否的道德标准。企业经营者在经营活动中应当同时遵循这两种类型的营销道德。

判断市场营销道德的标准是什么，在很多情况下并不像人们想的那么容易。固然有一些违背营销道德的行为，如虚假广告、合谋定价、贩卖假酒、假药、假种子等普遍为社会所痛恨的行为。然而，对某些营销行为，囿于个人价值观及生活经历的不同，每个人对某些行为是否存在道德问题有不同的见解。例如，什么是欺骗性广告，在人员推销中哪些行为构成行贿。又如，以顾客身份从竞争对手处获取营销情报是否道德。再如，对儿童做广告是否道德等。

西方伦理学家提出了判断营销道德的两大理论：功利论和道义论。功利论主要以行为后果来判断行为的道德合理性，如果某一行为给大多数人带来最大幸福，该行为就是道德的，否则就是不道德的。道义论则从处理事物的动机来审查是否具有道德，而不是从行动的后果来判断，并且从直觉和经验中归纳出某些人们应当遵守的道德责任和义务，以这些义务履行与否来判断行为的道德性。在现实中，通常将功利论与道义论相结合来判断营销行为的道德性。

二、营销实践中的道德问题类型

（一）产品策略中的道德问题

产品是企业营销最重要的可控因素。为消费者提供货真价实的优质产品是企业最基本的社会责任，如果违反这一原则便会产生营销道德问题。

（二）价格策略中的道德问题

在营销实践中企业应遵循“货真价实”的原则。所谓价实就是要求企业必须依据产品成本、消费者的承受能力和竞争对手状况来制定价格，并把真实的价格信息提供给消费者，否则便会产生营销道德问题。

（三）分销渠道策略中的道德问题

分销渠道主要涉及生产者、中间商、消费者之间的购销关系，渠道成员要根据各自的利益和条件相互选择，并以合约的形式规定双方的权利和义务，如果违背了合约规定，损害了一方的利益，便会产生营销道德问题。

（四）促销策略中的道德问题

促销活动的社会责任是将产品或服务的真实信息传递给用户，如果违背此原则，这种信息沟通就会经常产生营销道德问题。

（五）市场营销调研中的道德问题

市场营销调研往往涉及三个方面的关系：调研人员同委托者、调研人员同受访者、委托者同调研人员。各方均需要承担一定的权利与义务，只有履行彼此间的道德责任，方能保证营销调研任务的顺利完成以及保证调研资料的真实性和可靠性。

企业的营销实践始于营销调研和预测，终于顾客的售后服务，其由始至终贯穿着营销道德问题：

(1)在整个市场营销活动过程中，每一个环节都有可能出现营销道德问题。

(2)对市场营销道德性的判断必须兼顾企业和社会两个方面，对企业有利的市场营销活动对整个社会不一定有利。

三、影响企业营销道德性决策的因素

（一）个人道德哲学观

个人道德哲学观是指用来指导个人行为的原则或规则。个人道德哲学观，尤其是高层管理者的个人道德哲学观必然会渗入企业营销决策中。个人道德哲学观正确与否及其水平的高低，必然会影响企业营销决策是否符合道德标准以及营销决策道德水准的高低。个人道德哲学观是由人们的家庭教育、社会组织等教育的影响而形成的。因而，应当重视家庭对子女的正确教育及社会对广大公民的教育内容。

（二）企业价值观

企业价值观是指企业职工拥有共同性的价值观念。它是在企业经营哲学指导下构成企业文化的基础与核心，它决定着企业的经营目标、管理风格以及行为规范。因而，它是决定营销决策是否符合道德规范的关键。例如，当企业的价值观是“实现利润最大化”时，企业的营销决策往往会忽略甚至无视消费者及社会的利益；反之，如果企业的价值观是“为用户提供最优质的产品和服务”时，企业的营销决策就会以消费者的利益为立足点。

（三）组织关系

组织关系是指在企业中，领导与广大员工、上级与下级、同事之间的关系。在这些诸多关系中要保持相互信任、履行相互的责任及义务等。一般说来，最高层管理者设计整个营销管理决策中的道德性基调，中下层领导干部则根据高层管理者的决策指示，结合自己的个人道德哲学观去影响道德营销决策的实施。广大职工在道德性决策中发生相互影响。而职工们在营销道德性决策中的作用程度取决于个人受道德行为与不道德行为影响相比的程度。如果职工面临越多的不道德经营行为，他就越可能做出不道德的行为；反之，如果职工面临越多的道德经营行为，他就越可能效仿做出道德的营销行为。

（四）机遇

机遇是影响企业营销道德性决策的另一个因素，是指对经营者的一些有利条件，它减少障碍或提供报酬，从而影响营销决策的道德性。报酬包括来自内部的或外部的。内部报酬是指为他人做某事后的良好感觉；外部报酬是指在等价交换基础上从他人处获得自己想得到的有价值的东西，如获得领导的提升和加薪、同事的赞扬等。但如果当某一经营者为增加销售额采用欺骗手段而提高个人提成，并获得了领导的奖励，这就表明，领导肯定了其非道德行为，从而为经营者指明了未来努力的方向。可见，领导为经营者提供的报酬或机遇对企业职工的营销道德决策起着很重要的作用。

四、改善企业营销道德性决策

（一）企业营销决策违背道德的原因

1. 客观原因

（1）缺乏企业实行“文明”经营的高度发展的物质基础。

（2）政府立法不健全，执法不严，对违背法律及道德的行为无严格的约束力。

（3）某些地方政府搞地方保护主义，往往掩饰或支持本地企业违法及违反道德的行为。

2. 主观原因

（1）企业经营哲学不端正，片面追逐利润最大化。

（2）某些企业利用转轨时期国家政策的漏洞，进行违背法律及道德的经营行为。

（3）企业内尚缺乏严格的约束机制，包括缺乏道德自律机制。

（二）违背道德的营销决策的严重危害性

（1）对广大消费者造成严重的危害，轻者造成消费者的经济损失，重者影响消费者的身心健康，甚至危及消费者的生命安全。

（2）严重损害社会的利益，不仅危及广大消费者的社会福利，还造成国家严重的经济损失，并从政治思想上腐蚀经营者及严重败坏社会风气。

（3）违背道德的营销决策也严重损害企业自身的利益，违反道德的行为一旦被消费者识破，必然导致企业声誉扫地，从而造成企业长远利益的损失。

（三）改善企业营销道德决策的措施

1. 从客观方面进行外部控制

（1）要创造客观条件，即迅速发展社会生产力，为企业实行“文明”经营奠定物质基础。

（2）转换政府职能，通过宏观间接调控模式引导企业沿着法律及道德的轨迹运行。

（3）不断完善立法及强化执法力度，既要打击非法营销行为，又要保护和鼓励合法营销行为。

2. 从主观方面实行自律控制

（1）塑造优秀的公司文化。在企业经营活动中，渗透着大量文化因素，它融存于企业经营哲学思想、价值观念、群体意识、管理方式、道德规范及行为标准中。随着企业经济的发展，逐步形成了企业自身经营管理哲学及精神文化即公司文化。如果每个企业都重视塑造具有创造力、影响力、凝聚力、显示出鲜明个性的高水平企业文化，将有利于企业领导者及广大职工树立正确的价值观，从而有利于企业作出道德性的营销决策。

（2）企业自觉地建立营销道德标准，并将道德标准的实施融入控制系统中。西方国家的企业对道德标准的创建及实施，为我国提供了有益的借鉴。自20世纪80年代以来，西方国家许多大型公司创立起道德决策及执行机构，并制定了用来约束职工经营行为的道德标准。例如，美国营销协会（AMA）制定出协会成员必须遵守的职业道德条例，并规定了相应的惩处办法。又如，IBM公司、GE公司及McDonald公司等均制定出各具特色的营销道德标准，有力地规范了企业的营销行为。近年来，我国不仅学术界开展了对商业伦理及企业伦理的研究，而且在某些企业中亦开始提出自律经营道德行为的守则纲要。例如，在全国提出"百城万店无假货"，并开展了讲诚信、反欺诈活动。要使企业遵循道德标准。更为重要的是，将道德标准的实施纳入控制系统之中，即对营销道德标准的实施进行监督、检查及调控。否则，再多再好的道德标准也只不过是一种摆设而已。

（3）要求企业自觉树立社会市场营销观念，只有这一观念才能真正地将企业利益、消费者利益及社会利益结合起来，并成为企业制定道德性营销策略的保证。

拓展知识

企业的社会责任与营销道德

（一）企业的社会责任

有关企业社会责任的看法众说纷纭，可概括为三大类：保护消费者权益，保护社会的利益和发展，保护社会自然环境。

1. 保护消费者权益

保护消费者权力和利益是企业的主要社会责任。具体来说，要求企业为广大消费者提供花色品种多样的、优质的产品和服务，以满足其各种不同的需求。为此，要求企业要树立起以顾客为导向的经营哲学，并根据市场需求的变化，不断调整市场营销策略，以适应消费者不断变化的需求。

2. 保护社会利益和发展

保护社会利益及社会发展是企业义不容辞的社会责任。企业从事生产经营活动，一方面为社会创造日益丰富的物质财富。另一方面，为国家及各级政府提供一定的税收，促进国家建设事业迅速发展。此外，企业还应当对社会公益事业进行支持和捐赠，帮助教育、娱乐、社会贫困地区的发展，这是近年来企业社会责任的延伸。

3. 保护社会自然环境

保护社会自然环境免遭污染，实现社会生态平衡是企业重要的社会责任。保护自然环境，治理环境污染，解决恶劣的社会环境，实施社会可持续发展战略势在必行。通过绿色营销从微观方面实施可持续发展战略是企业的社会责任，通过绿色营销来保证消费者的绿色消费也成为企业的社会责任。

（二）社会责任对企业营销的影响

市场营销道德和社会责任两个概念虽然经常互换使用，但二者是存在区别的。道德与个人哲学观（或价值观念）相联系，即在某特定的决策环境中判断是非。社会责任是指某组织有责任扩大其对社会的积极影响和减少对社会的消极作用。因此，社会责任是面对市场营销决策对社会的整体影响。任何公司既要履行社会责任，又要支持营销道德。

判断某一行为是否道德及负社会责任，主要视企业根据这两种因素及有关条件作出的营销决策是否获得广大消费者的拥护、是否是合法的、是否符合行业的习惯。如果回答是肯定的，那么该决策是可接受的、具有道德性及负社会责任的。

企业履行社会责任，一方面促使企业营销决策不仅以顾客需求为出发点，而且以社会责任为出发点，从而使企业经营目标能将企业利益同消费者利益及社会利益三者有机地结合起来，使企业短期利益同长远利益更好地结合起来。事实上，许多企业通过营销实践逐渐认识到，企业要取得竞争优势，要生存和发展，以有社会责任心从事企业经营活动带来的长期利益比无社会责任心带来的近期利益更加重要。因此，近年来，西方国家某些大公司建立了调控系统对社会价值变化及发展趋势进行监测，并不断调整企业的社会责任。

另一方面，企业履行社会责任会面临诸多困难。例如，由于社会存在各种不同的团体，各个团体具有不同的利益。企业要找出整个社会需求是困难的。企业往往满足某一群体需求的同时，很难满足另一群体的需求，亦即对某一群体履行了社会责任，对另一群体则未能履行社会责任。而且，满足整个社会需求及满足某一群体需求，均需付出成本。例如，社会要求干净的环境、保护野生动植物及生存环境需要支出大量费用，从而使产品成本及价格提高，并将成本的提高转嫁到消费者身上。而消费者则要求低价高质产品。这种企业利益同消费者利益的矛盾，必然会影响企业履行社会责任。因此，企业需要权衡各种利益，作出最佳的社会责任决策。

工作实施

营销职业道德辩论

一、目标

通过组织学生以“诚商是为商之道 ”与 “奸商是为商之道”为题目进行辩论，帮助学生认识营销道德的重要性，使学生树立良好的营销职业道德。

二、步骤

1. 在授课教师指导下，全班分组，每组5～6个人，搜集“诚商”和“奸商”的案例，展开讨论。

2. 每组推荐3～4名学生代表为主辩，其余学生为助辩，在课堂上展开辩论。

3. 授课教师做总结点评。

三、评价标准

评分项目	分 值	得 分
准备充分，包括理论知识、相关资料准备和课堂布置准备	10	
讨论争辩举止得当，神态自然，口齿清楚，语言流利	20	
讨论争辩热烈，所学知识运用得当，言之有理，逻辑性强	45	
讨论争辩有一定深度和广度，能启迪学生思维	15	
讨论争辩中的收获及存在的问题	10	
总 分	100	

四、注意事项

1. 提前布置，让学生早做准备，避免讨论冷场，以取得良好的课堂讨论效果。

2.课堂案例讨论随教学内容灵活穿插安排，时间以50分钟为宜。

3.授课教师须精心准备，善于引导，特别强调要能提出不同看法，确保争辩有一定深度和广度，以激发学生的学习激情。

4.授课教师对所讨论、争论的问题应心中有数，要引导学生集中讨论中心问题，防止漫无边际的争论。对不同看法，应引导争辩，逐渐求得一个比较完整、比较统一的见解。

项目3 创设模拟营销公司

【知识目标】

- 能了解公司创立的条件及流程

【能力目标】

- 能明确设立公司和营销部需要完成的事项

【任务分解】

工作任务1　组建团队，设立营销组织

工作任务2　创设模拟公司

工作任务1　组建团队，设立营销组织

工作流程

1. 熟悉市场营销组织的主要类型及特点

↓

2. 分析各类营销组织分别适用的行业

↓

3. 根据各自选择的背景行业，确定最适合的营销组织结构

相关知识

一、市场营销组织设计的原则

市场营销组织是指企业内部涉及营销活动的各项职位安排、组合及其组织结构模式。企业市场营销组织以及与企业其他职能部门的关系，受到宏观市场环境和国家经济体制、运行机制、企业营销管理的指导思想、企业自身所处的发展阶段和业务特点等诸多因素的

影响。现代企业的营销组织结构就是受这些因素的影响而逐渐发展和演变而来的。任何一个现代企业都必须要建立市场营销组织。企业设计营销组织应遵循以下原则：

(一)目标一致原则

市场营销组织是实现营销目标的手段和保证,它的设置必须依据并服从于营销目标,与营销目标保持高度的一致。因此,在设计市场营销组织时,坚持以营销目标为导向,以"事"为中心,因"事"定职、因"事"设机构、因"事"配人员。也就是说,任何一个职务与机构的设置都是实现营销目标所必需的。凡是与目标无关的职位与机构都必须坚决取消,对于那些与营销目标关系不大,可有可无的职位与机构,应该予以调整或合并。

(二)分工协作原则

首先,应将市场营销目标层层分解,变成具体的工作和任务,落实到各个部门与岗位。这就是在组织内部进行分工,明确各个部门和各个岗位的工作内容、工作范围,解决干什么的问题。有分工就必然有协作。分工将一个整体分成各个部分,为使各个部分协同动作,产生 1+1>2 的效应,就必须在分工的基础上,明确规定各个部门和各个岗位之间的关系,协调配合的途径与方法,使得企业市场营销工作运行有序,形成合力,产生整体功能。

(三)命令统一原则

命令统一原则的实质就是在市场营销管理工作中实行统一领导,形成统一的指挥中心,避免多头领导,消除有令不行、有禁不止的现象,确保政令畅通、指挥灵敏。

(四)权责对等原则

在设计营销组织结构时,既要明确规定各个部门、各个职位的职责范围,又要赋予完成其职责所必需的管理权限。职责与权限不仅必须统一,而且必须对等。为了履行一定的职责,就必须有相应的职权。只有职责,没有职权或权限太小,人们就没有履行职责的能力;反之,只有职权而没有责任,或权力很大,责任很小,就会造成滥用权力和瞎指挥,产生官僚主义。只有职责与职权对等,才是最佳的组合。

(五)集权与分权相结合的原则

集权是把权力集中于最高层领导,分权是将权力分散于组织各个层次。权力过于集中和过于分散,都不利于发挥整个组织的作用。为了避免权力的过于集中和过于分散,应坚持把集权和分权有机地结合起来,并把握好二者结合的度。一般而言,集权应以不妨碍基层人员积极性的发挥为限,分权应以不失去对下级的有效控制为限。

二、市场营销组织的形式

现代企业营销部门的组织形式有多种,不论采取哪种组织形式,都要体现以顾客为中心的营销指导思想。具体来讲,营销组织形式主要有以下几种：

(一)职能型组织形式

职能型组织形式是最普通的一种组织形式,即按照需要完成的工作职能来进行组织,其结构如图 1-2 所示。

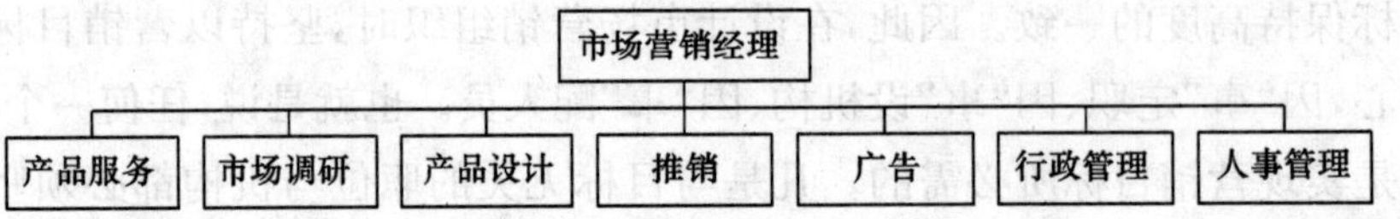

图 1-2 职能型组织形式

职能型组织形式的主要优点是结构简单,管理方便。它最适用于产品种类不多,对有关产品的专门知识要求不高,或经营地区的情况差别不大的企业。随着产品增多和市场扩大,这种组织形式会失去其有效性。首先,这是由于没有人对该产品或一个市场负全部责任,因而没有按每种产品和每个市场制订完整计划,有些产品或市场就很容易被忽略。其次,这是因为各个职能部门常为获得更多预算或取得较其他部门更高的地位而竞争,使营销经理经常面临协调上的难题。

(二)产品管理型组织形式

生产多种产品或多种不同品牌产品的大企业,往往按产品或品牌建立管理组织,即采取由专人负责一种产品或产品线的组织形式,其结构如图 1-3 所示。

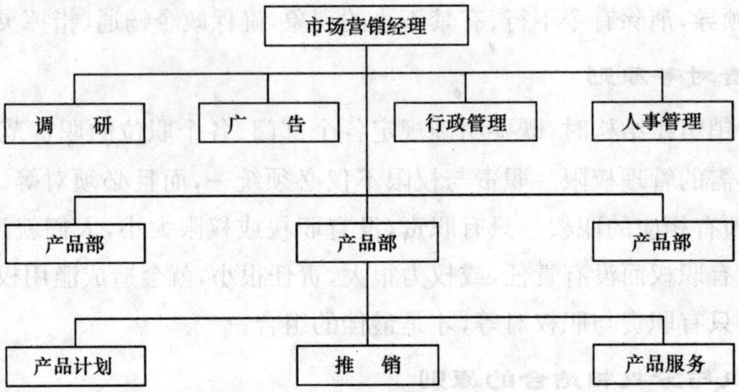

图 1-3 产品管理型组织形式

产品管理型组织形式的优点:一是各类产品责任明确,由于产品互不相关,各产品相互干扰不大;二是比较灵活,增加新产品时再增加一个产品部即可。其缺点是缺乏地区概念,各个产品部不可能对每一地区都能兼顾并做出适当反应。

(三)地区型组织形式

地区型组织形式适用于销售区域大,而经营品种单一的企业。采取地区型组织形式的企业在地区设立管理部门,负责每个地区的产品推销、产品计划与产品服务,其结构如图 1-4 所示。

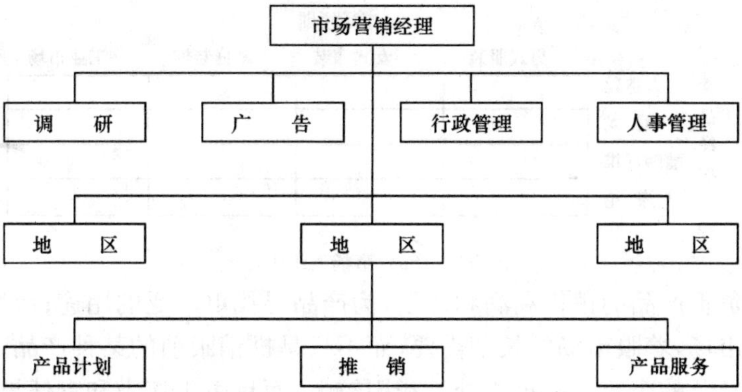

图 1-4　地区型组织形式

在地区型组织体内，为避免一些不必要的职能重复，调研、广告、行政管理等仍归属原职能部门，且与各地区部门并列。它的优点是有利于发挥每个地区部门熟悉该地区情况的优势。其缺点是当企业经营品种较多时，很难按不同产品的使用对象来综合考虑，而且各地区的活动也难以协调。

（四）市场型组织形式

如果顾客可按其特有的购买习惯和产品偏好予以细分和区别对待，就需要建立市场型组织，如图 1-5 所示。

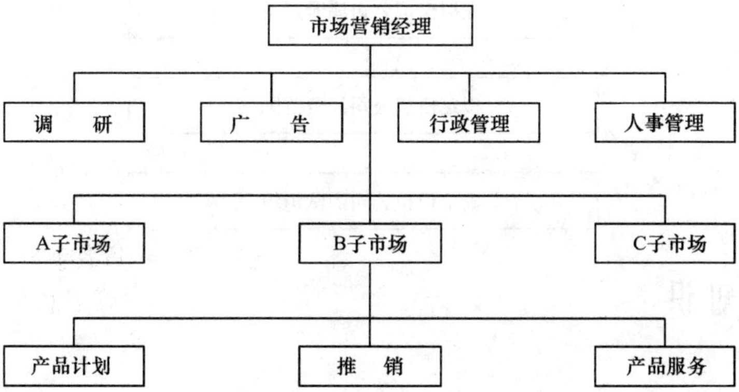

图 1-5　市场型组织形式

（五）产品/市场型组织形式

产品、市场型组织形式是一种产品式和市场式相结合的矩阵组织形式。适合于生产多种产品并向多个市场销售的企业。这种组织形式可以采用产品管理型组织形式，那就需要产品经理熟悉广为分散的各种不同的市场；也可以采用市场型组织形式，那就需要市场经理熟悉销往各市场的五花八门的产品；或者还可以同时设置产品经理和市场经理，形成一种矩阵式结构，如图 1-6 所示。

		市场经理			
		男式服装	女式服装	家庭装饰	工业市场
产品经理	人造丝				
	尼龙				
	醋酸纤维				
	涤纶				

图 1-6　产品/市场型组织形式

产品经理负责产品的销售利润和计划，为产品寻找更广泛的用途；市场经理负责开发现有和潜在的市场，着眼市场的长期需要，而不只是推销眼前的某种产品。这种组织形式适用于多角化经营的企业。不足之处是费用较大，而且由于权力和责任界限比较模糊，易产生矛盾。

工作任务2　创设模拟公司

工作流程

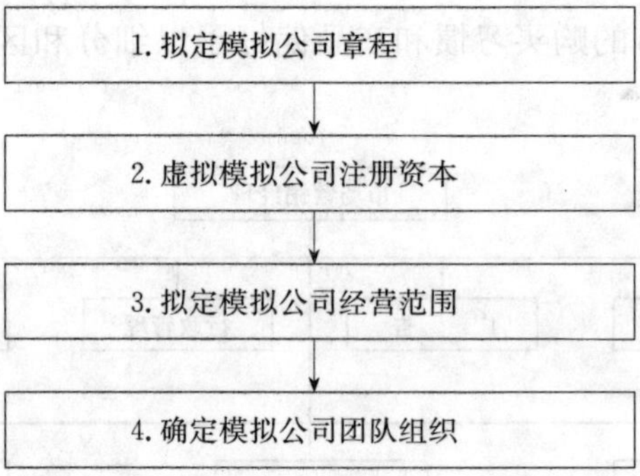

相关知识

一、有限责任公司设立的条件

根据《公司法》的规定，设立有限责任公司应当具备下列五个条件：

1. 股东符合法定人数

设立有限责任公司的法定人数分两种情况：一是通常情况下，法定股东数须是 2 人以上 50 人以下；二是特殊情况下，国家授权投资的机构或国家授权的部门可以单独设立国有独资的有限责任公司。

2. 股东出资达到法定资本最低限额

法定资本是指公司向公司登记机关登记时实缴的出资额，即经法定程序确认的资本。在我国，法定资本又称为注册资本，既是公司成为法人的基本特征之一，又是企业承担亏损风险的资本担保，同时也是股东权益划分的标准。

我国《公司法》根据行业的不同特点，规定了不同的法定资本最低限额：以生产经营为主的公司，人民币50万元；以商品批发为主的公司，人民币50万元；以商业零售为主的公司，人民币30万元；科技开发、咨询、服务性的公司，人民币10万元。

关于出资方式，股东可以用货币出资，也可以用实物、工业产权、非专利技术、土地使用权作价出资。其中以工业产权、非专利技术作价出资的金额不得超过有限责任公司注册资本的20%，但国家对采用高新技术成果有特别规定的除外。

3.股东共同制定章程

公司章程是关于公司组织及其活动的基本规章。制定公司章程既是公司内部管理的需要，也是便于外界监督管理和交往的需要。根据《公司法》的规定，公司章程应当载明的事项有：公司名称和住所、公司经营范围、公司注册资本、股东姓名或名称、股东的权利和义务、股东的出资方式和出资额、股东转让出资的条件、公司的机构及其产生办法和职权及议事的规则、公司的法定代表人、公司的解散事项与清算办法、其他事项。

4.有公司名称，建立符合有限责任公司要求的组织机构

公司作为独立的企业法人，必须有自己的名称。公司设立名称时还必须符合法律、法规的规定。有限责任公司的组织机构是指股东会、董事会或执行董事、监事会或监事。

5.有固定的生产经营场所和必要的生产经营条件

生产经营场所可以是公司的住所，也可以是其他经营地。生产经营条件是指与公司经营范围相适应的条件。它们都是公司从事经营活动的物质基础，是设立公司的起码要求。

二、股份有限公司设立的条件

根据我国《公司法》的规定，设立股份有限公司，应当具备以下六个条件：

(1)发起人符合法定人数。设立股份有限公司必须要有发起人，发起人既可以是自然人，也可以是法人。发起人应当在5人以上，其中须有过半数的发起人在中国境内有住所。国有企业改建为股份有限公司的，发起人可以少于5人，但应当采取募集设立的方式。

(2)发起人认缴和社会公开募集的股本达到法定资本的最低限额。我国《公司法》明确规定：股份有限公司的注册资本应为在公司登记机关登记的实收股本。股本总额为公司股票面值与股份总数的乘积。同时还规定，公司注册资本的最低限额为人民币1000万元，最低限额需要高于人民币1000万元的，由法律、行政法规另行规定。

在发起设立的情况下，发起人应认购公司发行的全部股份；在募集设立的情况下，发起人认购的股份不得少于公司股份数的35%。

(3)股份发行、筹办事项符合法律规定。

(4)发起人制定公司章程，并经创立大会通过。

(5)有公司名称，建立符合股份有限公司要求的组织机构。股份有限公司的组织机构由股东大会、董事会、经理、监事会组成。股东大会是最高权力机构，股东出席股东大会，所持每一股份有一表决权。董事会是公司股东会的执行机构，由5～19人组成。经理负

责公司的日常经营管理工作。

(6)有固定的生产经营场所和必要的生产经营条件。

三、合伙企业设立的条件

根据《合伙企业法》的规定,设立合伙企业应当具备下列五个条件:

1.有两个以上的合伙人,并且都是依法承担无限责任者

合伙企业合伙人至少为2人以上,这是最低的限额。最高限额未作规定。与有限责任公司的股东不同,合伙企业中的合伙人承担的是无限责任,合伙企业不允许有承担有限责任的合伙人。

2.有书面合伙协议

合伙协议是由各合伙人通过协商,共同决定相互间的权利义务,达成的具有法律约束力的协议。合伙协议应当由全体合伙人协商一致,以书面形式订立。合伙协议经全体合伙人签名、盖章后生效。

3.有各合伙人实际缴付的出资

合伙人的出资可以用货币、实物、土地使用权、知识产权或其他财产权利缴纳出资。经全体合伙人协商一致,合伙人也可以用劳务出资。对劳务出资,其评估办法由全体合伙人协商确定。

4.有合伙企业名称

合伙人在成立合伙企业时,必须确定其合伙企业名称。该名称必须符合企业名称管理的有关规定。

5.有营业场所和从事合伙经营的必要条件

合伙企业要经常、持续地从事生产经营活动,就必须有一定的营业场所和从事合伙经营的必要条件。所谓必要条件,就是根据合伙企业的合伙目的和经营范围,如果欠缺则无法从事生产经营活动的物质条件。

拓展知识

个体工商户设立登记

办理事项名称	个体工商户设立登记
办理对象	拟投资设立个体工商户的自然人
事项类别	行政许可
法律及政策依据	《城乡个体工商户管理暂行条例》(1987年8月5日国务院发布)、《城乡个体工商户管理暂行条例实施细则》以及国家工商总局制定的《个体工商户登记程序规定》等法规、行政规章的有关规定
办理条件	农村村民、城镇待业人员(包括辞职、退职、待业青年、闲散人员)、离退休人员、企业下岗人员,国家法律、法规和政策允许的其他人员可以依法申请个体工商户营业执照

（续表）

申请人提交材料	申请个体工商户设立登记，应当提交下列文件： (1)申请人签署的个体工商户设立登记申请书 (2)申请人身份证明 (3)经营场所证明 (4)国家法律、法规规定提交的其他文件 (5)从事法律、行政法规规定须报经有关部门审批业务的，应当提交有关部门的批准文件
办理流程	个体工商户登记注册的程序为受理、审查和准予登记。主要有下列规定： (1)登记机关收到申请人提交的登记申请后，对于申请材料齐全、符合法定形式的，应当受理 (2)申请材料不齐全或者不符合法定形式的，应当当场一次性告知申请人需要补正的全部内容。申请人按照要求提交全部补正申请材料的，登记机关应当受理 (3)登记机关受理登记申请，应当发给申请人受理通知书；对于不符合受理条件的登记申请，登记机关不予受理，并发给申请人不予受理通知书 (4)申请事项依法不属于个体工商户登记范畴的，登记机关应当即时决定不予受理，并向申请人说明理由 (5)申请人提交的申请材料齐全、符合法定形式的，登记机关应当当场予以登记；根据法定条件和程序，需要对申请材料的实质性内容进行核实的，登记机关应当指派两名以上工作人员进行核查，并填写申请材料核查情况报告书
收费标准	个体工商户开业登记费为每户20元；发放营业执照，不另收费，以后每四年重新登记、换发营业执照一次，收费20元
办理机构	经营场所所在地的工商所

工作实施

模拟工商注册登记训练

一、目标

通过创建模拟公司的营销组织训练，帮助学生了解组织机构创建的原则，掌握工商注册的流程，了解公司成立的基本条件，如何注册我国法律认可的合法营销组织。明确公司章程、营业范围的选择及基本要素的设立步骤。

二、步骤

1. 按6～8人为一小组组建项目团队。
2. 确定团队负责人（项目经理）、进行团队内部的分工。
3. 小组讨论，初步确定准备涉足的行业。
4. 据各组选择的背景行业，确定适合的营销组织结构。
5. 创设模拟公司，起草公司章程、确定注册资本及经营范围。

三、考核标准

评分项目	分　值	得　分
准备充分，包括理论知识、相关资料准备和课堂布置准备	15	
团队具有较强的获取信息和资料的能力，学习能力强	30	
讨论热烈，所学知识运用得当，言之有理，逻辑性强	25	
团队合作精神好，分工清楚合理	15	
公司设立过程中充分考虑到所涉足行业的现状，考虑到相应的营销理念及公司的长远发展	15	
总　分	100	

四、注意事项

1. 要求教师对各组选择的背景行业做正确的指导。

2. 授课教师须精心准备，善于引导，充分调动学生的积极性。

3. 要求学生根据课业要求，组织好小组讨论，充分展示各小组的经营特色。

4. 注意课堂纪律控制，力争让每个学生都得到锻炼。开始前注意营造轻松气氛，掌控好课堂纪律和时间。

学习情境二

市场调查

【案例引入】

一次，一位“不幸”的日本人住到一个美国家庭。奇怪的是，这位“落难者”每天都在做笔记，记录美国人居家生活的各种细节，包括吃什么食物、看什么电视节目等。一个月后，日本人走了。不久丰田公司推出了针对当今美国家庭需求而设计的价廉物美的旅行车，大受欢迎。直到此时，丰田公司才在报上刊登了他们对美国家庭的研究报告，并向那户人家致歉，同时表示感谢。丰田公司为什么要进行市场调研？从中可以得到什么启示？

【工作项目】

根据“学习情境一”中建立的模拟公司，要想创业取得成功，需要在对市场进行全面分析的基础上选择商业项目。为此，需要完成以下项目工作：

项目 1　制订市场调查方案

项目 2　市场调查

项目 3　撰写市场调查报告

项目1 制订市场调查方案

【知识目标】

• 掌握市场调查的内容、步骤和方法

【能力目标】

• 基本能够设计市场调查方案

【任务分解】

工作任务1 确定市场调查课题

工作任务2 确定市场调查方法

工作任务3 设计市场调查方案

工作任务1 确定市场调查课题

工作流程

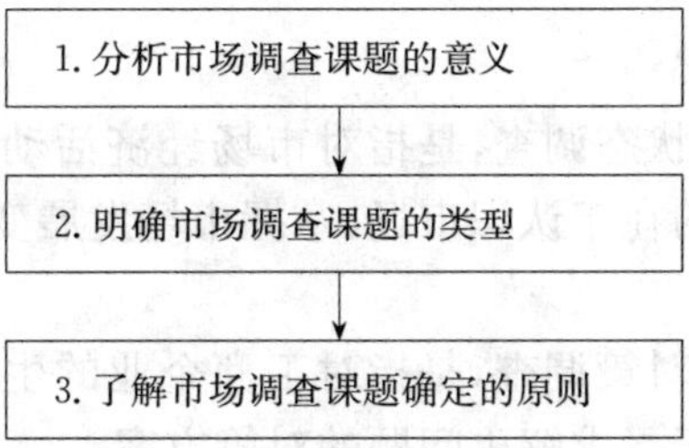

相关知识

一、市场调查课题的意义

市场调查课题又称市场调查项目或市场研究项目，是指市场调查研究解决什么样的管理决策的信息需求问题。市场调查课题具有目标约束、空间约束、时间约束、内容约束四个基本要素。调查课题的确定具有如下意义：

(1)关系到市场调查是否具有针对性。

(2)关系到市场调查是否具有可行性。

(3)关系到市场调查实施的有效性。

二、市场调查课题的类型

(一)按市场调查涉及的生产经营活动的阶段分类

1. 事前调查

事前调查是营销活动之前的市场调查,是做营销方案的基础,可分为竞争对手分析、市场分析(商品分析、行情分析)。一般有预测性调查、可行性研究、市场环境研究等。

2. 事中调查

事中调查是指对营销方案在执行过程中的情况跟踪调查,以便及时调整战术,使方案更好地达到预期效果。一般有跟踪性调查、控制性调查、进程性调查等。

3. 事后调查

事后调查是整体活动结束时的评估,有利于总结经验,发现不足,及时调整并进行补救措施,也称总结性调查。

(二)按市场调查课题的深广度分类

1. 专题性调查

专题性调查是针对专门性问题的深入调研,特点是内容集中、具体深入、针对性强。

2. 综合性调查

综合性调查指的是针对综合性问题的系统调研,特点是内容全面、范围广泛、综合性强。

(三)按市场调查的侧重点分类

1. 市场识别调查

市场识别调查又称市场状态调查,是指对市场经济活动发展变化的过程、特点、趋势和规律进行调查研究,其目的在于认识市场,掌握市场发展变化的特征和规律。

2. 市场策略调查

市场策略调查又称市场对策调查,是指对工商企业的生产经营或市场营销策略或对策进行调查研究,其目的在于寻求解决问题的对策方案。

3. 市场可行性调查

市场可行性调查又称市场预测性调查,是指对工商企业的生产经营前景或市场未来的发展变化进行预测性的调查研究,其目的在于把握市场未来的发展变化,以便进行正确的决策。

三、市场调查课题确定的原则

1. 针对性原则

市场调查课题的确定首先应明确为什么要做调查研究(目的),才能正确界定做什么样的调查研究(课题)。调查课题的确定必须满足管理决策的信息需求,才能具有针对性。

2. 价值性原则

市场调查课题的确定应评估此项调查研究是否值得做，包括评估是否能搜集到有用的信息，市场调查的成本花费是否高于得到的信息的价值。

3. 可行性原则

市场调查课题的确定应研究信息获取的可能性，调查组织能力的可行性，人力、物力和财力等约束条件的可行性，评估委托的调查公司的能力、职业道德和信誉。

工作任务2　确定市场调查方法

工作流程

1. 分析本项目市场调查的作用

↓

2. 明确本项目市场调查的内容

↓

3. 确定本项目市场调查的基本步骤

↓

4. 选择本项目市场调查的方法

相关知识

一、市场调查的作用

市场调查是随着商品经济的发展而不断演变的。在小商品经济条件下，市场范围狭小，生产规模很小，产品供需比较稳定。因此，很少需要对市场进行深入细致的调研。随着商品经济的进一步发展和市场范围的扩大，尤其是市场竞争的日趋尖锐，客观上要求市场调研范围突破流通领域，渗透到生产领域和消费领域，参与企业的内部经营管理决策，为企业产、供、销提供可靠的依据。这时，市场营销调研就发展成运用科学的方法和手段，系统地、有目的地搜集、分析和研究与市场营销有关的各种信息，提出分析的结论和建议，以此作为分析市场和制定营销决策的重要依据。市场调查的作用有以下两个方面：

1. 市场调查是了解市场的重要手段

市场调查可以帮助企业了解有关市场需求的因素，包括人口数量、购买力水平、消费结构、消费特点及趋势，还可以了解产品供应情况及竞争者的情况，为企业营销决策提供依据。

2. 市场调查是企业制定营销策略的重要依据

市场调查可以帮助企业搜集到比较齐全和准确的市场信息，并对这些信息进行科学的分类、分析和研究，制定出科学的营销策略，从而减少失误，降低风险。

二、市场调查的内容

1. 市场需求情况调查

调查的目标是掌握市场消费者数量、消费水平和消费结构以及需求发展的趋势。这不仅要调查现实需求，还应调查潜在需求。

2. 企业营销策略调查

通过对企业产品价格、销售渠道和促销策略实施情况的调查和研究，了解这些策略运用的现状，分析其效果及造成不同效果的原因，这将成为企业修改和调整营销策略的依据。

3. 市场环境调查

市场环境调查包括对政治法律环境、社会经济环境、思想文化环境和竞争环境的调查，以便了解党和国家的方针政策，特别是经济法规政策；了解消费者的教育水平、文化层次结构、购买动机及行为；了解竞争企业的市场地位和营销策略，做到知己知彼，百战不殆。

三、市场营销调查的步骤

（一）预备阶段

预备阶段是调查工作的开始，这一阶段着重解决调查目的这一问题。主要包括以下具体步骤：

1. 初步情况分析

首先找到营销活动中存在的问题，进而通过对企业内部各种资料的分析，如对历年统计资料、年度报表、财务决算资料等的分析，从中发现问题产生的原因。

2. 非正式调查（或称试探性调查）

调查人员在企业内部举行座谈会或访问专家、用户及相关营销人员，听取他们对这些问题的意见，进行归类和分析，使问题逐步明朗化。

（二）调查阶段

市场营销调查阶段分以下几个步骤：

（1）确定调查目的和内容。要求调查目的具体，内容明确，做到有的放矢。

（2）确定调查对象和方法。即选择调查资料，确定调查对象，以及决定调查的时间、地点、调查所采取的具体方法等。

（3）调查的组织工作。包括对调查人员进行必要的挑选和培训，尤其是进行调查知识与方法的培训；根据调查的目的和内容，确定调查的具体项目。调查的组织工作还包括一些诸如资料的掌握程度、调查人员的配置、调查费用的预算等。

（4）实地调查。即调查人员按计划规定的时间、方法进行实地调查，取得有关资料。

（三）结果处理阶段

结果处理阶段是调查全过程的最后阶段，这一过程可以分为以下几个步骤：

1. 整理分析资料

整理分析资料是把调查资料进行整理和统计分析，严加筛选、去粗取精、去伪存真，以保证资料的完整和真实可靠。

2. 编写调查报告

根据对调查资料的整理和缜密分析，得出调查结论，然后编写成书面报告。调查人员还要追踪了解调查报告的采纳和实施情况。

四、市场营销调查的方法

（一）按对调查对象的选择方法来划分

按对调查对象的选择方法来划分，市场营销调查可分为普查、重点调查、典型调查和抽样调查。

1. 普查

普查又称全面调查，就是对调查对象无一例外地进行全面调查。普查所取得的资料全面，也比较准确，但调查的工作量大，需要花费很多人力、物力、财力，因此，在市场调查中很少采用。

2. 重点调查

重点调查就是从调查对象总体中有重点地选择一部分调查对象进行调查。这种调查方法简单，但由于受各种因素的影响，调查结果往往不够全面和准确。在市场调查中，这种方法使用并不多。

3. 典型调查

典型调查就是从调查总体中选出具有代表性的对象进行调查，以达到推算一般的调查方法。典型调查的关键在于正确选择调查样本。在通常情况下，可以选择中等或中间水平的对象进行调查。在选择数量上，若总体水平比较一致，则选一个或少数几个有代表性的就行了；当总体发展水平差异较大时，应先按某些标志进行分类，然后在各类中选择典型进行调查，其调查结果就比较准确可靠。典型调查较多地运用于调查对象数量大、调查人员对调查情况有一定了解的调查。

4. 抽样调查

抽样调查即从调查对象中抽取一部分样本进行调查，从而推断样本总体的方法。抽样调查的方法很多，一般有以下几类：

(1)随机抽样。即在总体中按随机原则抽取调查样本的方法。

(2)等距抽样。即先把样本总体中的各个个体按一定的标志排列，然后按相等的距离或间隔抽取调查样本。

(3)非随机抽样。即根据调查人员的分析、判断和需要，有意识地选取有代表性的对象作为样本，用以推断总体。

(4)固定样本连续调查。即用随机抽样法选取调查对象，并把这些对象作为固定样本，进行各期连续的调查。

（二）按搜集资料的方法划分

按搜集资料的方法划分，市场营销调查可分为观察法、询问法和实验法。

1. 观察法

观察法是由调查人员在现场对调查对象进行直接观察的一种方法。其优点是结果真实可靠，使用仪器观察具有客观性。缺点是只能观察到表面活动，不能了解其内在因素。

2. 询问法

询问法是调查者通过面谈、电话或书面等方式向被调查者进行调查的一种方法，这是市场调查中最常见的一种方法。常见的具体形式有以下三种：

(1)面谈法

面谈法，即调查人员面对面地向被调查者询问有关问题，并当场记录所获取的资料。其优点是方法灵活，面谈时相互启发，可做深入询问。缺点是费用高，花费时间长。

(2)邮寄调查法

邮寄调查法，即调查人员将设计好的表格寄给被调查者，要求其填好表格后寄回。优点是被调查者分散，答案不会受调查人员的影响。缺点是回收率低。

(3)电话调查法

电话调查法，即调查人员通过电话向被调查者询问。优点是省时、成本低。缺点是不易取得被调查者的合作。

3. 实验法

实验法是在控制某些因素的前提下，通过小规模实验来观察企业营销活动的效果。实验法多用在新产品引入期，调查价格、广告等营销措施的市场效应。这一方法的优点是科学性强。缺点是实验时间长，成本高。

工作任务3　设计市场调查方案

工作流程

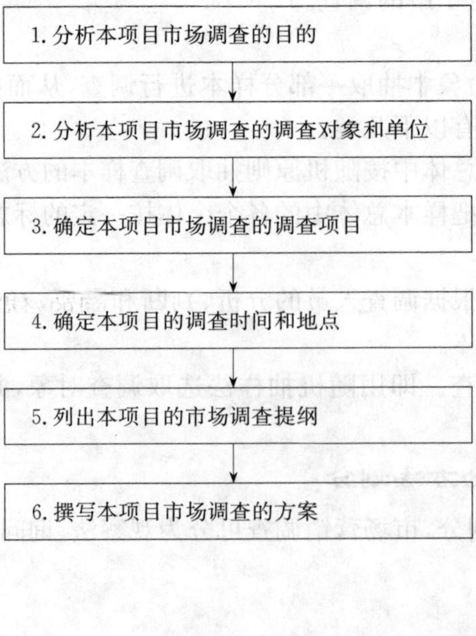

相关知识

一、市场调查方案设计的含义

市场调查方案设计，就是根据调查研究的目的和调查对象的性质，在进行实际调查之前，对调查工作总任务的各个方面和各个阶段进行的通盘考虑和安排，提出相应的调查实施方案，制定出合理的工作程序。

市场调查的范围可大可小，但无论是大范围的调查，还是小规模的调查，都会涉及相互联系的各个方面和各个阶段。这里所讲的调查工作的各个方面是对调查工作的横向设计，就是要考虑到调查所要涉及的各个组成项目。例如，对某市商业企业竞争能力进行调查，就应将该市所有商业企业的经营品种、质量、价格、服务、信誉等方面作为一个整体，对各种相互区别又有密切联系的调查项目进行整体考虑，避免调查内容出现重复和遗漏。

这里所说的全部过程，则是对调查工作纵向方面的设计，它是指调查工作所需经历的各个阶段和环节，即调查资料的搜集、调查资料的整理和分析等。只有对此事先统一考虑和安排，才能保证调查工作有秩序、有步骤地顺利进行，减少调查误差，提高调查质量。

二、市场调查总体方案设计

市场调查的总体方案设计是对调查工作各个方面和全部过程的通盘考虑，包括了整个调查工作过程的全部内容。调查总体方案是否科学、可行，是整个调查成败的关键。市场调查总体方案设计主要包括以下几个方面的内容：

（一）确定调查目的

明确调查目的是调查设计的首要问题，只有确定了调查目的，才能确定调查的范围、内容和方法，否则就会列入一些无关紧要的调查项目，而漏掉一些重要的调查项目，无法满足调查的要求。衡量一个调查设计是否科学，主要就是看方案的设计是否体现调查目的的要求，是否符合客观实际。

（二）确定调查对象和调查单位

明确了调查目的之后，就要确定调查对象和调查单位，这主要是为了解决向谁调查和由谁来具体提供资料的问题。调查对象就是根据调查目的、任务确定调查的范围以及所要调查的总体，它是由某些性质上相同的调查单位所组成的。调查单位就是所要调查的社会经济现象总体中的个体，即调查对象中的一个个具体单位，它是调查中要调查登记的各个调查项目的承担者。例如，为了研究某市各广告公司的经营情况及存在的问题，需要对全市广告公司进行全面调查，那么，该市所有广告公司就是调查对象，每一个广告公司就是调查单位。在确定调查对象和调查单位时，应该注意以下四个问题：

（1）由于市场现象具有复杂多变的特点，因此，在许多情况下，调查对象也是比较复杂的，必须以科学的理论为指导，严格规定调查对象的含义，并指出它与其他有关现象的界限，以免造成调查登记时由于界限不清而发生的差错。

(2)调查单位的确定取决于调查目的和对象,调查目的和对象变化了,调查单位也要随之改变。

(3)调查单位与填报单位是有区别的,调查单位是调查项目的承担者,而填报单位是调查中填报调查资料的单位。例如,对某地区工业企业设备进行普查,调查单位为该地区工业企业的每台设备,而填报单位是该地区每个工业企业。但在有的情况下,两者又是一致的。在调查方案设计中,当两者不一致时,应当明确从何处取得资料并防止调查单位重复和遗漏。

(4)不同的调查方式会产生不同的调查单位。如采取普查方式,调查总体内所包括的全部单位都是调查单位;如采取重点调查方式,只有选定的少数重点单位是调查单位;如采取典型调查方式,只有选出的有代表性的单位是调查单位;如果采取抽样调查方式,则用各种抽样方法抽出的样本单位是调查单位。

(三)确定调查项目

调查项目是指调查单位所要调查的主要内容,确定调查项目就是要明确向被调查者了解哪些问题,调查项目一般就是调查单位的各个标志的名称。例如,在消费者调查中,消费者的性别、民族、文化程度、年龄、收入等,其标志可分为品质标志和数量标志,品质标志是说明事物质的特征,不能用数量表示,只能用文字表示,如上例中的性别、民族和文化程度;数量标志表明事物的数量特征,它可以用数量来表示,如上例中的年龄和收入。标志的具体表现是指在标志名称之后所表明的属性或数值,如上例中消费者的年龄为30岁或50岁,性别是男性或女性等。

在确定调查项目时,除要考虑调查目的和调查对象的特点外,还要注意以下几个问题:

(1)确定的调查项目应当既是调查任务所需,又是能够取得答案的。凡是调查目的需要又可以取得的调查项目要充分满足,否则不应列入。

(2)项目的表达必须明确,要使答案具有确定的表示形式,如数字式、是否式或文字式等。否则,会使被调查者因产生不同理解而做出不同的答案,造成汇总时的困难。

(3)确定调查项目应尽可能做到项目之间相互关联,使取得的资料相互对照,以便了解现象发生变化的原因、条件和后果,便于检查答案的准确性。

(4)调查项目的含义要明确、肯定,必要时可附以调查项目解释。

(四)制订调查提纲和调查表

当调查项目确定后,可将调查项目科学地分类、排列,构成调查提纲或调查表,方便调查登记和汇总。调查表一般由表头、表体和表脚三个部分组成。

1.表头

表头包括调查表的名称、调查单位(或填报单位)的名称、性质和隶属关系等。表头上填写的内容一般不作统计分析之用,但它是核实和复查调查单位的依据。

2.表体

表体包括调查项目、栏号和计量单位等,它是调查表的主要部分。

3.表脚

表脚包括调查者或填报人的签名和调查日期等,其目的是为了明确责任,一旦发现问题，便于查寻。

调查表分单一表和一览表两种：单一表是每张调查表只登记一个调查单位的资料，常在调查项目较多时使用。它的优点是便于分组整理，缺点是每张表都注有调查地点、时间及其他共同事项，造成人力、物力和时间的耗费较大。一览表是一张调查表可登记多个单位的调查资料，它的优点是当调查项目不多时，应用一览表能使人一目了然，还可将调查表中各有关单位的资料相互核对，其缺点是对每个调查单位不能登记更多的项目。

调查表拟定后，为便于正确填表、统一规格，还要附填表说明。内容包括调查表中各个项目的解释，有关的计算方法以及填表时应注意的事项等，填表说明应力求准确、简明扼要、通俗易懂。

（五）确定调查时间和调查工作期限

调查时间是指调查资料所属的时间。如果所要调查的是时期现象，就要明确规定资料所反映的是调查对象从何时起到何时止的资料。如果所要调查的是时点现象，就要明确规定统一的标准调查时点。

调查期限是规定调查工作的开始时间和结束时间。包括从调查方案设计到提交调查报告的整个工作时间，也包括各个阶段的起始时间，其目的是使调查工作能及时开展、按时完成。为了提高信息资料的时效性，在可能的情况下，调查期限应适当缩短。

（六）确定调查地点

在调查方案中，还要明确规定调查地点。调查地点与调查单位通常是一致的，但也有不一致的情况，当不一致时，尤其有必要规定调查地点。

（七）确定调查方式和方法

在调查方案中，还要规定采用什么组织方式和方法取得调查资料。搜集调查资料的方式有普查、重点调查、典型调查、抽样调查等。具体调查方法有文案法、访问法、观察法和实验法等。在调查时，采用何种方式、方法不是固定和统一的，而是取决于调查对象和调查任务。在市场经济条件下，为准确、及时、全面地取得市场信息，尤其应注意多种调查方式的结合运用。

（八）确定调查资料整理和分析方法

采用实地调查方法搜集的原始资料大多是零散的、不系统的，只能反映事物的表象，无法深入研究事物的本质和规律性，这就要求对大量原始资料进行加工汇总，使之系统化、条理化。目前这种资料处理工作一般已由计算机进行，这在设计中也应予以考虑，包括采用何种操作程序以保证必要的运算速度、计算精度及特殊目的。

随着经济理论的发展和计算机的运用，越来越多的现代统计分析手段可供我们在分析时选择，如回归分析、相关分析、聚类分析等。每种分析技术都有其自身的特点和适用性，因此，应根据调查的要求，选择最佳的分析方法并在方案中加以规定。

（九）确定提交报告的方式

确定报告的方式主要是确定报告书的形式和份数，报告书的基本内容、报告书中图表量的大小等。

（十）制订调查的组织计划

调查的组织计划是指为确保调查实施的具体工作计划。主要是指调查的组织领导、调查机构的设置、人员的选择和培训、工作步骤及其善后处理等。必要时候，还必须明确规定调查的组织方式。

三、调查方案的评价

（一）调查方案的可行性研究

在对复杂社会经济现象所进行的调查中，所设计的调查方案通常不是唯一的，需要从多个调查方案中选取最优方案。同时，调查方案的设计也不是一次完成的，而要经过必要的可行性研究，对方案进行试点和修改。可行性研究是科学决策的必经阶段，也是科学设计调查方案的重要步骤。对调查方案进行可行性研究的方法有很多，现主要介绍逻辑分析法、经验判断法和试点调查法三种方法。

1. 逻辑分析法

逻辑分析法是检查所设计的调查方案的部分内容是否符合逻辑和情理。例如，要调查某城市居民的消费结构，而设计的调查指标却是居民消费结构或职工消费结构，按此设计所调查出的结果就无法满足调查的要求，因为居民包括城市居民和农民，城市职工也只是城市居民中的一部分。显然，居民、城市居民和职工三者在内涵和外延上都存在着一定的差别。又如，对于学龄前儿童，要调查其文化程度，对于没有通电的山区要进行电视广告调查等，都是有悖于情理的，也是缺乏实际意义的。逻辑分析法可对调查方案中的调查项目设计进行可行性研究，却无法对其他方面的设计进行判断。

2. 经验判断法

经验判断法即组织一些具有丰富调查经验的人士，对设计出的调查方案加以初步研究和判断，以说明方案的可行性。经验判断法能够节省人力和时间，在比较短的时间内做出结论。但这种方法也有一定的局限性，这主要是因为人的认识是有限、有差异的，事物在不断发生变化，各种主客观因素都会对人们判断的准确性产生影响。

3. 试点调查法

试点是整个调查方案可行性研究中的一个十分重要的步骤，对于大规模市场调查来讲尤为重要。试点的目的是使调查方案更加科学和完善，而不仅仅是搜集资料。

试点也是一种典型调查，是解剖麻雀。从认识的全过程来说，试点是从认识到实践，再从实践到再认识，兼备了认识过程的两个阶段。因此，试点具有两个明显的特点，一个是它的实践性，另一个是它的创新性，两者相互联系、相辅相成。试点正是通过实践把客观现象反馈给认识主体，以便起到修改、补充、丰富、完善主体认识的作用。同时，通过试点，还可以为正式调查取得实践经验，并把人们对客观事物的了解推进到一个更高的阶段。具体来说，试点的任务主要有以下两个：

(1)对调查方案进行实地检验。调查方案的设计是否切合实际，还要通过试点进行实地检验，检查目标制定得是否恰当，调查指标设计是否正确，哪些需要增加，哪些需要减少，哪些说明和规定需要修改和补充。试点后，要分门别类地提出具体意见和建议，使调查方案的制订既科学合理，又能解决实际问题。

(2)作为实战前的演习，试点可以了解调查工作安排是否合理，哪些是薄弱环节。必须通过试点取得这方面的实践经验，把分散的经验集中起来，形成做好普查工作的各项细则，成为各个阶段、各项工作应当遵循的规则。

试点调查应该注意以下几个问题：

(1)应建立一个精干有力的调查队伍，队伍成员应该包括有关领导、调查方案设计者和调查骨干，这是搞好试点工作的组织保证。

(2)应选择适当的调查对象，要选择规模较小，代表性较强的试点单位。必要时可采取少数单位先试点，再扩大试点范围，然后全面铺开的做法。

(3)应采取灵活的调查方式和方法，调查方式和方法可以多用几种，经过对比后，从中选择适合的方式和方法。

(4)应做好试点的总结工作，认真分析试点的结果，找出影响调查成败的主客观原因。不仅要善于发现问题，还要善于结合实际探求解决问题的方法，充实和完善原调查方案，使之更加科学和易于操作。

(二)调查方案的评价

对于一个调查方案的优劣，可以从不同角度加以评价，主要如下：

(1)方案设计是否体现调查目的和要求。

(2)方案设计是否科学、完整和适用。

(3)方案设计能否使调查质量有所提高。

(4)调查实效检验。评价一项调查方案的设计是否科学、准确，最终还要通过调查实施的成效来体现，即必须通过调查工作的实践检验，来观察方案中哪些符合实际，哪些不符合实际，产生的原因是什么，肯定正确的做法，找出不足之处并寻求改进方法，这样就可以使今后的调查方案设计更加接近客观实际。

拓展知识

市场调查课题立项的步骤

(一)发现问题

问题就是企业营销与市场环境的不适应。一是企业营销存在的问题。例如，产品质量问题、价格问题、服务问题等。二是企业经营发展的问题。例如，开发什么样的市场，开发什么样的产品，如何满足市场需求等。

(二)分析问题

分析问题是确立调查课题的关键。问题分析需要全面、客观，可将企业营销中迫切需要解决的问题放在首位，作为调查要解决的问题。

通过问题分析，确定具体的调查目标。对所解决的问题进行分析，判断问题的症结所在，弄清应该调查什么。确定调查目标的类型，是进行探索性调查、描述性调查，还是因果性调查。

(三)确立课题

1.把调查目标转化为调查课题

调查目标明确了,就可以有针对性地把确定的调查问题转化为调查课题。先要为调查课题确立名称,即标题。课题名称要与调查目标保持一致;课题名称不宜过长,一般不要超过15个字,如果标题过长,应考虑立副标题。

2.确立调查课题的注意点

(1)课题解决的问题必须是企业营销中的关键问题。

(2)课题的组织必须是企业的可控因素。

(3)课题的完成应该是企业力所能及的。

3.确立调查的具体内容

调查课题的完成还需确立具体调查内容,即调查提纲。营销调查提纲的内容一般有五大部分:

(1)市场状况分析。

(2)消费者分析。

(3)竞争者分析。

(4)宏观营销环境分析。

(5)企业营销机会与对策分析。

工作实施

模拟公司的市场调查立题

一、目标

市场调查是一项有目的的活动,市场调查的第一步工作需要确立调查课题。这是保证市场调查活动正确性、有效性的前提。通过本次训练,帮助学生认识到调查立题在市场调查活动中的重要作用,掌握调查立题的基本技能。能够根据有关项目要求,寻找调查要解决的问题、确定调查要达到的目标,明确调查的具体内容。

二、步骤

1.明确组内分工。

2.了解、熟悉市场调查的内容、步骤、程序和方法,并掌握撰写市场调查立题的技巧。

3.在小组讨论分析的基础上整合思路,撰写提纲。

4.归纳总结。

5.形成框架内容,并撰写市场调查计划。

6.每个团队选1名代表面对全班同学陈述本团队撰写的思路内容及感受(每组5分钟)。

7.每个团队提交一份市场调查立题报告(1500字以上)。

三、考核标准

评分项目	分 值	得 分
调查计划结构合理,层次清晰,逻辑通顺	30	
调查课题确立内容要具体,有可操作性	25	
计划紧扣模拟公司市场状况,全面、正确、条理清楚	30	
报告人阐述思路清晰,分析计划条理清晰,有说服力	15	
总 分	100	

四、注意事项

1. 教师对“营销调查立题”的实践应用价值给予说明，调动学生课业操作的积极性。

2. 教师提供有关调查项目的指向和资料，确定一定的课业操作范围。

3. 教师对“营销调查立题”的操作步骤，调查问题的寻找，调查目标的提出，课题名称和内容的确立给予耐心指导。

4. 要求教师提供“营销调查立题”的课业范例，供学生操作参考。

五、范例

“大学生创业”营销调查课题

一、调查解决的问题

随着科技的迅速发展，人们的生活日益趋向便捷、快速，对于我国传统的手工艺制作，很少有人问津，因此，想借此创业机会，在校园内开个DIY创意小屋。它包括编织、刺绣、串珠等，让传统的手工制作也能走进大学，丰富校园生活。这一创业项目是否可行，必须对苏州DIY手工艺市场做一次深入调查。

二、调查课题名称

苏州DIY手工艺市场调查

三、调研写作提纲

（一）苏州DIY手工艺市场状况分析

（二）苏州DIY手工艺市场的消费者分析

（三）苏州DIY手工艺市场的竞争对手分析

（四）影响DIY手工艺消费的宏观营销环境分析

（五）大学生创业机会和对策分析

项目2 市场调查

【知识目标】

- 掌握分析影响消费者购买行为主要因素的方法
- 掌握分析背景行业及其竞争者的方法

【能力目标】

- 能够完成消费者购买行为分析
- 能够完成企业市场营销环境分析

【任务分解】

工作任务 1　设计市场调查问卷

工作任务 2　分析消费者市场购买行为

工作任务 3　分析企业的市场营销环境

工作任务 1　设计市场调查问卷

工作流程

1. 明确本项目的调查目的

↓

2. 选择本项目数据搜集的方法

↓

3. 确定本项目市场调查问卷的类型与基本结构

↓

4. 选择本项目调查问卷中问题的措辞与回答形式

↓

5. 确定本项目中问卷的流程和编排

相关知识

一、市场调查问卷设计的程序

（一）明确调查目的

调查过程经常是因市场部经理、品牌经理或新产品开发专家在作决策时感到所需信息不全而引发很多疑问并寻求答案的过程。明确调查目的这一任务不能单纯地交给调查人员来完成，而让委托人提供调查目的更是不对的。明确调查目的，需要调查人员和委托人进行深入的沟通和分析。市场调查是为调查而调查。所以，市场调查机构或企业内部市场调查部门必须要做以下工作：与决策者沟通、访问行业专家、搜集并分析二手资料、定性调查。

（二）确定数据搜集的方法

获得原始资料有多种方法，主要有小组讨论法、电话访问法、邮寄访问法等。每一种方法对问卷设计都有影响。如电话访问法需要用丰富的词汇来描述概念，以保证应答者理解了讨论的问题，由于电话访问受时间限制，问卷设计不能过长，语言表述应倾向于口语化。

（三）确定问题的回答形式

这一阶段首先关心的是询问中所使用的问题类型。在市场调查中，有三种主要的问题类型：开放式问题、封闭式问题、量表应答式问题。

（四）决定问题的措辞

对调查人员来说，在特定问题的措辞上总要花相当多的时间，这是一种随时间与主题不断发展的技巧。

（五）确定问卷流程和编排

问卷每一部分的位置安排都要有一定的逻辑性。有经验的市场调查人员很清楚问卷制作是获得访谈双方联系的关键。关于问卷流程的基本准则如下：

1. 运用过滤性问题识别合格应答者

只有合格应答者参加访谈，才能得到每类合格应答者的最小数量配额。过滤性问题不能出现在问卷上，例如，“您或您的家庭成员在广告公司、市场调研公司或制造与销售化妆品的厂家工作吗？”（如果回答“是”，结束并记录在联系记录单上，否则继续下一问题）。过滤性问题太多会大大提高调查费用，使用四个左右的过滤性问题可以很快排除不合格的受访者。最重要的是过滤性问题提供了估算调查费用的基础，在其他条件都相同的情况下，一个所有人都适合接受访谈的调查会比只有5%发生率的调查费用低很多。

2. 在得到合格的应答者后以一个令人感兴趣的问题开始访谈

在介绍性说明和通过过滤性问题发现合格的访谈人员后，应当以简单，容易回答，令人感兴趣，并且不存在任何威胁的问题开始访谈。用一个年龄或收入问题作为初始问题是不恰当的,这些问题经常被认为具有威胁性,并且立即使应答者处于防卫状态。

3. 先问一般性问题

一般性问题在问卷中应首先出现,以使人们开始考虑有关概念、公司或产品类型,然后问具体的问题。一般而言,问卷的开头部分应安排比较容易的问题,这样可以给被调查者轻松、愉快的感觉,以便于他们继续回答下去。中间部分最好安排一些核心问题,即调查者要掌握的资料,这一部分是问卷的核心部分,应该妥善安排。结尾部分可以安排一些背景资料,如职业、年龄、收入等。个人背景资料虽然属于事实性问题,也十分容易回答,但有些问题诸如收入、年龄等同样属于敏感性问题,因此,一般安排在末尾部分。当然在不涉及敏感性问题的情况下也可将背景资料安排在开头部分。

(六)评估问卷

评估问卷,获得各方的认可,问卷的评价实际上是对问卷的设计质量进行一次总体性评估。

对问卷进行评价的方法很多,包括专家评价、上级评价、被调查者评价和自我评价。专家评价一般侧重于技术性方面,例如,对问卷设计的整体结构、问题的表述、问卷的版式风格等方面进行评价。上级评价则侧重于政治性方面,例如,在政治方向、舆论导向、可能对群众造成的影响等方面进行评价。被调查者评价可以采取两种方式:一种是在调查工作完成以后进行事后性评价;另一种方式则是调查工作与评价工作同步进行,即在调查问卷的结束语部分安排几个反馈性题目,例如,“您觉得这份调查表设计得如何?”自我评价则是设计者对自我成果的一种肯定或反思。

(七)准备最终的问卷文本、制表、打印和印刷问卷

通过测试后的问卷文本即为最终的问卷文本。上述工作全部完成以后,即可制订一份正式调查所用的问卷,具体涉及制表、打印、印刷三个环节。一份完整的问卷在使用前还应准备访问指导书、督导员手册、访问执行表、访问执行总表、调查样本分配表、访问实施过程表、受访者态度应对表等材料。

二、市场调查问卷的问句设计

根据问句所提问题的性质、问句内容的结构、问句设计的形式、问题的内容等,可将问句分为不同种类。

(一)根据问句所提问题的性质分类

1. 直接性问句

直接性问句是指对于涉及被调查者毫无顾忌的问题可采用直接提问的方式。例如,被调查者的性别、职业等个人基本情况或一般性意见。

2. 间接性问句

间接性问句是指对于涉及被调查者的个人秘密或隐私等不愿意直接回答的问题,询问时可采用间接提问的方式。例如,有关收入的问题,可采用分组形式取得答案。

3. 假设性问句

假设性问句是指对于涉及被调查者对某些问题的看法或未来想法的问题,询问时可

采用假设性提问的方式。

（二）根据问句内容的结构分类

根据问句内容的结构来分，可将问句分为组织化-非伪装问句、非组织化-非伪装问句、非组织化-伪装问句、组织化-伪装问句。组织化问句指的是有系统地询问并系列式地记录答案，非组织化问句是指前后几条问句都存在逻辑关系，伪装问句不需要指明答案，非伪装问句需要明确地指出几种答案。具体可以通过以下几个例子来分析：

例 1，您是否有过网上购物的经验？（答案很明确，有还是没有。）

在本例中，前后两个问句具有内在的逻辑关系，是一种有组织的询问，并且问题的答案很明确，故属于组织化-非伪装问句，这种问句是运用最广泛的一类问句。

例 2，您认为顾客在选择网上购物的网站时比较注重的因素是什么？（多选）

a. 质量　　b. 价格　　c. 款式　　d. 品牌

e. 网站的信誉　　f. 配送费用

在本例的问句中已标明了备选答案，因此，属于非伪装问句，但是这里假设本问句和前后几个问句没有逻辑联系，所以综合起来本例属于非组织化-非伪装问句。

例 3，您认为电子商务网站如何做才能增加客户访问量？

本例中如果假设本问句与前后几个问句没有逻辑联系，则该问句属于非组织化-伪装问句，因为这个问句没有明确的备选答案。这类问句多采用联想法，或者是利用叙述故事来了解被调查者潜在的态度。

例 4，①您现在购买什么品牌的洗发剂？②您购买这种品牌的洗发剂多久了？③它的优点是什么？

本例中的问句属于组织化-伪装问句，它的主要目的是在问卷试验阶段获取全面的答案，以便在正式的问卷中将答案全面地、按适当的规律标明。

（三）根据问句设计的形式分类

1. 开放式问句

开放式问句也称自由问答题，只提问题，不给具体答案，应答者可以自由地用自己的语言来回答或解释有关想法。开放式问句主要适用于探测性调查，在实际的调查问卷中，这种问题不多。开放式问句一般应用于以下几种场合：作为调查的介绍；某个问题的答案太多或根本无法预料；由于研究需要，必须在研究报告中原文引用被调查者的原话。开放式问句经常需要“追问”。追问是访谈员为了获得更详细的材料或使讨论继续下去而对应答者的一种鼓励形式。例如，访谈人员会追问：“还有其他要说的吗？”

2. 封闭式问句

封闭式问句是一种需要应答者从一系列应答项中做出选择的问句。传统上，市场调查人要求回答者在答案中选择一种，而多项选择题常称为多项选择式或多分式，要求回答者在多于两种的答案中选择一种。在二项封闭式问题中，回答类别有时是暗示的。例如，“上星期您进行网上购物了吗”，很显然，暗示的选项是“是”或“否”。两分式问句易于产生大量测量误差，因为可供选择的答案在于两个极端，略去了两极之间大量可能的选择答案。这样，问句的用语对于得到准确答案就是关键了。多项选择式问句不可能包括所有可选择的答案，而且应答者也无法详尽地表述答案。这个问题可通过增加“其他（逐字记下）”选项来克服。例如，在过去的三个月中，您用过佳雪护肤品吗？（选出所有合适的项）

A. 用于洗面　B. 用于润肤　C. 用于祛斑　D. 用于清洁皮肤

E. 用于护理干燥皮肤　F. 用于柔软皮肤　G. 用于防晒　H. 使皮肤更光滑

I. 其他

（四）根据问题的内容分类

1. 事实性问句

事实性问句要求被调查者回答一些有关事实，其主要目的是为了获得反映客观实际的资料。因此，问题的含义必须清楚，使被调查者容易理解并易于回答。例如，“上个星期您看了几天电视？”该问句明确了询问的时间范围，便于被调查者叙述事实。通常在一份问卷的开头和结尾都要求被调查者填写某些资料，如职业、年龄、收入、家庭状况、教育程度等，这些问题均为事实性问题。事实性问句便于企业进行事物分类和统计分析。

2. 行为性问句

行为性问句是对被调查者的行为活动进行调查。例如，“您在近期内是否会购买29英寸彩色电视机？”

3. 动机性问句

动机性问句是为了解被调查者行为的原因或动机而向其提出的问题。例如，“您为什么选择网上购物？”调查人员通常采用非伪装问句帮助应答者。如果问句询问有关个人隐私等忌讳问题，调查人员可采用其他问句设计方法去询问。

4. 态度性问句

态度性问句是为了解被调查者对某一事物的态度、评价、意见而提出的问题。例如，“您喜欢网上购物吗？”态度调查常常会出现判断标准不一致的问题。例如，在上例中，何种程度才能作为喜欢。因此，我们建议将态度性问句转换为事实性问句，将判断的时间标准确定为每月在网上购买多少次，避免分歧。

以上是从不同的角度对各种问题所做的分类。在实际调查中，这几种类型的问句往往是综合使用的。在同一份问卷中，设计者可以根据具体情况选择不同的提问方式。

三、市场调查问卷的问句形式

设计问句的关键是如何把比较笼统、抽象的调查问题转化为能在问卷上反映、被调查者便于直接回答的问句。对于不同的问句，无论是在答案设计上，还是在措辞、排序上均有所不同。问句的形式一般有以下几种：

（一）二项选择题

二项选择题主要用于对态度、意见的测量，只列举两种答案，因此带有强迫性质。依照其强迫程度不同又分为两类。

1. 穷尽的二项选择题

穷尽的二项选择题是为了更明确而简化地测量人们对某一行为或事物的态度而进行的强迫分类设计。这种设计不能测量人们意见的程度，而且使中立意见者偏向一方，但是它可以使态度明确化，并做到简化了的穷尽。

2. 不穷尽的二项选择题

不穷尽的二项选择题的强迫程度要高得多，因为题型中的答案没有列举所有可能的答案，但是对于更清楚、真实地了解人们的态度倾向，这种方法不失为一种有效的方法。

（二）多项选一题

多项选一题即由调查者列出许多答案，由被调查者选择最合适的一个答案。在设计多项选择问句时，要注意列出所有可能的答案，特别是要注意不要漏掉重要的答案。此外还要注意：对拟定的答案进行编号；答案不能模棱两可，答案之间应界限分明；答案之间不能出现重复现象；答案不宜太多。

（三）顺位题

顺位题类似于多项选择题，它的问题答案有多个，让被调查者根据自己的观点、看法、认识程度等对所列的事项定出先后顺序。根据与多项选一题相近的程度分为最重要顺位法题、限制性多选题、无限多选题、排序题、重要程度顺位法填空题和对比顺位法题。

（四）数值尺度题

数值尺度题实际上是多项选一题的另一种表示形式。这种问题是由调查者列出标明所持不同强烈程度的几个答案，供被调查者选择。如果是三个答案，称三点尺度。此外，还有五点尺度、七点尺度等。数值尺度题有三种表现形式：线段式、矩阵式、表格式。数值尺度的三种形式实际上是从问卷的美感角度所进行的一种尝试，这种方法使问卷的形式更加活泼。

（五）语义差别题

语义差别题将线段式中间的每一个点由文字变成数字，并且将线段的左、右两个端点用一对反义词代替。由于运用语义差别题得到的资料通常作为等距数据，可以进行统计运算，结果客观、准确。因此，与数值尺度题相比，语义差别题在分析上的优点更加突出。

（六）倾向偏差询问题

倾向偏差询问题是由一组问题构成的，是应用直接访问的方法调查那些不易直接询问的问题，而不是采用投射等间接询问的方法。

（七）回想题

回想题是通过一个直截了当的带有限定性的问题，让被调查者回想他所知道的内容。这种方法多用于调查品牌名、公司名、广告印象强度等。分析的方法是依据第一回忆率、第二回忆率……以此类推。

（八）再确认题

再确认题是为了测量被调查者对某一事物的认知与记忆程度而形成的类似填空题的问题。这种问题是通过给被调查者提供一定的线索，如文字、图画、照片等，促使被调查者回忆某一现象。这种方法主要用于调查品牌名、公司名、广告注目语句、广告方案的知名度等。此种方法简洁、明了，能够准确地判断某品牌产品广告成功与否及消费者对某品牌的市场认知度，估计该品牌的市场占有率。

(九)数值分配题

数值分配题实际上就是让被调查者为某些问题打分,可采用五分制或百分制。这种方法可以使文字性的模糊语言表达的内容数量化,有利于运用统计方法进行分析。

(十)自由回答题

自由回答题即此前所说的开放式问题,问卷中只提出问题,不提供答案。采用自由回答题的优点是可获得可靠而有价值的信息,但缺点是不好汇总整理。

四、市场调查问卷的类型及结构

(一)问卷的类型

按照不同的分类标准,可将调查问卷分成不同的类型。

1.根据市场调查中使用问卷方法的不同分类

(1)自填式问卷

自填式问卷是指由调查者发给(或邮寄给)被调查者,由被调查者自己填写的问卷。自填式问卷可以借助于视觉功能,在问题的制作上相对可以更加详尽、全面。

(2)访问式问卷

访问式问卷是由调查者按照事先设计好的问卷或问卷提纲向被调查者提问,然后根据被调查者的回答进行填写的问卷。访问式问卷要求简便,最好采用两项选择题进行设计。

2.根据问卷发放方式的不同分类

根据问卷发放方式的不同,可将调查问卷分为送发式问卷、邮寄式问卷、报刊式问卷、人员访问式问卷、电话访问式问卷和网上访问式问卷六类。其中前三类大致可以划归自填式问卷范畴,后三类则属于访问式问卷。

(1)送发式问卷

送发式问卷就是由调查者将调查问卷送发给选定的被调查者,待被调查者填答完毕之后再统一收回。

(2)邮寄式问卷

邮寄式问卷是通过邮局将事先设计好的问卷邮寄给选定的被调查者,并要求被调查者按规定的要求填写后回寄给调查者。邮寄式问卷的匿名性较好,缺点是问卷回收率低。

(3)报刊式问卷

报刊式问卷是随报刊的传递发送问卷,并要求报刊读者对问题如实回答并寄给报刊编辑部。报刊式问卷有稳定的传递渠道、匿名性好、费用低,因此有很大的适用性,缺点也是回收率不高。

(4)人员访问式问卷

人员访问式问卷是由调查者按照事先设计好的调查提纲或调查问卷询问被调查者,然后再根据被调查者的口头回答填写问卷。人员访问式问卷的回收率高,也便于设计一些需要深入讨论的问题,但不便于涉及敏感性问题。

(5)电话访问式问卷

电话访问式问卷就是通过电话来对被调查者进行访问调查的问卷类型,电话访问式问卷一般应用于问题相对简单明确，但需及时得到调查结果的调查项目。

(6)网上访问式问卷

网上访问式问卷是在因特网上制作，并通过因特网来进行调查的问卷类型。此种问卷不受时间、空间限制，便于获得大量信息，特别是对于一些敏感性问题，相对而言更容易获得满意的答案。

（二）问卷的基本结构

问卷的基本结构一般包括四个部分，即说明信、调查内容、编码和结束语。其中调查内容是问卷的核心部分，是每一份问卷都必不可少的内容，而其他部分则根据设计者的需要进行取舍。

1. 说明信

说明信是调查者向被调查者写的一封简短信，这是用来取得对方协助的开场白，主要说明调查的目的、意义、调查单位、完成后的价值、选择方法以及填答说明等，一般放在问卷的开头。说明信的内容应包括对被调查者的问候语、主持调查机构、访问员身份、调查目的、被调查者意见的重要性、个人资料保密原则、访问所需时间等。如果是采用邮寄问卷调查，说明可直接印在问卷上；如果是电话或派员访问，则可印在另一张纸上。

2. 调查内容

问卷的调查内容主要包括各类问题、问题的回答方式及指导语，这是调查问卷的主体，也是问卷设计的主要内容。问卷中的问答题，从形式上看，可分为开放型、封闭型和混合型三大类。混合型问答题又称半封闭型问答题，是在采用封闭型问答题的同时，最后附上一项开放式问题。问卷中的问答题，从内容上看大致可分为三类：

(1)被调查者行为的问题

被调查者行为的问题，即研究者可以从被调查者过去及现在的行为状况预测其未来行为的可能性，尤其是消费行为的调查，可以从各种消费行为的调查结果推断未来消费市场的潜力。一般消费行为的调查项目包括购买品牌、购买数量、购买频率、购买动机、金额、续购性及人际推荐意愿等。

(2)被调查者态度的问题

被调查者态度的问题是要研究被调查者对特定问题的感受、认识和观点。例如，对某项产品或服务的满意度。在实际工作中，处理态度性的问题比较麻烦，因为被调查者可能从未面临或思考过调查者所询问的问题，而且一个人的态度也很容易受到本身情绪及外在环境因素的影响。

(3)被调查者基本分类资料，俗称"基本资料"

基本资料通常到访问最后才收集，有时则因需要先确定被调查者是否符合抽样所要求的条件，而必须在访问一开始就收集。这部分通常包括被调查者的性别、年龄、教育程度、职业、婚姻状况、收入、居住地区、党籍、省属、宗教信仰等。

3. 编码

在大规模问卷调查中，调查资料的统计汇总工作十分繁重，借助于编码技术和计算机，可大大简化这一工作。编码是将调查问卷中的调查项目以及备选答案给予统一设计的代码。编码既可以在问卷设计的同时就设计好，也可以等调查工作完成以后再进行。

前者称为预编码,后者称为后编码。在实际调查中,常采用预编码。

4. 结束语

结束语一般放在问卷的最后面,用来简短地对被调查者的合作表示感谢,也可征询一下被调查者对问卷设计和问卷调查本身的看法和感受。

工作任务 2　分析消费者市场购买行为

工作流程

1. 分析影响消费者购买行为的因素

↓

2. 分析所选项目消费者市场的需求特征

↓

3. 分析所选项目的消费者购买行为的 5W1H

↓

4. 分析所选项目的消费者购买模式

↓

5. 分析所选项目的消费者购买行为

↓

6. 分析所选项目的消费者购买决策过程

相关知识

一、影响消费者购买行为的因素

消费者购买行为的形成是一个复杂的、受一系列相关因素影响的连续行为,这些因素相互作用,使消费者购买行为呈现多样性。分析研究影响消费者购买行为的因素,有利于企业掌握消费者购买行为的规律性,从而制定有效的营销策略。现代市场营销学理论认为,一个消费者在市场上为什么购买,购买什么东西,购买多少商品,何时、何地购买,是由经济因素、心理因素和社会文化因素综合作用于消费者感官的结果。

(一)经济因素

现代市场营销学认为,影响消费者购买行为的经济因素,从更深层次的角度分析,应该包括两个方面:

(1)产品的功能是否与商品的价格相统一。

(2)产品的价格能否为目标市场的消费者所接受。

产品的功能与价格的统一，其实就是要求商品的质量与价格相符合，即价值与使用价值相统一，这是商品的内在规律。产品的功能(质量)与价格的关系，一般表现为以下三种情况、两种不同的结果：

(1)高质量、高价格的商品有销路。

(2)某些低质量、低价格的商品也有销路。

(3)质次价高的商品，通常难以打开销路。

所以，从产品的功能与价格的统一来看，企业在营销中，一方面要重视功能(质量)；另一方面要正确制定产品的价格，力求质量与价格相符合。

(二)心理因素

影响消费者购买行为的心理因素，是指消费者的自身心理活动因素，所以也可称为个别因素。由于消费者的个性千差万别，因而影响消费者的心理因素也很复杂。但就其主要方面来说，有以下五个方面：

1. 需求

需求是购买行为的起点，也是市场营销的出发点。消费者的需求是复杂多变的，并且是多层次的。恩格斯曾经把消费资料分为生存资料、享受资料和发展资料。相应地，人们的需求也可分为生存的需要、享受的需要、发展的需要三个方面。

根据消费者的不同需求特点，企业在营销中可把市场细分为若干市场，生产和出售不同品种的商品。在生产力水平较低的地方，大部分消费者为获得基本的生存资料而劳动，因此，他们的主要需求是基本的食物、衣着、住房和其他与生存相关的商品。在这种市场上，消费者对商品的选择不是很复杂，因而需要的销售技术也比较简单。随着生产力的提高和生活条件的改善，消费的需求会不断变化，市场也会越来越复杂。特别是当人们的闲暇时间增多以后，享受、发展方面的需要也就越来越多，观赏商品、礼品商品等就成了营销的发展方向。

2. 动机

从心理学角度讲，动机是推动人们进行各种活动的愿望与理想，是一种升华到足够强度的需要，能激励人们以行动达到一定的目的。购买动机是消费者购买行为的基础。消费者的需求引起购买动机。如前所述，由于消费者的需求是千差万别的，因此，消费者的购买动机也是多种多样的。具体来说有以下几种：

(1)求实动机

求实动机是消费者以追求商品的使用价值为主要特点的最普遍、最基本的购买动机。这类消费者在购买商品时，主要追求商品的实惠、使用方便，不大考虑商品的外形美观，不容易受社会潮流和各种广告的影响。如购买服装时，不赶时髦，不大注意款式而只注意穿着舒服实用。

(2)求安全动机

求安全动机是消费者以追求商品使用安全为前提的购买动机。这类消费者购买商品时首先考虑的是该商品在使用过程中和使用以后，能否保证生命安全或身体健康。例如，交通工具、家用电器、食品、药品等均要求安全可靠，又有利于身体健康。

(3)求廉动机

求廉动机是消费者以追求价廉物美为主要特点的购买动机。这类消费者在购买商品时,特别重视商品价格的高低,对商品的花色、款式、包装及质量不大挑剔。有的消费者专门购买一些低档品及处理品等。这一般是经济收入较低或有勤俭节约习惯的消费者的购买动机。

(4)求新动机

求新动机是消费者以追求商品的时尚和新颖为特点的购买动机。这类消费者在购买商品时特别重视商品的款式新颖、格调清新和社会流行,如在服装上讲究时髦,在家庭摆设上讲究装饰,而对商品的实用程度及价格高低不大注意。这一般是经济条件较好的青年男女及处于特殊地位的消费者的购买动机。

(5)求美动机

求美动机是消费者以重视商品的欣赏价值和艺术价值为主要特点的购买动机。这类消费者购买商品时,重视商品的造型、色彩和艺术美,重视对人体的美化作用,如购买服装时十分注重内衣与外衣、上装与下装的颜色相互协调,还要与自己的体型、肤色相互协调等。

(6)求名动机

求名动机是消费者以追求名牌产品、特色产品为主要特点的购买动机。这类消费者在购买商品时,十分注意商品的商标、牌号、产地、名声及购买地点。

总之,消费者的购买动机是纷繁复杂的,同一购买行为可能是多种动机错综复杂交织在一起的,有的消费者可能自己也弄不清是何种购买动机促使他去购买。但是,企业必须重视分析和研究购买动机,因为购买动机对企业营销活动有深刻的影响。

3. 经验

消费者购买商品的动机是由需求推动形成的,而需求的形成又是比较复杂的。它既可以由内在的因素激起,也可以由外在的因素唤起。现代市场营销学理论认为,从心理学角度看,绝大多数的购买行为是受后天经验影响的。在后天经验理论中,应用比较普遍的是"刺激-反应"理论,简称为"S-P"模式。这种理论认为,消费者的购买动机是下列五种要素互相作用的结果,即驱使力、刺激物、诱因、反应和强化。

驱使力是一种"不满之感"、"求足之愿",可分为原始的和学习的。人们大部分的驱使力是通过后天学习产生的,如人要吃东西是由饥饿引起,或由他人的影响而引起。

刺激物就是一种能消除或减缓驱使力紧张程度的反应,当人们的一种驱使力引向某一刺激物时就形成了动机。

诱因则决定着动机的方向和程度。

反应是对诱因或刺激物的反作用。

强化是加强刺激物反应的关系,与物品满足程度有关。

如果物品满足程度高,就会引起顾客重复购买,相反,顾客不满意,就不再继续购买。

"刺激-反应"理论告诉我们,一个企业要扩大销售,不仅要了解自己的产品(刺激物)与潜在消费者驱使力的关系,还要善于向消费者提供诱发需求的提示物——适当的广告宣传手段,并且要积极进行反复宣传的强化工作,加强消费者的印象。

4. 态度

态度是指对一种刺激物的见解和倾向，它表现为对某人或某物的特殊感觉或所采取的某种行动。从心理学角度讲，消费者对某一种商品的态度，一般是由以下三个因素构成的：

(1)认识因素

认识因素是指消费者对某商品的信念，包括对商品特点和评价上的信念。例如，认为某商品是好或是坏，是需要或是不需要。

(2)感情因素

感情因素是指消费者对商品情感上的反应。例如，对某商品是喜爱还是反感。

(3)行动因素

行动因素是指由不同态度引起的不同的行动意向。如果态度是肯定的，其反应是喜爱、赞扬或者购买；相反，如果持否定态度，就会对商品产生反感或放弃购买。

态度是从后天经验学习而来的，它受到家庭购买习惯及同辈人的影响最大。此外，个人所属群体对态度也有一定的影响。态度影响着消费者的购买行为。企业在市场营销中应当根据消费者的不同态度，设计不同的产品和广告来增强有利的态度，改变不利的态度。

5. 个性

个性是消费者个人特性的组合。消费者的个性千差万别，影响消费者购买行为的个性因素很多，例如，消费者的性格是随和还是专横、内向还是外向、依赖还是独立、孤立还是合群、爱交际还是沉默寡言、保守还是激进以及自我印象等。这里主要分析消费者的自我印象对营销活动的影响。

消费者的自我印象，是指消费者的自我画像，即消费者在心目中把自己塑造成什么样的人，或者企图使别人把自己看成什么样的人。不同的人具有不同的自我印象，不同的自我印象又会导致购买行为的差异性。在现实生活中消费者往往购买与自己的印象相一致的商品，如果与自己的印象不相称，就拒绝购买。例如，一个人认为自己有学者风度，他决不会去购买所谓的奇装异服，而必然选择既端庄又有风度的服装。同时，消费者的自我印象感还同参照群体的关系很密切，符合参照群体标准的商品他会乐意购买，不符合的就不会购买。

(三)社会和文化因素

每一个消费者都生活在一定的社会中，其购买行为受价值观念及社会和文化因素的影响。社会和文化因素主要包括文化、社会阶层、参照群体及家庭等因素。

1. 文化

文化是造成消费者需求差异的重要因素，它是一个广义的概念。从广义上说，文化是指人类从社会历史实践中创造出来的物质财富和精神财富的总和。从狭义上说，文化是指社会的意识形态以及与之相适应的制度和结构。我们一般把文化理解为人类从社会实践中建立起来的价值观念、道德、理想、知识体系和其他有意义的象征的综合体。文化就像人类呼吸的空气一样，充满于我们的生活。因此，分析消费者的购买行为，必须分析文化因素。

2. 社会阶层

社会阶层是指根据职业、收入来源、教育文化水平来划分的人类群体。不同的社会阶层具有不同的价值观念、不同的生活方式及不同的兴趣。例如，在发达国家的不同阶层中，老富翁追求贵族式的生活；新富翁喜欢购置豪华的住宅、汽车、汽艇，以显示自己的富有；白领雇员追求体面，不求华丽；蓝领工人喜欢光顾折扣商店、二手汽车市场等。我国的不同社会阶层中，工人、农民、知识分子的实际消费和消费需求也都是不同的，所以，企业在营销活动中，要对社会阶层进行划分并深入研究其消费动向。

3. 参照群体

参照群体指购买者的社会联系，是影响消费者购买行为的个人或集团。参照群体又分为主要群体和次要群体。影响消费者购买行为的主要群体，包括家庭成员、朋友、邻居和同事等，这一群体尽管不是正式组织，但与消费者发生面对面的关系，因而对消费者的行为影响也最直接。影响消费者购买行为的次要群体，包括社会团体、职业团体等，如工作单位、消费者参加的各种团体，虽然这一群体对消费者的影响不如主要群体那样直接，但也间接发生作用。如学生在校要穿校服、上体育课要穿运动衫裤。另外，对消费者购买行为产生一般影响的还有一种渴望群体，消费者虽不属于该团体，但受其影响也很大，如电影、电视、体育明星等的影响。

参照群体对消费者购买行为的影响一般表现为三个方面：

(1)参照群体为每个人提供各种可供选择的消费行为或生活方式的模式，使消费者改变原有的购买行为或产生新的购买行为。

(2)参照群体引起的仿效欲望，使消费者肯定或否定对某些事物或商品的看法，从而决定其购买态度。

(3)参照群体促使人们的行为趋于某种一致化，如某体育明星穿了一件较时髦的运动衫，许多青年人也跟着穿，出现一致化倾向。

参照群体的存在，影响了消费者对某种商品品种、商标、花色的选择。所以，在市场营销中，企业不仅要具体地满足某一消费者购买时的要求，还要十分重视参照群体对购买行为的影响。同时要充分利用这一影响，选择同目标市场关系最密切、传递信息最迅速的相关群体，了解其爱好，做好产品推销工作，以扩大销售。

4. 家庭

家庭对消费者购买行为的影响不仅是直接的，而且是一种潜意识的。不管自觉或不自觉，也无论在什么场合，家庭对消费者购买行为的影响总会体现出来。但是，应该看到，随着商品经济及营销活动的进一步发展，信息传播媒体增多，社会潮流对青年人的影响日益加强，所以家庭的影响将日趋减弱。

综上所述，一个人的购买行为是经济、心理、社会和文化因素之间相互影响、相互作用的结果，它们综合影响消费者的购买行为和消费者的感受，最后形成消费者的购买决策。

二、消费者市场购买行为

（一）消费者市场的需求特征

1. 多样性

多样性是消费者市场需求最基本的特征，它要求市场提供能够满足各种需要的消费品。消费者市场人数众多、个体差异性大，由于年龄、职业、收入、教育程度、居住区域、民族和宗教等方面的不同，决定了消费者的需要、欲望、兴趣、爱好和习惯的多样化，以及对不同商品或同类商品的品种、规格、质量、外观、式样、服务和价格等方面的多种多样的需求。

2. 层次性

人们对消费品的需求是有层次性的，这是由人们的货币收入水平差异所引起的。这种需求大体上是有顺序的，一般可分为三个层次：

(1)生理性消费需求。生理性消费需求是以获得生活必需品为标准的需求。如购买食物、衣服等，这是最基本的需求。

(2)享受性消费需求。如购买冰箱、沙发和汽车之类的享受性用品。

(3)智能性消费需求。智能性消费需求指用于丰富生活、陶冶情操和学习知识方面的需求。如购买书报、旅游和音乐欣赏等。智能性消费需求属于满足精神生活的发展能力方面的需求，可以反映出一个社会物质生活水平和精神生活水平的程度。

3. 可诱导性

消费者在购买商品的品种、品牌以及时间、地点等方面有较大的选择性，容易受企业营销的影响，使购买力发生转移，在具有货币支付能力的情况下，可诱导的影响因素有两种：

(1)购买商品的吸引力大小。吸引力的大小是由商品效用决定的对消费者的满足程度和价格水平。

(2)消费者购买商品欲望的强弱。消费者的购买欲望可以通过营销活动加以改变。

4. 伸缩性

消费者需求易受消费者本身需求欲望的特性、程度和货币支付能力以及商品的供应、价格、广告宣传、销售服务和他人经验的影响，这就使得需求具有较大的弹性，即这类需求常常表现为可有可无、或多或少。特别是高中档商品和耐用消费品，需求变化大，选择性强。影响需求伸缩性的因素主要有货币收入水平、储蓄利率、商品使用价值的可替代性与必需性、价格及消费需求的变化。

5. 时代性

消费需求的时代性是指由于社会发展中的某些因素引起消费观念和消费行为的重大变化，从而产生对某些消费品需求的骤升或骤减的倾向。

6. 季节性

消费需求的季节性是指随四季气候变化而发生的需求周期性变化。引起消费需求周期性变化的因素有：

(1)季节气候变化引起人们产生生理方面的需要。

(2)因季节变化引起的集中需求。

(3)因风俗习惯引起的集中消费需求。

7. 流动性(先后性)

我国地域辽阔,各地区之间发展不平衡,新的消费需求往往由国外进入国内,由沿海地区进入内地,先大城市后小城市,先城市后农村,许多新花色、新品种、新款式的商品,都是按照这种流向逐步展开的。

(二)消费者购买行为研究

研究消费者的购买行为,就是要掌握消费者如何做出决定,如何把可用的资源用于有关消费事项上,具体需要了解5W1H:

1. 购买什么(What)

购买什么是对消费者购买客体或购买对象的分析。企业可以通过市场调查,研究了解消费者市场需要什么样的商品,尽量在花色品种、质量、性能、包装和价格等方面满足顾客需要。一般情况下,消费者总是喜欢物美价廉、式样新颖和富有个性的商品。

2. 何时购买(When)

何时购买是对消费者购买时间的分析。一般情况下,日常生活用品在工作之余和休息日购买较多;季节性商品在季节前购买较多;大部分商品的购买高峰常常出现在重大节日期间。企业要研究和掌握消费者购买商品的时间和规律,集中力量开展促销工作。

3. 何处购买(Where)

何处购买是对消费者购买地点的分析。主要分析两个方面:一是消费者在何处决定购买,二是消费者在何处实际购买。通常,对于便利品的购买,消费者往往在购买现场做出购买决定,而且选择就近购买;选购品和特殊品则可能由家庭成员商量决定后,到大商店或他所信任和偏爱的商店去购买。企业应根据消费者的购买特征,合理设置销售网点,方便消费者购买。

4. 由谁购买(Who)

由谁购买是分析购买主体,也就是商品由谁购买的问题。由于消费者在年龄、性别、收入、职业、教育和性格等方面的不同,因而在需求与爱好上存在很大差异。由谁购买商品,从表面上看,似乎是一个人的行为,但实际上,往往有好几个人参与购买活动,其中包括不同作用的五种人:发起者、影响者、决策者、购买者和使用者。传统观念认为,重要的角色是决策者,是家庭的权威。但是,从现在家庭状况来分析,独生子女所具备的特殊情况,打破了传统的"权威"而影响购买决策。

5. 为何购买(Why)

为何购买是对消费者购买欲望和动机的原因分析,是消费者购买商品的初始原因和原动力。消费者在实施购买行为前,总是先产生购买欲望,当欲望强烈到一定程度,就会产生购买动机。没有欲望和动机的购买行为几乎是不存在的。因此,分析"为何购买"的关键是对欲望和动机的分析。企业应通过对消费者的调查和预测,准确地把握和弄清消费者"为何购买"的问题。

6. 如何购买(How)

如何购买是对消费者购买方式和付款方式的分析。消费者采取什么方式购买,是现场购买还是函购，是现金支付还是分期付款，这会影响企业经营对策与经营计划的制订。企业可根据消费者的不同要求，制定出相应的销售策略。

（三）消费者购买行为模式

一般来说，消费者首先是由于受到了某种（内部或外部）刺激而产生某种需要，随后由于需要而产生购买某种商品的动机，最后产生某种购买行为，如图 2-1 所示：

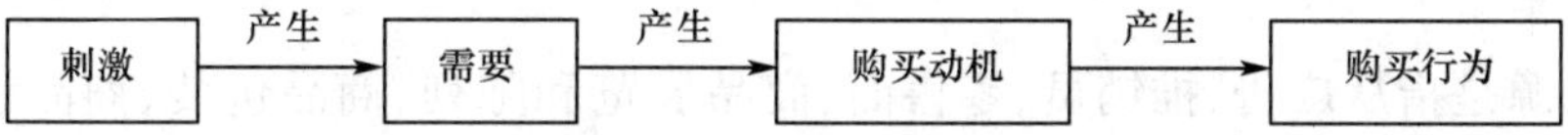

图 2-1　消费者购买行为模式

刺激分为两种：一种是营销刺激（营销 4P），即企业可控因素的刺激，包括产品、价格、分销和促销等因素；另一种是其他刺激，是企业不可控因素的刺激，包括经济、文化、政治、法律、科学技术竞争等因素，营销刺激与其他刺激一起构成了对消费者的外在刺激。

反应是指消费者受到刺激后作出的关于产品选择、品牌选择、经销商选择、购买动机和购买数量选择的决策。

当然，消费者从受到刺激到作出反应，其间还要经历一个过程，这也就是具有一定特征的消费者个体的购买动机的形成，并开始购买的决策过程，如图 2-2 所示：

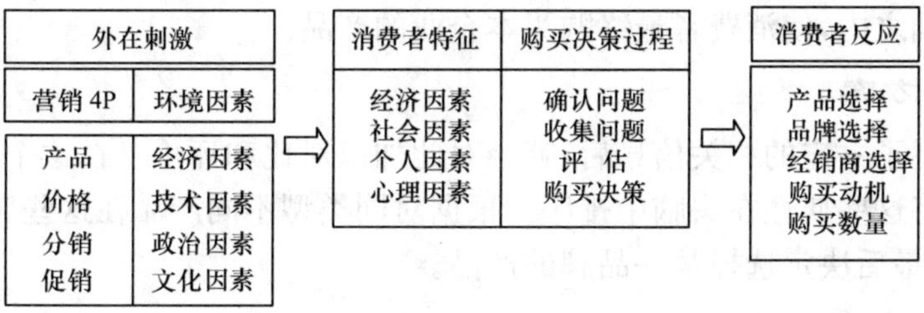

图 2-2　消费者购买决策过程

三、消费者购买决策过程

消费者的购买行为是由一系列环节、要素构成的完整过程，其中购买决策居于核心地位。在一定意义上，购买过程的实质就是消费者不断进行决策的过程。事实上，消费者购买决策过程早在实际购买以前就已经开始了，而且一直延续到实际购买之后。典型的购买决策过程一般可分为五个程序，如图 2-3 所示：

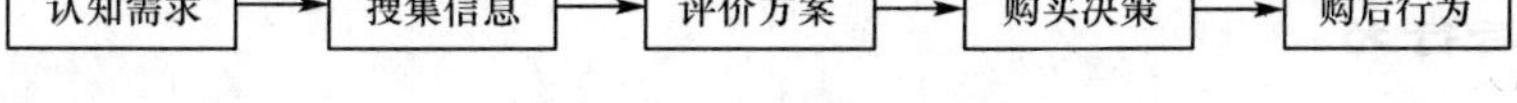

图 2-3　典型的购买决策过程

（一）认知需求

购买者的需要往往是由来自于内部或外部的两种刺激引起，从而诱发购买动机。例如，饥饿、干渴等的刺激使人们意识到对食物、饮料的需求；或是从电视上、杂志上看到时装广告而感觉到对某类服装的需求，进而产生购买欲望。

（二）搜集信息

消费者的信息来源主要有以下四个方面：

1.个人来源

个人来源是指从家庭、朋友、邻居和其他熟人处获得信息。这类信息对消费者的影响力最大，消费者对其信任度最高。

2.商业来源

商业来源是指从广告、推销员、零售商、商品展览和陈列、商品包装、商品说明书等方面得到信息。这种信息来源非常广泛，消费者的信息大部分来源于这些方面。

3.公众来源

公众来源是指从报刊、电视等大众传播媒介的客观报道和消费者组织提供的有关信息上获得。这类信息往往具有很强的导向作用。

4.经验来源

经验来源即通过触摸、试验和使用商品得到的经验，这是消费者对信息进行评估的可靠依据。

企业要搞清楚消费者获取信息的主要来源及其作用程度，从而能够及时、准确地利用各种手段，向目标市场有效地传递信息，千方百计地使本企业产品的品牌包括在消费者的考虑和选择范围之内，使消费者最终购买本企业的产品。

（三）评价方案

消费者掌握了一定的相关信息后，就会对此加以对比和评价。在这个阶段，消费者根据各自的偏好将这些属性在头脑中排序。根据对同类型不同产品在这些属性方面达到的程度分别打分，最后决定选择某一品牌的产品。

（四）购买决策

经过对可供选择品牌的评价、选择后，消费者形成对某种品牌的偏好和购买的意向。但购买决策的最后确定，除了消费者自己的喜好外，还受以下因素的制约：

(1)他人的态度，如果亲朋好友反对，消费者就很可能改变购买意向。

(2)一些不可预料的情况，如受到家庭收入、产品价格、产品预期利益和市场行情新动向的影响。

(3)非环境因素的影响，如推销态度、推销技巧等方面的影响会使消费者改变原来的决策。

(4)更换品牌、减少数量、改变地点或推迟采购等也会影响消费者的购买决策。

（五）购后行为

消费者购买一种产品以后，往往会通过自己的使用和他人的评判，对其购买选择进行检验，把他所体验到的产品实际性能与以前对产品的期望进行比较。通过比较，消费者会产生一定的购后感受，如满意、基本满意或不满意等。

购后行为的主要目的是总结经验，吸取教训，以便为以后作出正确决策提供依据，避免重复以往发生的失误。为此，企业要注意及时搜集信息，加强顾客反馈意见的搜集和售后服务工作，并采取相应措施，改善消费者购后的不良感受。

消费者的购买行为是一个完整的过程。这一过程始于购买之前，结束于购买之后。其实，在现实生活中，由于购买产品的特点、用途及购买方式不同，决策的难易程度也有所不同，并非所有的购买决策都必须经过以上程序。

总之，研究和了解消费者购买决策过程是市场营销成功的基础。市场营销人员通过了解购买者的认知需求、搜集信息、评价方案、购买决策和购后行为的全过程，就可以获得较多有助于满足消费者需要的有用线索，为其目标市场设计有效的营销计划。

工作任务3　分析企业的市场营销环境

工作流程

1. 分析宏观环境中的各因素及其对本项目背景行业的影响

↓

2. 分析微观环境中的各因素及其对本项目背景行业的影响

↓

3. 分析本项目所选行业的环境威胁与市场机会

↓

4. 用SWOT分析法分析评价本项目所选行业的环境因素

↓

5. 形成模拟公司的SWOT矩阵报告

相关知识

一、市场营销环境

（一）市场营销环境的含义

环境是指事物外界的情况和条件。企业的市场营销环境是指与企业市场营销有关的，影响产品的供给与需求的各种外界条件和因素的综合。根据营销环境对企业营销活动发生影响的方式和程度，可以将市场营销环境大致分为两大类：直接营销环境和间接营销环境。

1. 直接营销环境

所谓直接营销环境是指与企业紧密相联，直接影响企业为目标市场顾客服务能力和效率的各种参与者，包括企业内部营销部门以外的企业因素、供应商、营销渠道企业、目标顾客、竞争者和大众。

2. 间接营销环境

间接营销环境是指那些作用于直接营销环境，并因此造成市场机会或环境威胁的主要社会力量，包括人口、自然、经济、科学技术、政治法律和社会文化等企业不可控的宏观因素。

这两种环境之间不是并列关系，而是包容和从属关系。直接环境受间接环境的大背景制约，间接环境借助于直接环境发挥作用，如图 2-4 所示，因此，前者亦称微观环境，后者称宏观环境。

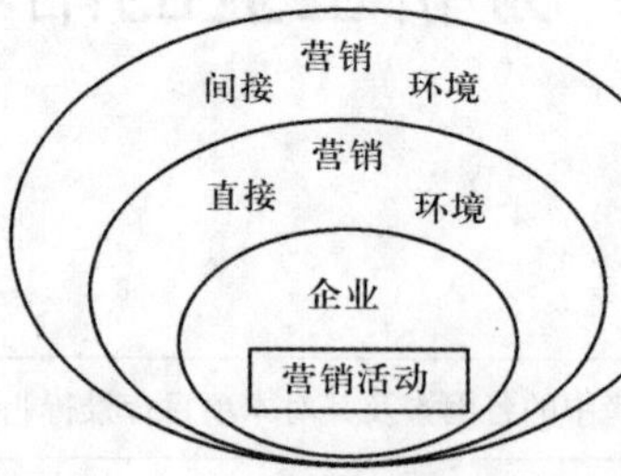

图 2-4　营销活动与营销环境

（二）市场营销环境的特征

市场营销环境具有以下特征：

1. 客观性

企业市场营销环境是不以营销者的意志为转移的客观存在，有着自己的运行规律和发展趋势。企业的营销活动能够主动适应和利用客观环境，但不能改变或违背客观环境。主观臆断营销环境及发展趋势，必然会导致营销决策的盲目与失误，造成营销活动的失败。

2. 关联性与相对分离性

关联性表明市场营销环境各因素都不是孤立的，而是相互联系、相互渗透、相互作用的。这种关联性给企业营销带来了复杂性。同时，在某一特定时期，环境中某些因素又彼此相对分离。营销环境因素的相对分离性为企业分清主次环境提供了可能。

3. 变化性

环境的变化性主要指两个方面：一是由于相关性影响，一种环境因素的变化会导致另一环境随之变化；二是每个环境内部的子因素（如文化环境中的宗教文化）变化也会导致环境因素的变化。因此，市场营销环境总是处于不断变化的动态过程中。

4. 环境的不可控性与企业的能动性

市场营销环境作为一个复杂多变的整体，单个企业不能控制它，只能适应它；对于市场营销环境因素中的绝大多数单个因素，企业也不可能控制，而只能在基本适应中施加一些影响。然而，企业通过本身能动性的发挥，如调整营销策略、进行科学预测或联合多个企业等，可以冲破环境的制约或改变某些环境因素，从而取得成功。

二、宏观营销环境

(一)人口环境

人口环境是指人口的规模、密度、地理分布、年龄、性别、家庭、民族、职业以及其他有关情况。人口的数量决定消费者的数量,消费者数量的多少又在一定程度上决定市场容量的大小。因此,人口环境对营销者而言是至关重要的。具体涉及以下因素:

1. 总人口

总人口是指某市场范围人口的总和。某一市场范围内的总人口基本上反映了该消费市场生活必需品的需求量。在其他经济和心理条件不变的情况下,总人口越多,市场容量就越大,企业营销的市场就越广阔。

2. 人口的地理分布

农村与城市、东部与西部、南方与北方、热带与寒带、山区与平原等不同地理环境的人口由于自然条件、经济、生活习惯等的差异,其消费需求方面有着显著的区别,从而要求企业根据不同地域的消费差别,提供不同的产品和服务。与人口的地理分布相联系的人口密度同样是影响企业营销的重要因素。一般来说,人口密度越大,顾客越集中,则营销成本相对较低;反之,营销成本就高。

3. 年龄结构

不同年龄阶段的人群有不同的消费需求。企业营销者不仅要研究人口的总量,还要研究人口的结构,并针对人口结构特点,开展企业营销活动。

4. 人口性别

由于男女性别上的差异,往往导致消费需求、购买习惯与行为有很大的差别。

5. 家庭

家庭包括家庭数量、家庭人口、家庭生命周期、家庭居住环境,这些都与生活消费品的数量、结构密切相关。

6. 人口地区的流动性

在市场经济条件下会出现地区间人口的大量流动,对营销者来说,这意味着一个流动的大市场。而人口流动的总趋势是人口从农村流向城市、由城市流向市郊、从非发达地区流向发达地区、由一般地区流向开发开放地区。企业营销者应及时注意人口流动的客观规律,适时采取相应的对策。

7. 其他因素

包括人口的出生率、增长率、职业、籍贯、民族等,这些因素都对消费行为产生很大的影响。

(二)经济环境

经济因素是影响企业营销活动的主要环境因素。它主要包括经济发展阶段、地区发展状况、产业结构、货币流通状况、收入因素及消费结构。其中收入因素和消费结构对营销活动影响较为直接。

1. 经济发展阶段

就消费品市场而言,处于经济发展水平较高阶段的国家和地区,在市场营销方面,强调产品的款式、性能及特色，侧重大量广告及促销活动，其品质竞争多于价格竞争；而处于经济发展水平较低阶段的国家和地区，则侧重于产品的功能及实用性，其价格因素重于产品品质。就生产资料市场而言，处于经济发展水平较高阶段的国家和地区，着重资本密集型产业的发展，需要高新技术、性能良好、机械化和自动化程度高的生产设备；而处于经济发展水平较低阶段的国家和地区，以发展劳动密集型产业为主，侧重于多用劳动力而节省资金的生产设备，以符合劳动力低廉和资金缺乏的现状。

2.地区发展状况

一个国家或地区的经济发展不平衡。例如，我国在东部、中部、西部三大地带之间，其经济发展水平客观上存在着东高、西低的总体区域趋势。同时在各地带的不同省市，还呈现出多极化发展趋势。这种各地区经济的不平衡发展，对企业的投资方向、目标市场及营销战略的制定等会带来巨大影响。

3.产业结构

产业结构指各产业部门在国民经济中所处的地位和所占的比重及相互之间的关系。一个国家的产业结构可以反映该国的经济发展水平。产业结构的演变表现在两个方面：一方面是随着经济的发展和人均国民收入水平的提高，劳动力不断地从第一产业中分化出来，向第二、三产业转移；另一方面，随着科学技术的发展，工业企业先由粗加工工业向精加工工业转化，再向技术集约化方向发展。从我国的实际情况来看，第一产业国民生产总值和就业人口比重将逐渐下降，第二产业国民生产总值略有上升，但就业人口可能不变，而第三产业无论是就业人口还是国民生产总值都将逐步上升，这种变化趋势给发展第三产业提供了机会。所以企业只有针对其变化趋势制定相应的策略，才能处于主动地位。

4.货币流通状况

货币流通状况是指纸币发行流通量与商品流通所需要的金属货币量的适应协调状况。例如，纸币发行过多，会导致通货膨胀，影响物价稳定，从而既增加了企业生产要素成本，又扰乱了正常市场秩序，造成了虚假市场机会，增加了营销的风险性和威胁性。同时，利率的高低对企业营销也有一定的影响，当银行利率低，市场价格波动又大时，消费者就会减少储蓄，而把收入的大部分用于消费。因此，企业在营销活动中，必须分析和研究货币的流通状况，主要是货币的供应量和银行利息率。

5.收入因素

收入因素同人口因素一样，是构成市场的重要因素，甚至是更为重要的因素。因为市场容量的大小，归根到底取决于消费者的购买力大小，一个消费者的需要能否得到满足，以及怎样得到满足，主要是取决于其收入的多少。从市场营销的角度计算消费者的收入，通常从以下两个方面进行分析：

(1)国民收入

国民收入是指一个国家物质生产部门的劳动者在一定时期(通常为一年)内所创造的价值的总和。一个国家以一年的国民收入总额除以总人口，即得该国的人均国民收入。人均国民收入大体上反映一个国家的经济发展水平和人民生活状况。例如，某些西方国家称为发达国家，就是因为人均国民收入水平比较高，我国属于发展中国家，就是因为人均国民收入水平还不高。

(2)居民收入水平

居民收入水平是影响购买力大小、市场规模及消费支出结构的一个重要因素。对居民收入水平的分析,应着重于区别个人收入、个人可支配的收入、个人可任意支配的收入。从国民收入中减去公司(或企业)所得税、公司盈余及社会保险等,称为个人收入。个人收入减去应由个人直接负担的税收及其他费用,称为个人可支配的收入。个人可支配的收入主要用来购买生活必需品,它是影响居民购买力和消费支出的决定性因素。从个人可支配的收入中减去用于购买生活必需品和固定支出所剩下的那部分个人收入称为个人可任意支配的收入。这部分收入可存入银行,也可用来旅游或购买耐用消费品等,它是影响消费结构的重要因素。使用这部分收入所购买的产品与服务的需求弹性大。因此,提供这类产品的企业间竞争较为激烈,尤其在产品与品牌方面的竞争更是如此。

6. 消费结构

消费结构是指消费者在各种消费支出中的比例及相互关系。居民个人消费收入与消费之间存在着一个函数关系,而且在不同的国家和地区,个人收入与消费之间的函数关系是不同的。经济学家凯恩斯提出过边际消费倾向理论,德国统计学家恩格尔提出过著名的"恩格尔定律",即认为:当家庭收入增加时,只有一小部分用于购买食物;用于衣服、房租和燃料方面的支出变动不大;但用于教育、医药卫生与闲暇娱乐活动方面的支出则增加较多。人们根据恩格尔论述的消费支出与总支出之比,把它称为"恩格尔系数"。恩格尔系数越小,食物支出所占比重越小,表明生活质量越高;反之,则生活质量越低。企业从恩格尔系数可以了解目前市场的消费水平、变化趋势及对营销活动的影响。

(三)自然环境

企业营销的自然环境是指影响企业生产和经营的物质因素,如企业生产需要的物质资料、生产过程中对自然环境的影响等。自然环境的发展变化会给企业造成一些环境威胁,影响企业的市场机会。所以,企业营销活动不可忽视自然环境的影响作用。分析研究自然环境的内容主要有两个方面:一是自然资源的拥有状况及其开发利用;二是环境污染与生态平衡。

1. 自然资源的拥有及其开发利用

地球上的自然资源有三大类:

第一类是"取之不尽,用之不竭"的资源,如阳光、空气等。

第二类是"有限但可更新的资源",如森林、粮食等。

第三类是"有限又不能更新的资源",如石油、煤、铀、锡、锌等矿产资源。

目前第一类资源面临被污染的问题。第二类资源由于生产的有限性和生产周期长,再加上因森林滥砍滥伐,导致生态失衡、水土流失、灾害频繁,影响其正常供给,有的国家需大量进口。企业应尽可能通过建立原料基地或调节原料储存的方式来减轻不利影响。第三类资源都是初级产品,且政府对其价格、产量、使用状况控制较严。对市场营销来说,面临两种选择:一是科学开采,综合利用,减少浪费;二是开发新的替代资源,如太阳能、核能。

2. 环境污染与生态平衡

工业污染日益成为全球性的严重问题,要求控制污染的呼声越来越高。一方面,这对那些污染控制不力的企业是一种压力，它们得采取有效措施治理污染；另一方面，又给某些企业或行业创造了新的机会，如研究开发不污染环境的包装，妥善处理污染物等。由于生态平衡被破坏，国家立法部门、社会组织等提出了“保护大自然”的口号。一些绿色产品被开发出来，营销学界也提出了“绿色营销”的观念。企业营销活动必须考虑生态平衡的要求，以此来确定自己的营销方向及营销策略。

（四）科技环境

科学技术是企业将自然资源转化为符合人们需要的物品的基本手段，是第一生产力。人类社会的文明与进步是科学技术发展的历史，是科技革命的直接结果。科学技术对企业市场营销的影响是多方面的。

(1)每一种新技术一旦与生产相结合，都会直接或间接地带来国民经济各部门的变化与发展，带来产业部门间的演变与交替。随之而来的是新产业的出现，传统产业的改造，落后产业的淘汰。

(2)科学技术的发展为市场营销管理提供了更先进的物质技术基础。如电子计算机、传真机、办公自动化等提高了信息接收、分析、处理、存储的能力，从而有利于制定营销决策。

(3)科技发展为消费者提供了大量的新产品。同时，使现有产品在功能、性能、结构上更趋于合理和完善，满足了人们的更高要求。

(4)科技发展影响到企业营销策略的制定。新材料、新工艺、新设备、新技术使产品生命周期缩短，企业需要不断研制开发新产品；先进的通信技术、多媒体传播手段使广告更具影响力；商业中自动售货、邮购、电话订货、电子商务、电视购物等引起了分销方式的变化；科技应用使生产集约化和规模化、管理高效化，这些导致生产成本、费用大幅度降低，为企业制定理想的价格策略准备了条件。

(5)科技发展直接引起了自然因素的变化。科技应用使人类提高了对资源勘探、开采和综合利用的能力，减少了浪费；科学技术还有助于人类开发替代资源，以弥补稀有资源的不足，如太阳能、地热能、火山温泉、核能等。

（五）政治法律环境

政治法律主要是指国家的政治变动引起经济态势的变化及政府通过法律手段和各种经济政策来干预社会的经济生活。它往往是市场营销必须遵循的准则。企业必须注意国家的每一项政策和立法及其对市场营销所造成的影响。此类环境包括以下内容：

1. 一国经济体制

一国经济体制是一个国家组织整个经济运行的模式，是该国基本经济制度的具体表现形式，也是本国宏观政策制定和调整的依据。它由所有制形式、管理体制、经济运行方式组成。

2. 政治形势

政治形势的内容包括政治稳定性、社会治安、政府更迭、政策衔接、政府机构作风、政治透明度等。

3. 执政党和政府的路线、方针、政策

执政党和政府的路线、方针、政策是根据政治经济形势及其变化的需要而制定的，往往带有扶植或抑制、扩展或控制、提倡或制止等倾向性特点，直接或间接影响企业的营销活动。

4. 政治团体和公众团体

政治团体如工会、共青团、妇联组织。这些团体通过影响国家立法、方针、政策、社会舆论等，对企业营销活动施加影响。

5. 法律和法规

为了保证本国经济的良好运行，各国都颁布了相应的经济法律和法规来制约、维护、调整企业的活动。对于企业营销活动而言，国家的法律、法规既规范了企业行为，又保护了企业的合法权益。国家要求企业以法律、法规为准绳，奉公守法，并学会用法律保护自己。

（六）社会文化环境

社会文化是人类在创造物质财富过程中所积累的精神财富总和。它体现着一个国家或地区的社会文明程度。社会文化环境因素主要通过影响消费者的思想和行为，间接地影响企业营销活动。此类环境因素包括以下四个方面：

(1)民族习俗。

(2)教育水平与语言文字。

(3)宗教信仰与价值观念。

(4) 亚文化群。

三、微观营销环境

微观营销环境一般由六个要素构成，即企业因素、供应商、营销渠道企业、目标顾客、竞争者和公众，如图 2-5 所示。

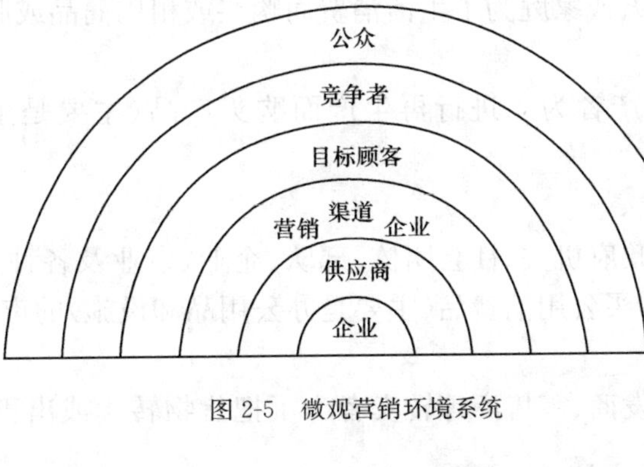

图 2-5 微观营销环境系统

（一）企业

每一个企业都有其生产经营目标，有其具体明确的生产经营任务。为了实现其目标或完成其工作任务，必须依据企业生产经营条件和市场需求开展某些业务活动，如生产、采购、新产品研究与开发、财务管理、市场营销等。企业要开展市场营销活动必须注意各部门间的协调配合，使营销管理工作得到内部的大力支持。

(二)供应商

供应商是向企业供应为生产或经营特定产品和服务所需要的各种资源的企业或个人。供应商对企业营销活动的影响程度主要表现为以下三个方面:

(1)资源供应的可靠性,即资源供应的保证程度,这直接影响到企业产品的销售量和交货期。

(2)资源供应的价格及其变动趋势,这将直接影响到企业产品的成本。

(3)供应资源的质量水平,这将直接影响到产品的质量。

正是资源供应对企业营销活动所起的重要作用,企业才要重视与供应商的合作和采购工作。其主要策略是可采取一体化经营策略和多渠道采购策略,以增强企业营销工作的主动性。

(三)营销渠道企业

营销渠道企业主要是指协助本企业将产品销售给最终购买者的所有中介机构,包括商人中间商、代理中间商、辅助中间商等。商人中间商从生产者手里购进商品,然后转卖给其他经营者或消费者,他们对其经营的商品拥有所有权,如批发商、零售商;代理中间商替生产者寻找买主,帮助推销商品,对其经营的商品没有所有权,如经纪人、制造商的代理商等;辅助中间商不直接经营商品,但对商品经营起促进、服务作用,如运输企业、公共货栈、金融机构、广告代理商、市场营销研究机构、市场营销咨询企业等。企业必须借助营销渠道企业的协助才能有效地形成营销活动。

(四)目标顾客

目标顾客是企业产品购买者的总称。企业营销者通常把企业产品的顾客群体称为市场,它包括以下五个方面:

1. 消费者市场

消费者市场是指个人或家庭为了生活消费而购买或租用商品或服务的市场。

2. 生产者市场

和产者市场是指生产者为了进行再生产而购买产品(主要是生产设备和材料)的市场。

3. 社会集团市场

社会集团市场是指政府机关、社会团体、部队、企业、事业及各种集体组织,用国家拨付的经费或集体资金,购买公用消费品(主要是办公用品和设施)的市场。

4. 中间商市场

中间商市场是指批发商、零售商等转卖者为了把货物转卖或出租给他人以取得利润而购买商品的市场。

5. 国际市场

国际市场是指把产品卖给国外的消费者、生产者、转卖者和政府机构等形成的跨国性市场。

企业应当明确其产品市场的主要类型,以便针对目标市场顾客的特点,制定适宜的营销策略。这是扩大销售,提高市场占有率的根本措施。

（五）竞争者

企业产品进入一定的市场范围，其销量大小和市场占有率的高低，不仅取决于自身产品的适销程度，而且取决于其他企业向该市场投入的同类产品和替代产品的适销程度，即哪个企业产品更适合市场需要，更具有顾客让渡价值，或对顾客更具有吸引力，这就是竞争。

从顾客作出的购买决策过程来分析，任何企业向目标市场销售其产品时，都面临以下类型的竞争者：

(1)欲望竞争者，即指消费者想要满足的各种目前欲望。

(2)一般竞争者，即指购买者能满足其某种愿望的各种方法。

(3)产品形式竞争者，即指能满足购买者某种愿望的各种产品型号。

(4)品牌竞争者，即指能满足购买者某种愿望的同种产品的其他品牌。

企业应当通过分析消费者如何作出购买决策，了解什么是主要竞争者，从而采取有针对性的营销对策，以求在市场竞争中取胜。

（六）公众

公众是指对本组织实现其目标的能力具有实际或潜在的影响力的群体。企业公众的内涵相当广泛，主要公众有以下七种：

(1)金融公众，包括银行、投资公司、证券经纪商的股东等。

(2)媒介公众，包括电视、电台、报纸、杂志等大众媒体。

(3)政府公众，包括负责管理企业有关行为的各有关政府机构。

(4)市民行动公众，包括消费者利益保护组织、环境保护组织等。

(5)地方公众，包括企业所在地区附近的社区居民群众、地方官员等。

(6)一般公众，指与企业经营活动无关的一般消费者。

(7)企业内部公众，包括公司董事会、经理、职工等。

三、环境威胁与市场机会

环境的发展变化给企业营销带来的影响大致可分为两大类：环境威胁和市场机会。分析研究营销环境，目的在于抓住和利用市场机会，避免环境威胁。

（一）环境威胁分析

环境威胁是指营销环境中对企业营销不利的各项因素的总和。企业面对环境威胁时，如果不果断地采取措施，避免威胁，其不利的环境趋势势必伤害企业的市场地位，甚至使企业陷于困境。营销者对环境威胁的分析主要从两方面考虑：一是分析环境威胁对企业的影响程度；二是分析环境威胁出现的概率大小并将这两个方面结合在一起，如图 2-6 所示。

在图 2-6 的四个象限中，第一象限是企业必须高度重视的，因为它的危害程度高，出现的概率大，企业必须严密监视和预测其发展变化趋势，及早制定应变策略；第二和第三象限也是企业所不能忽视的，因为第二象限虽然出现的概率低，但一旦出现将给企业营销带来严重的危害，第三象限虽然对企业的影响不大，但出现的概率却很大，对此企业也应该予以注意，准备应有的对策措施；对第四象限，主要是注意观察其发展变化，是否有向其

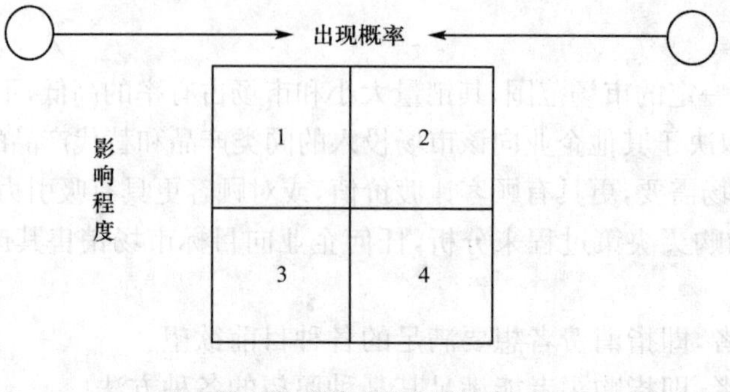

图 2-6　环境威胁分析矩阵

他象限发展变化的可能。企业对环境威胁，一般采取三种不同的对策：

(1)反抗策略。即企业利用各种不同的手段，限制不利环境对企业的威胁作用或者促使不利环境向有利方面转化。

(2)减轻策略。即调整市场策略来适应或改善环境，以减轻环境威胁的影响程度。

(3)转移策略。即对于长远的、无法对抗和减轻的威胁，采取转移到其他的可以占领并且效益较高的经营领域或干脆停止经营的方式。

(二)市场机会分析

市场机会是指营销环境中对企业市场营销有利的各项因素的总和。有效地捕捉和利用市场机会，是企业营销成功和发展的前提。

分析评价市场机会主要有两个方面：一是考虑机会给企业带来的潜在利益的大小；二是考虑机会出现的概率大小，如图 2-7 所示。

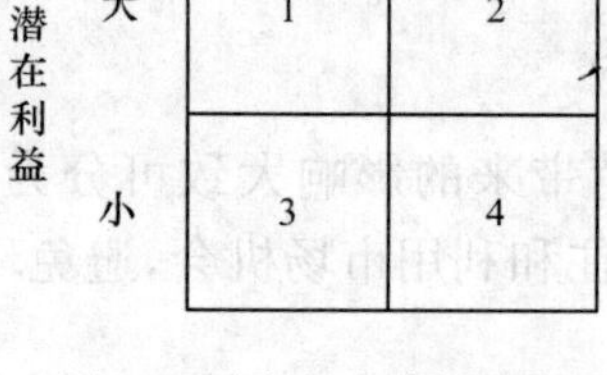

图 2-7　市场机会分析矩阵

在图 2-7 的四个象限中，第一象限是企业必须重视的，因为它的潜在利益和出现概率都很大；第二和第三象限也是企业不容忽视的，因为第二象限虽然出现的概率低，但一旦出现会给企业带来很大的潜在利益，第三象限虽然潜在利益不大，但出现的概率很大，因此，需要企业注意，制定相应对策；对第四象限，主要是观察其发展变化，并依据变化情况及时采取措施。

(三)综合环境分析

在企业实际面临的客观环境中，单纯的威胁环境和机会环境是少有的。一般情况下的营销环境都是机会与威胁并存，利益与风险结合在一起的综合环境。根据综合环境中威胁水平和机会水平的不同，形成如图 2-8 所示的矩阵。

机会水平＼威胁水平	低	高
大	理想环境	冒险环境
小	成熟环境	困难环境

图 2-8　威胁-机会分析矩阵图

（四）环境分析的基本策略

一般来说，企业营销者对环境分析的基本态度有两种：

1. 消极适应

消极适应，即认为环境是客观存在、变化莫测、无规律可循的。企业只能被动地适应而不能主动地利用。因此，企业只能根据变化了的环境来制定或调整营销策略。持这种态度的营销者忽视人和组织在营销环境变化中的主观能动性，而始终跟在环境变化的后面走，维持或保守经营，缺乏开拓创新精神，故而难以创造显著的营销业绩，容易被激烈竞争的市场所淘汰。

2. 积极适应

积极适应，即认为在企业与环境的对立统一中，企业既依赖于客观环境，同时又能够主动地认识、适应和改造环境。营销者积极能动地适应环境，主要表现在以下三个方面：

(1)认为不可控的营销环境的发展变化是有规律可循的，企业可以借助于科学的方法和现代营销研究手段，揭示环境发展变化规律，预测其趋势，及时调整营销计划与策略。

(2)把适应环境的重点放在研究环境发展的变化趋势上，根据环境变化趋势制定营销战略，使得当环境发生实际变化时，企业不至于措手不及，也不会跟在变化了的环境后头而被动挨打。

(3)通过各种宣传手段，如广告、公共关系等，来创造需求，引导需求，以影响环境，创造环境，促使某些环境因素向有利于企业实现其营销目标的方向发展变化。

四、SWOT 分析法

SWOT 分析法又称为态势分析法，它是由旧金山大学的管理学教授于 20 世纪 80 年代初提出来的，SWOT 四个英文字母分别代表优势（Strength）、劣势（Weakness）、机会（Opportunity）、威胁（Threat）。进行 SWOT 分析时，主要有以下几个方面的内容：

（一）分析环境因素

运用各种调查研究方法，分析出公司所处的各种环境因素，即外部环境因素和内部环境因素。外部环境因素包括机会因素和威胁因素，它们是外部环境对公司的发展直接有影响的有利和不利因素，属于客观因素；内部环境因素包括优势因素和弱点因素，它们是公司在其发展中自身存在的积极和消极因素，属主动因素。在调查分析这些因素时，不仅要考虑到历史与现状，更要考虑到未来发展问题。

优势是组织机构的内部因素，具体包括有利的竞争态势；充足的财政来源；良好的企业形象;技术力量;规模经济;产品质量;市场份额;成本优势;广告攻势等。

劣势也是组织机构的内部因素,具体包括设备老化;管理混乱;缺少关键技术;研究开发落后;资金短缺;经营不善;产品积压;竞争力差等。

机会是组织机构的外部因素,具体包括新产品;新市场;新需求;外国市场壁垒解除;竞争对手失误等。

威胁也是组织机构的外部因素,具体包括新的竞争对手;替代产品增多;市场紧缩;行业政策变化;经济衰退;客户偏好改变;突发事件等。

SWOT 方法的优点在于考虑问题全面,是一种系统思维,而且可以把对问题的"诊断"和"开处方"紧密结合在一起,条理清楚,便于检验。

(二)构造 SWOT 矩阵

将调查得出的各种因素根据轻重缓急或影响程度等排序方式,构造 SWOT 矩阵。在此过程中,将那些对公司发展有直接的、重要的、大量的、迫切的、久远的影响因素优先排列出来,而将那些间接的、次要的、少许的、不急的、短暂的影响因素排列在后面。SWOT 矩阵如图 2-9 所示。

内部因素 / 外部因素	内部优势 (Strength)	内部劣势 (Weakness)
外部机会 (Opportunity)	SO 战略	WO 战略
外部威胁 (Threat)	ST 战略	WT 战略

图 2-9 SWOT 矩阵

(三)制订行动计划

在完成环境因素分析和 SWOT 矩阵的构造后,便可以制订出相应的行动计划。制订计划的基本思路是:发挥优势因素,克服弱点因素,利用机会因素,化解威胁因素;考虑过去,立足当前,着眼未来。运用系统分析的综合分析方法,将排列与考虑的各种环境因素相互匹配起来加以组合,得出一系列有利于公司未来发展的可选择对策。

拓展知识

消费者调查项目的主要内容

1. 被调查者的信息资料

性别、年龄、职业、文化(专业)、收入(个人、家庭、生活费用);

2. 目标顾客

喜欢购买该产品(消费)的消费者是谁?有多少?

3. 购买动机

(1)质量保证、价格便宜、安全可靠、服务周到、品牌信誉。

(2)新潮时尚、艺术欣赏、陶冶心情、展现荣耀、环境舒适。

4. 购买行为的特点

(1)购买什么。

(2)购买多少。

(3)何时购买。

(4)何地购买。

(5)采用什么购买方式。

(6)购买的频率为多少。

(7)购买什么品牌。

5.获得购买信息的渠道

产品广告、商业促销、媒体宣传、熟人介绍、个人体验。

工作实施

模拟公司的调查问卷设计

一、目标

在市场调查中,调查问卷是搜集第一手资料的最普遍、有效的工具。本项目要求学生根据调查计划安排,搜集模拟公司某一产品或店铺开发的第一手资料,设计调查问卷,把市场调查技术运用于营销实践。通过本次训练,帮助学生认识到调查问卷在市场调查中的重要作用,掌握资料调查的基本技能,为能胜任将来的营销工作或为自己创业打下良好的基础。

二、步骤

1.明确组内分工。

2.了解、熟悉调查问卷的内容、步骤、程序和方法,并掌握编制调查问卷的格式内容及技巧。

3.在小组讨论分析的基础上进行编制、整合思路。

4.归纳总结。

5.形成框架内容,并编制调查问卷。

6.每个团队选1名代表面对全班同学陈述本团队策划的思路内容及感受(每组5～8分钟)。

7.每个团队提交一份市场调查问卷。

三、考核标准

评分项目	分　值	得　分
从调查消费者购买行为出发,根据市场状况、企业自身条件,设计一份科学的市场调查问卷,调查目的明确	30	
问卷中调查场所和时间的安排要合理,能选择合适人群展开调查,问卷内容要具体、要有可操作性	25	
问卷紧扣模拟公司的消费者市场,全面 、正确 、条理清楚	30	
报告人阐述思路清晰,分析问卷设计条理清晰,有说服力	15	
总　分	100	

四、注意事项

1.提前布置,让学生早做准备,对理论知识及相关资料准备充分,以取得良好的课堂效果。

2.授课教师需对“调查问卷设计”的实践应用价值给予说明,调动学生操作的积极性,对调查问卷的基本结构、设计程序、问卷问题设计进行具体指导。

3. 要求每个学生根据调查的问卷设计要求，将所要调查的内容设计为不少于10项问题的问卷，能较准确地获取调查所需资料。在此基础上，每个小组推荐一份较完整的调查问卷作为小组问卷。

4. 撰写调查问卷时力争全组讨论，动员全体同学参与，得出比较全面的市场调查问卷。

五、范例

"海尔"热水器调查问卷

本公司以科学方法挑选，您是选中的代表之一。需要听取您的意见，耽误您几分钟的时间，谢谢您的合作。

填表注意：对选中的答案，在该答案后的方框"□"中填写"√"符号。在有"________"的地方，必要时请填写相应的情况或意见。

1. 您家里有热水器吗？

有□　　没有□

2. 若"有"，请回答：

①什么时候购买的？

1993年以前□　　1993年～1997年□　　1998年～2002年□

②是什么类型的？

电热水器□　　燃气热水器□

③是什么牌子及产地？________________

④使用过程中，最大的缺点是：

比较耗电(气)□　　不太安全□　　易出故障□

操作不方便□　　出水量太小□　　其他________

3. 若"没有"，请回答：

①不购买的原因

收入低□　　住房条件不好□　　怕不安全□　　其他________

②如您要购买，您喜欢哪种类型的？

电热水器□　　燃气热水器□

③若要购买，您打算什么时间购买？

2002年年底前□　　2002年～2003年□　　2003年以后□

④如以下条件不能同时满足您，您最优先考虑选择哪一种？

省电(气)的□　　出水量大的□　　操作方便的□

不易出故障的□　　其他________

4. 被调查人的信息资料：

姓　名________　　住址________

家庭收入________　　居住面积________平方米

邮政编码________　　电话________

调查员姓名：________

调 查 时 间：________年________月________日

项目3 撰写市场调查报告

【知识目标】

• 掌握分析市场调查报告的内容、步骤和方法

【能力目标】

• 基本能够撰写市场调查报告

【任务分解】

工作任务1　整理市场调查资料

工作任务2　分析市场调查资料

工作任务3　撰写市场调查报告

工作任务1　整理市场调查资料

工作流程

1. 明确本项目市场调查资料整理的步骤

↓

2. 确定本项目市场调查资料整理的内容

↓

3. 选择本项目市场调查资料整理的方法

↓

4. 整理出一份报告需要的资料

相关知识

一、资料整理的步骤和审核内容

资料整理是根据调查目的，运用科学的方法，对调查资料进行审核、分类或分组、汇总，使之系统化和条理化，并以集中、简明的方式反映调查对象总体情况的工作过程。资料整理对于整个市场调查工作具有非常重要的作用：

(1)它是对调查资料的全面检查。查缺补漏，去假存真，去粗取精，保证资料的真实性。

(2)它是进一步分析研究资料的基础。对资料的分析必须借助完备的系统资料，因此它是研究阶段的第一步。

(3)它是保存资料的客观要求。只有进行整理之后，才能使原始资料具有长期保存的价值。

(一)资料整理的步骤

(1)设计和编制资料整理方案。这是保证有计划、有组织地进行统计资料整理的重要一步。资料的整理往往不是整理一个或两个指标，而是整理多个有联系的指标所组成的指标体系。

(2)对原始资料进行审核。资料的审核是第一步，为了保证质量必须进行严格的审核。

(3)综合汇总表的项目，对原始资料进行分组、汇总和计算是关键。

(4)对整理好的资料再进行一次审核，然后编制成一个统计表，以表示社会经济现象在数量上的联系。

(二)资料审核的内容

1. 资料的审核必须遵守资料整理的一般要求，着重审核资料的真实性、准确性、完整性

(1)资料的真实性

资料的真实性要从两个方面审核：一是调查资料来源的客观性问题，来源必须是客观的；二是调查资料本身的真实性问题，要辨别出资料的真伪，把那些违背常理的、前后矛盾的资料舍去。

(2)资料的准确性

准确的审核要着重检查那些含糊不清的、笼统的以及互相矛盾的资料。

(3)资料的完整性

资料的完整性审核包括调查资料总体的完整性、每份调查资料的完整性。

2. 审核应注意的问题

在审核中，如发现问题可以分不同的情况予以处理：

(1)对于在调查中已发现并经过认真核实后确认的错误，可以由调查者代为更正。

(2)对于资料中可疑之处或有错误与出入的地方，应进行补充调查。

(3)无法进行补充调查的应坚决剔除那些有错误的资料，以保证资料的真实准确。

二、资料整理的方法——统计分组法

(一)统计分组的含义

统计分组是指根据社会调查的目的和要求，按照一定的标志，将所研究的事物或现象区分为不同的类型或组的一种整理资料的方法。

(二)统计分组的作用

(1)可以找出总体内部各个部分之间的差异。

(2)可以深入了解现象总体的内部结构。

(3)可以显示社会现象之间的依存关系。

（三）统计分组标志的选择

1. 分组标志

分组标志指反映事物属性或特征的名称。

2. 正确分组必须遵守的原则

（1）根据调查研究的目的和任务选择分组标志。

（2）选择能够反映被研究对象本质的标志。

（3）应从多角度选择分组标志，标志并不是唯一的。

3. 分组类型

（1）根据分组标志的数量，有简单分组和复合分组两类。

（2）根据所使用分组标志的性质，有品质标志分组和数量标志分组。

（四）次数分布

1. 次数分布

次数分布是将总体中的所有单位按某个标志分组后所形成的总体单位数在组之间的分布。分布在各组的总体单位数称次数或频数。各组次数与总次数之比称为比重、比率或频率。

2. 次数分布的实质

次数分布是反映统计总体中所有单位在各组的分布状态和分布特征的一个数列，也可以称为次数分配数列，简称分布数列。

（五）汇编、制表和绘图

1. 汇编

汇编是指根据调查研究的目的，将资料中的各分散的数据汇聚起来，以集中的形式反映调查单位的总体状况及内部数量结构的一项工作。方法有手工汇总、点线法、过录法、折叠法和卡片法、计算机汇总。

2. 制表

（1）表的结构、种类

结构：标题、横标目、纵标目、数字。

种类：简单分组表、复合分组表。

制作方法：制作应遵循科学、实用、简练、美观的原则。

（2）应注意的问题

①标题简单明了。

②表格形式一般是开口式。

③如果表格栏数多，应对栏数加以编号。

④数字要填写整齐，对准数位。

⑤凡需说明的文字一律写入表注。

3. 绘图

（1）统计图的种类

统计图分为：条形图（柱形图）、圆形图、曲线图、象形图，如图 2-10、图 2-11、图 2-12 所示。

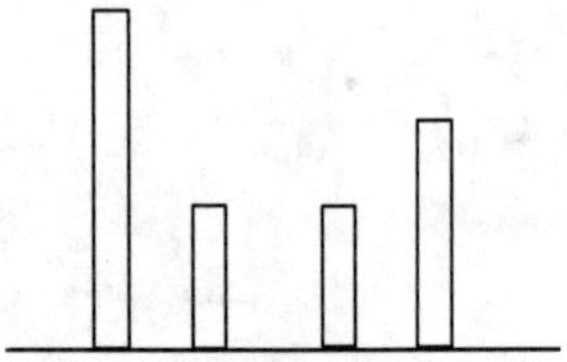

图 2-10　柱形图

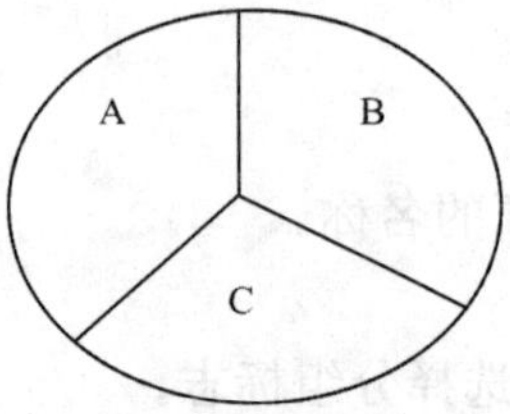

图 2-11　圆形图

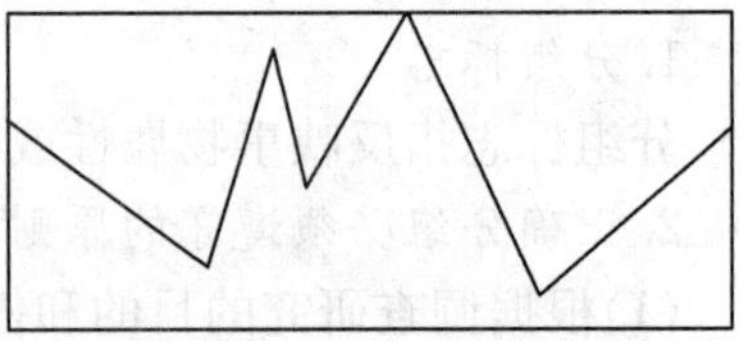

图 2-12　曲线图

(2)统计图的作用

①表明事物总体结构。

②表明统计指标不同条件下的对比关系。

③反映事物发展变化的过程和趋势。

④说明总体单位按某一标志的分布情况。

⑤显示现象之间的相互依存关系。

工作任务 2　分析市场调查资料

工作流程

1. 选择本项目市场调查资料分析的方法

↓

2. 对本项目市场调查获得的资料进行取舍

↓

3. 对本项目市场调查的资料进行分析

相关知识

一、静态分析

(一)定性分析

1. 定性分析的概念

定性分析是与定量分析相对而言的，它是对不能量化的现象进行系统化理性认识的分析，其方法依据是科学的哲学观点、逻辑判断及推理，其结论是对事物的本质、趋势及规律性质方面的认识。

2. 定性分析的特点

定性分析有如下特点：分析的对象是调查资料、分析的直接目的是要证实或证明研究假设，对市场现象得出理论认识、分析，强调纵式关系。

3. 定性分析的原则

(1)坚持用正确的理论指导。

(2)分析只能以调查资料为基础,并且分析出的结果必须用调查资料来验证。

(3)要从调查资料的全部事实出发,不能简单地从个别事实出发。

4. 常用的定性分析方法

(1)归纳分析法

归纳分析法是我们用得最广泛的一种方法,分为完全归纳法和不完全归纳法,后者又分为简单枚举法和科学归纳法。

(2)演绎分析法

在运用演绎分析法时要注意下列问题:

①分类研究的标准要科学。

②分类研究的角度应该是多角度、多层次的。

③对分类研究后的资料还要运用多种逻辑方法揭示其本质,形成理性认识。

④综合要以分类研究为基础。

⑤综合要根据研究对象本身的客观性质,从内在的相互关系中把握其本质和整体特征,而不是将各个部分、方面和因素进行简单相加或形式上的堆砌。

(3)比较分析法

比较分析法是把两个或两类事物的调查资料相对比,从而确定它们之间的相同点和不同点的逻辑方法。运用比较分析法时,要注意以下问题:比较可以在同类对象间进行,也可以在异类对象间进行;要分析可比性;比较应该是多层次的。

(4)结构分析法

在市场调查的定性分析中,我们通过调查资料,分析某现象的结构及其各组成部分的功能,进而认识这一现象本质的方法,称为结构分析法。结构分析法要着重分析以下内容:分析结构、分析内部功能和分析外部功能。

(二)定量分析

定量分析是指从事物的数量特征方面入手,运用一定的数据处理技术进行数量分析,从而挖掘出数量中所包含的事物本身的特性及规律性的分析方法。定量分析可分为以下几种:

1. 相对程度分析

相对程度分析是统计分析的重要方法,是反映现象之间数量关系的重要手段。它通过对比的方法反映现象之间的联系程度,表明现象的发展过程,还可以使那些利用总量指标不能直接对比的现象找到可比的基础,因而在市场调查分析中经常使用。市场调查分析中常用的相对指标主要有以下几种:

(1)结构相对指标

结构相对指标是总体各组成部分与总体数值对比求得的比重或比率,用来表明总体内部的构成情况。它从静态上反映总体内部的构成,揭示事物的本质特征,其动态变化可以反映事物的结构发展变化趋势和规律性。

(2)比较相对指标

比较相对指标是指不同总体同类现象指标数值之比。它表明同类现象在不同空间的数量对比关系，可以说明同类现象在不同地区、单位之间发展的差异程度，通常用倍数(系数)或百分数表示。

(3)比例相对指标

社会经济现象总体内各组成部分之间存在着一定的联系，具有一定的比例关系。为了掌握各部分之间数量的联系程度，需要把不同部分进行对比。比例相对指标就是将同一总体内不同部分的指标数值对比所得到的相对数，它表明总体内各部分的比例关系，通常用百分数表示，也可以用一比几或几比几的形式表示。

(4)强调相对指标

在市场调查中，有时要研究不同事物间的联系，如流通费与商品销售额、产值与固定资产等，这就需要通过计算强度相对指标来分析。强度相对指标是将两个性质不同而又有联系的总量指标对比得到的相对数，它反映现象的强度、密度、普通程度。

2. 集中与离散分析

(1)数据的集中趋势分析

对调查数据公布的数量规律性中集中的特征进行分析，是对被调查总体的特征进行准确描述的重要前提。数据集中趋势分析的对象包括数据的均值(各类平均数)、中位数和众数。

①均值

均值是数据偶然性和随机性的一个特征值，反映了一些数据必然性的特点。平均数一般包括算术平均数、调和平均数和几何平均数三种，其中算术平均数是最简单、最基本的形式，它又视资料分组与否而分为简单算术平均和加权算术平均。利用均值，可以将处在不同地区、不同单位的某现象进行空间对比分析，以反映一般水平的变化趋势或规律；可以分析现象间的依存关系等，从而拓宽分析的范围。

②众数

众数是总体中出现次数最多单位的标志值，也是测定数据集中趋势的一种方法，克服了平均数指标会受数据中极端值影响的缺陷。从分析的角度看，众数反映了数据中最大多数的数据的代表值，可以使我们在实际工作中抓住事物的主要矛盾，有针对性地解决问题，但若出现了双众数现象，则可能说明调查总体不具有同质性，资料可能来源于两个不同的总体。这类结果既可以用来检查方案设计中的总体一致性问题，也可以用来帮助验证数据的可靠与否。

③中位数

中位数的确定可以以未分组资料为基础，也可由分组资料得到。它同样不受到资料中少数极端值大小的影响。在某些情况下，用中位数反映现象的一般水平比算术平均数更具有代表性，尤其对于两极分化严重的数据，更是如此。

(2)数据的离散程度分析

对一组数据规律性的研究，集中趋势是数据重要数量特征的一个方面，离散程度则是数据数量特征的另一方面。集中趋势反映的是数据的一般水平，我们用均值等一个数值来代表全部数据。但若要较全面地掌握这组数据的数量规律,还需要计算反映数据差异程度的数值,如极差、平均差、方差和标准差离散系数等。

①极差

极差(也称全距)是数据中两个极端值之差,不能准确反映数据变化,平均值受极端值的影响较大。一般来说,极差越大,平均值的代表性越小。所以,极差可以一般性地检验平均值的代表性大小。

②平均差

平均差是总体各单位标志值与其算术平均数离差绝对值的算术平均数。平均差与平均数代表性的关系,与极差基本一致。不同的是,平均差的计算由于涉及了总体中的全部数据,因而更能综合地反映总体数据的离散程度。

③方差和标准差

方差与标准差是幂的关系,前者是后者的平方。标准差的计算公式也视资料的分组情况而分为简单平均式和加权平均式。这两个指标均是反映总体中所有单位标志值对平均数的离差关系,是测定数据离散程度最重要的指标,其数值的大小与平均数代表性的大小呈反方向变化。

离散系数是为两组数据间进行比较而设计的,是一组数据标准差与均值相比较而得的相对值。

在不同情况的两组数据间,直接用标准差进行离散程度的比较是不科学的,甚至还会得出相反的结论。

二、动态分析

(一)动态数列的概念

动态是指现象在时间上的发展变化,是指把反映某现象的同一指标,在不同时间上的指标数值,按时间(如按年、季、月、日等)先后顺序编排所形成的数列。任何一个动态数列,均由两个基本要素构成:一个是现象所属的时间;另一个是反映现象所属时间的发展水平,即统计指标数值。要研究和分析现象的发展变化,必须编制动态数列,因为动态数列有很大作用。动态数列有以下作用:

(1)它可以描述被研究现象的发展过程和结果。

(2)通过它可分析被研究现象的发展速度及趋势,探索其发展变化的规律性。

(3)通过动态数列有关统计数据的计算、研究,对所研究的现象作趋势预测。

(4)将不同国家或地区的同类现象的动态数列进行对比,观察其发展变化的数量关系,也可将两个以上的相关现象,在同一历史时期的动态数列进行对比,分析其发展变化的协调性。

(二)动态数列的种类

根据统计指标表现的形式不同可将动态数列分为总量指标动态数列、相对指标动态数列和平均指标动态数列三种。其中,总量指标动态数列是基本数列,后两种是派生数列。

1.总量指标动态数列

将现象某一总量指标在不同时间的数值,序时编排所形成的数列,称为总量指标动态数列,它反映被研究现象总水平(或规模)的发展过程和结果。根据总量指标反映现象的时间状况不同,总量指标动态数列又可分为时期数列和时点数列。

(1)时期数列

凡排列在总量指标动态数列中的每个指标数值,均反映现象在一段时期内发展过程的总和,该动态数列称为时期数列。

(2)时点数列

凡排列在总量指标动态数列中的每个指标数值,都反映现象在某一时点上总量的动态数列称为时点数列。

时期数列和时点数列的区别是由这两种动态数列所反映现象的性质和特点决定的,其区别是:

(1)时期数列中的每个指标数值都是反映现象在一定时期内发展过程的总量;时点数列中的每个指标数值,则是反映现象在某一时点上的总量。

(2)时期数列各期指标数值可以相加,因为相加的结果有实际的意义,时点数列中的各指标数值除计算过程需要相加外,一般不能相加,因为相加的结果无实际意义。

(3)时期数列中每个指标数值的大小,与时期的长短有关;时点数列中每个指标数值的大小,与时间的间隔长短无关。

(4)时期数列的每个指标数值,是跟随现象发展过程作连续登记得到的;时点数列中的每个指标数值,是对现象做一时调查确定的。

2.相对指标动态数列

将现象某一相对指标在不同时间的数值序时编排所形成的数列,称为相对指标动态数列,它反映被研究现象数量对比关系的发展变化过程。相对指标动态数列中的各时间上的数值,是不能相加的。

3.平均指标动态数列

将现象某一平均指标在不同时间的数值序时编排所形成的数列,称为平均指标动态数列,它反映现象平均水平的发展趋势。由于平均指标可分为静态平均数(一般平均数)和动态平均数(序时平均数),因此,平均指标动态数列也可分为静态平均数动态数列和序时平均数动态数列两种。

(1)静态平均数动态数列

静态平均数是标志总量除以总体总量,它反映总体各单位某一数量标志值在一定时间上的一般水平。

(2)序时平均数动态数列

把反映现象自身在不同时期的若干个序时平均数的数值,按时间顺序编排所形成的动态数列,称为序时平均数动态数列。

4.序时平均数的计算方法

动态数列有三种,各种动态数列的序时平均数的计算方法不尽相同,但根据总量指标动态数列计算序时平均数的方法是基本的,现对总量指标动态数列序时平均数的计算作以下说明：

总量指标动态数列包括时期数列和时点数列，这两种数列序时平均数的计算方法很不一样，亦需分别说明：

(1)时期数列序时平均数的计算方法比较简单，只需将数列各期水平直接加总除以数列项数即得。

(2)时点数列序时平均数的计算方法，因掌握资料的情况不同而异。

(三)指数分析

1. 统计指数的概念

统计界认为，统计指数的概念有广义和狭义两种理解。广义指数是泛指社会经济现象数量变动的比较指标，即用来表明同类现象在不同空间、不同时间、实际与计划对比变动情况的相对数。狭义指数仅指反映不能直接相加的复杂社会经济现象在数量上综合变动情况的相对数。

2. 统计指数的分类

统计指数从不同角度可以作以下分类：

(1)按研究范围不同，统计指数可分为个体指数和总指数

个体指数是表明复杂社会经济总体中个别要素变动情况的相对数。例如，某种商品销售量指数、个别商品的价格指数、单个产品的成本指数等都是个体指数。

总指数是表明复杂经济现象中多种要素综合变动情况的相对数。

(2)按编制指数的方法论原理不同，可分为简单指数和加权指数

简单指数是指直接将社会经济现象个别要素的计算期数值与基期数值对比的相对数。

加权指数是由个体指数加权平均或汇总求得的总指数。加权指数是计算总指数广为采用的方法，综合指数也是一种加权指数。

(3)按指数性质不同，可分为数量指标指数和质量指标指数

数量指标指数是用来反映社会经济现象的数量或规模变动方向和程度的指数。如职工人数指数、产品产量指数、商品销售量指数等。

质量指标指数是用以反映社会经济现象质量、内涵变动情况的指数。如成本指数、物价指数、劳动生产率指数等。

(4)按反映的时态状况不同，可分为动态指数和静态指数

动态指数是说明现象在不同时间上发展变化的指数。

静态指数是反映现象在同时期不同空间对比情况的指数。

3. 指数体系和因素分析

(1)指数体系

社会经济现象之间的相互联系、相互影响的关系是客观存在的，有些社会经济现象之间的联系可以用经济方程式表示出来，如

商品销售额＝商品销售量×商品销售价格

生产总成本＝产品产量×单位产品成本

上述的这种关系，按指数形式表现时，同样也存在这种对等关系。即

商品销售额指数＝商品销售量指数×商品销售价格指数

生产总成本指数＝产品产量指数×单位产品成本指数

在统计分析中，将一系列相互联系、彼此间在数量上存在推算关系的统计指数所构成的整体称为指数体系。统计指数体系一般具有三个特征：

①具备三个或三个以上的指数。

②体系中的某个指数在数量上能相互推算。如已知销售额指数、销售量指数，则可推算出价格指数；已知价格指数、销售量指数，则可推出销售额指数。

③现象总变动差额等于各个因素变动差额的和。

(2)因素分析

指数体系是进行因素分析的重要工具。构建指数体系的目的，就是要分析多种因素的变动对社会经济总体变动情况的影响。例如，用指数体系来分析价格、销售量的变动对销售额的影响；分析工资水平、工人结构、工人总数的变动对工资总额的影响等。

①因素分析的对象是复杂现象

这里所说的复杂现象是指受多种因素影响的现象，它的量表现为若干因素的乘积，其中任一因素的变动都会使总量发生变化。例如，生产总成本表现为单位产品成本和产量的乘积，单位成本和产量任一因素发生变化，都会使总成本产生变动。因素分析的目的就是要测定这些因素的变动对总成本变动的影响方向和影响程度。

②因素分析中的指数体系以等式的形式表现

编制指数体系的基本思想是：测定一个因素的变动时，假定其他因素不变，并以等式来表现体系。例如，将生产总费用的变动分解为单位产品的材料消耗(单耗)、原材料单价、产量三个因素的影响。因素分析时，是用固定价格、产量来编制单耗指数，用固定单耗、产量来编制价格指数；用固定单耗、价格编制产量指数，从而形成如下以等式形式表现的指数体系。

总费用指数＝产量指数×单耗指数×单价指数

在因素分析中，所有的指数体系都以等式表现。

③因素分析的结果有相对数也有绝对数

指数体系的表现形式表明，若干因素指数的乘积等于总变动指数，若干因素的影响差额之和应等于总体变动实际发生的总差额。

三、总量指标的因素分析

(一)两因素分析

总量指标的两因素分析在指数体系上，表现为总变动指数等于两个因素指数的乘积。要保证两个因素指数之积等于被研究现象变动的指数，最关键的是确定同度量因素的时期。一般应遵循的原则是：一个因素指数的同度量因素固定在报告期，则另一个因素指数的同度量因素要固定在基期，即两个指数的同度量因素不能同时固定在报告期或同时固定在基期。

(二)多因素分析

总量指标的多因素分析在指数体系上，表现为被研究现象的总变动指数等于三个或三个以上因素指数的乘积。同样，要保证三个或三个以上因素指数之积等于被研究现象变动的指数，最关键的是确定同度量因素的时期。在实际分析时必须注意以下几个问题：

(1)多因素分析必须遵循连环代替法的原则，即在分析受多因素影响的事物的发展变化时，要逐项分析，逐项确定同度量因素。当分析完第一个因素变动影响后，接着分析第二个因素的影响，然后再分析第三个因素的影响，依次类推。

(2)在多因素分析中，为了分析某一因素的影响，要把其余因素固定不变。具体方法是：当分析第一个因素的影响时，把其他所有因素固定不变，把其他所有因素作为同度量因素固定在基期。当分析第二个因素变动的影响时，则把已经分析过的因素固定在报告期，没有分析过的因素仍固定在基期。当分析第三个因素的变动影响时，把分析过的两个因素固定在报告期，没有分析过的因素仍然固定在基期，依次类推。

(3)对多因素的排列顺序，要具体分析现象总体的经济内容，使之符合客观事物的联系或逻辑。各因素顺序的排列一般应遵循数量指标因素在前，质量指标因素在后的原则。具体可采用逐项层层分解法来确定。

工作任务3　撰写市场调查报告

工作流程

1. 确定本项目市场调查报告的主题

↓

2. 拟定本项目市场调查报告的提纲

↓

3. 分析本项目市场调查报告的写作要点

↓

4. 撰写本项目的市场调查报告

↓

5. 修改撰写好的市场调查报告

相关知识

一、市场调查报告的含义与类型

市场调查报告是以一定类型的载体反映市场状况的有关信息，并包括某些调查与预测结论和建议的形式。调查报告对市场现象不是一般性的描述，而是经过对现象的科学分析和总结，揭示出事物的本质。调查报告展示了市场现象发生、发展和变化的规律。调查报告涉及的知识面较宽，如哲学、政治经济学、社会学、逻辑学、数学和统计学等专业知识。它是调查者思想、立场、知识、能力和才华的综合体现。

调查报告依据不同标准可划分为多种类型：

(1)依据调查的目的不同可分为理论型调查报告和实际型调查报告。

(2)依据调查对象的范围和关系不同可分为概况型调查报告和专题型调查报告。

(3)依据调查的性质不同可分为叙述型调查报告和分析型调查报告。

(4)依据表达形式的不同可分为文字报告和口头报告。

二、市场调查报告的格式与结构

市场调查报告作为一种特殊的应用文，其格式总的特点是开门见山，准确简练。从一般结构上看，一篇完整的调查报告由题目、目录、摘要、正文和附录等几部分组成。

(一)报告题目

报告题目应简明准确地表达报告的主要内容，一般是通过扼要地突出本次市场调查全过程中最具特色的环节的方式，揭示本报告所要论述的内容。其格式可以只有正标题，例如，《关于××市居民轿车消费状况与趋势的调查报告》；也可以采用正副标题的形式，例如，《轿车不再是富人的象征——××市居民轿车消费状况与趋势的调查报告》。作为一种习惯做法，调查报告题目的下方，紧接着注明报告人或单位名称、报告日期，然后另起一行，注明报告呈交的对象。这些内容编排在调查报告的首页。

(二)报告摘要

报告应提供"报告摘要"，主要包括四个方面的内容：

(1)明确指出本次调查的目标。

(2)简要指出调查时间、地点、对象、范围以及调查的主要项目。

(3)简要介绍调查实施的方法、手段以及对调查结果的影响。

(4)提炼调查中的主要发现或结论性内容。

(三)报告的正文

正文应依据调查内容充分展开，它是一份完整的市场调查报告。一般来说，报告正文应包括四个主要部分：

(1)调查方案，包括对整体方案和技术方案的执行结果评价，特别是对关于调查对象选择、问题的设计与依据、搜集资料的方式及调查时间等调查方法给予评价。

(2)指出分析问题的角度或出发点，包括对一些测量方式的解释以及调查误差的估计。

(3)提炼分析的结论性意见。

(4)提出建议对策或根据资料对发展趋势进行估计等。

正文的写作要求言之有据，简练准确。每层意思可以用另起一段的方式处理，而不需刻意注重文字的华丽与承接关系，但逻辑性要强，要把整个报告作为一个整体来处理。

(四)附录

附录是指调查报告正文包含不了的内容或对正文结论的说明，是正文报告的补充或更为详细的专题性说明。例如,数据的汇总表、统计公式或参数选择的依据,与本调查题目相关的整体环境资料或有直接对比意义的完整数据等,均可单独成为报告的附件。

三、市场调查报告的撰写

(一)撰写程序

撰写调查报告是把调查分析的结果用文字表述出来,撰写的程序一般包括以下步骤:

1. 确定调查报告的主题

调查报告的主题是调查报告的中心问题。选题的途径一般分为领导布置、外单位委托或自选观察调查。观点是调查研究者对分析对象所持有的看法和评价。它是调查材料的客观性与调查者主观认识的统一体,是形成思路、组织材料的基本依据和出发点。

确定主题应注意以下几个方面:

(1)调查报告的主题必须与调查主题相一致。

(2)要根据调查分析的结果确立观点并重新审定主题。

(3)调查报告的主题不宜过大。

2. 取舍资料

资料是形成调查报告主题观点的基础;观点是资料的统帅和代表,决定资料的取舍。这是撰写调查报告必须遵循的主要原则。在取舍材料时应注意几点:获取充分、完整的资料,依据主题筛选资料,多次取舍。

3. 拟定提纲

提纲是调查报告的骨架,拟订一份提纲可以理清思路。调查报告的写作提纲可分为条目提纲和观点提纲。条目提纲就是从层次上列出报告的章节。观点提纲是列出各章节要表述的观点。调查报告提纲还有粗细之分,一般先拟定粗提纲,把调查报告分为几大部分,然后在各部分中再充实,按次序或轻重、横向或纵向罗列形成较细的提纲。

4. 撰写报告

在拟定较细提纲的基础上,便可以正式撰写调查报告了。在撰写报告的过程中,除按调查报告的格式,以事实为依据组织内容编写外还应注意以下几点:

(1)要做到通俗易懂

调查报告应摆事实,讲道理,内容是市场经济中的现象,讲清市场现象发展变化的趋势和规律性。写报告是为了给决策者看的,所以要用他人看得懂的文字表述观点,切忌使用不当的华丽词语,借用“大名词”显示学问以及滥用图表。

(2)使用材料要准确,分析问题要深刻

通俗易懂与理论上深入分析并不矛盾,只是要求在深入分析问题时,使用大众化语言,这样并不会降低调查报告的水平和质量。

(3)要注意“活”字

“活”就是文字生动、活泼,形式灵活多样。针对不同需要采取不同的反映形式。例如,使用适当的图表既可以清楚地反映问题,又可以打破一味叙述论证的呆板形式。

5. 修改报告

任何写作都不是一次完成的,调查报告更是如此。它不但涉及语言文字的运用,更重要的是事实根据。因此调查报告必须反复修改、逐句审查、严把质量关。修改报告的主要任务有四个：

(1)调查日常用的资料依据是否合理，是否有误，全篇报告是否言之有理，持之有据。

(2)检查调查报告中所用的观点是否明确，表达是否准确。

(3)检查调查报告的思想基调是否符合调查的目的和要求。

(4)在通读报告时检查语言是否流畅，有无错别字和用错的标点符号。

(二)调查报告的写作特点

调查报告是一种陈述性和说明性相结合的文体，在篇章结构、语言运用等各方面有它独特的要求，表达方式以说明为主。

1. 背景说明

背景说明可以反映事物发生发展的时间、空间和条件，可以揭示事物的内涵，加深和突出调查报告的基本观点。因此，背景说明是十分重要的，也是必不可少的。

2. 情况说明

调查报告必须要对研究对象有深入细致的了解及清晰的说明，要注意讲求顺序。不论是采用由主及次、由浅入深，还是采用由远及近、由表及里，都必须按照事物的逻辑顺序加以说明，否则，会显得杂乱无章，说而不明。

3. 建议说明

建议说明是调查报告的必然成分。建议的表述也是依靠“说明”而完成的。这部分必须明确具体、切实中肯，具有较强的针对性和可行性。

(三)调查报告的语言特点

调查报告不是文学作品，它具有较强的应用性。因此它的语言应该严谨、简明和通俗。

1. 严谨

语言严谨体现在选词造句精确，分寸感强，要求对事物进行准确、周密的描述和恰当的评价。要少用形容词，最好用数字来反映；用较强的概念时，要注意其本身的内涵和外延；同时还要区分相近、易于混淆的概念，例如，“发展速度”与“增长速度”，“番数”与“倍数”，“速度”与“效益”。

2. 简明

在叙述事实情况时，必须使用简述的手法，把事实浓缩，力争以较少的文字清楚地表达较多的内容。要使语言简明，重要的是训练作者的思维。只有思维清晰、深刻，才能抓住事物的本质和关键，用最简练的语言概括和表述出来。

3. 通俗

调查报告的语言应力求朴实严肃，平易近人。通俗易懂才能发挥其应有的作用。但通俗、严肃并非平淡无味，作者要加强各方面的修养和语言文字表达的训练，提高驾驭语言文字的能力，最终才能写出语言生动、通俗易懂的高水平调查报告。

(四)调查报告中数字的运用

调查报告中的数字既要准确，又要讲究技巧，力求把数字用活，用得恰到好处。

1. 要防止数字文学化

数字文学化表现为在调查报告中到处都是数字。在大量使用数字时，要注意使用方式。一般我们应该使用图表来说明数字。

2. 运用数字的技巧

(1)比较法

比较法是研究事物的基本方法，也是数字加工的基本方法。比较法可分为纵向比较法和横向比较法。纵向比较法可反映事物自身的发展变化；横向比较法可以反映事物间的差距。对比可形成强烈的反差，增强数字的鲜明性。

(2)化小法

有时数字太大，不易理解和记忆，如果把大数字换算成小数字则便于记忆。例如，把某厂年产电视机 525600 台换算成每分钟生产 1 台效果会更好，153000000 公里换算成 1.53亿公里更容易记忆。

(3)推算法

有时个体数量较小，不易引起人们的重视，但由此推算出的整体数量却大得惊人。例如，对农民建房占用耕地情况调查发现 12 个村三年每户平均占用耕地 0.73 亩，而由此推算全县农村建房三年共占用耕地上万亩。

(4)形象法

形象法并不使用事物本身的具体数字，而是用人们熟悉的数字表示代替，以增强生动感。例如，乐山大佛高 71 米，头长 14.7 米……换成形象法为：佛像有 20 层楼高，耳朵有四个人高，每只脚背上可停放五辆解放牌卡车。相比较，后者更具有吸引力。

3. 使用数字的要领

在调查报告中，使用汉字与阿拉伯数字应统一。总的原则是：凡是可用阿拉伯数字的地方，均应使用阿拉伯数字：

(1)公历世纪、年代、年、月、日和时间应使用阿拉伯数字。如 20 世纪 90 年代，2009 年 4 月；星期几则一律用汉字。注意年份一般不用简写，如 2009 年不能写成 09 年。

(2)计数与计量应使用阿拉伯数字。如 100～200，1/15，25％等。应注意：不具有统计意义的一位数，可以使用汉字，如一个人，九本书，十层楼。

(3)数字作为词素构成定型的词、词组、惯用语或具有修辞色彩的语句应当用汉字。如第三世界，“十二五”规划，解放军某部一连二排三班，五光十色等。

(4)邻近的两个数并列连用表示概数时应当用汉字。如三五天，四五百元，十之八九等。

拓展知识

《市场调查报告》撰写技巧

(一)寻找一定的理论依据

欲要提高报告内容的说服力，并使阅读者接受，就要为报告所分析的观点寻找理论依据。

(二)有力举例,论证观点

在调查报告书中,一定要进行有力的材料举例使人感到报告的充实、真实,才能增强说服力。

(三)利用数字说明问题

市场调查报告是对企业营销实践环境分析的文件,其可靠程度如何是决策者首先要考虑的。在报告中利用各种绝对数和相对数来进行比较对照是绝对不可少的。

(四)运用图表帮助理解

运用图表能有助于阅读者理解报告的内容,同时,图表还能提高页面的美观性。图表的主要优点在于有着强烈的直观效果,调节阅读者的情绪。

(五)合理利用版面设计

版面安排包括打印的字体、字的大小、字与字的空隙、行与行的间隔、黑体字的采用以及插图和颜色等,做到重点突出、层次分明、严谨而不失活泼。

(六)注意细节,消灭差错

对打印好的调查报告要反复仔细地检查,不允许有一个差错出现,特别是对于企业的名称、专业术语等更应仔细检查。如一些专门的英文单词,差错率往往是很高的,在检查时要特别予以注意。另外,像一些细小的方面如纸张的好坏、打印的质量等都要注意。

工作实施

模拟公司的市场调查报告撰写

一、目标

通过训练,帮助学生认识市场营销调查报告在营销实践中的重要作用,使学生能够了解市场营销调查报告撰写的步骤,掌握市场营销调查报告撰写的步骤和方法,自觉增强团队意识,提高合作能力。

二、步骤

1. 明确组内分工。
2. 综合运用"市场调查"与"营销环境"的理论,对自己的市场开发项目在"市场状况"、"消费者"、"竞争者"、"宏观营销环境"和"企业营销机会"等方面进行全面、深入的分析。
3. 在小组讨论分析的基础上进行绘制、整合思路。
4. 归纳总结,形成市场调查报告框架的内容。
5. 每个团队选一名代表面对全班同学陈述本团队绘制的思路内容及感受。
6. 每个团队提交一份市场调查报告。

三、考核标准

评分项目	分 值	得 分
精心进行市场营销环境分析知识和相关资料的准备	20	
精心进行消费行为分析知识和相关资料的准备	20	
分析过程中材料的运用要有原始材料及其说明	20	
分析紧扣模拟公司的市场环境,全面、正确、条理清楚	20	
报告人阐述思路清晰,分析矩阵图条理清晰,有说服力	20	
总 分	100	

四、注意事项

1. 提前布置，让学生早做准备，对理论知识及相关资料准备充分，以取得良好的课堂效果。

2. 授课教师需对“第二手资料搜集”的实践应用价值给予说明，调动学生操作的积极性，对“第二手资料搜集”的方法、内容进行具体指导。

3. 绘制矩阵图时力争全组讨论，动员全体同学参与，得出比较全面的“威胁-机会分析矩阵图”。

4. 格式要求。

（一）封面

1. 封面设计原则

“醒目、整洁”，切忌花哨。至于字体、字号、颜色则应根据视觉效果具体考虑。

2. 封面制作要点

①标出委托方

如果是受委托的调查报告，那么在封面上要把委托方的名称列出来，如《××公司××调查报告》。

②取一个简明扼要的标题

题目的确定要准确而不累赘，使人一看就能明了。有时为了突出调查的主题或者表现调查的目的，可以加一个副标题或小标题。

③打上日期

日期应以报告的正式提交日为准。不应随便定一个日期，同时要用完整的年月日表示，如2009年12月8日。

④标明报告人

一般在封面的最下部位要标出报告人姓名。报告人是公司的话，则列出公司全称。

（二）前言

前言的作用在于引起阅读者的注意和兴趣。看了前言能使其产生急于看正文的强烈欲望。前言的文字不能过长，一般不要超过一页，字数可以控制在500字以内。其内容可以集中在以下几个方面：

1. 介绍营销调查委托情况

例如，××单位接受××公司的委托，就某一市场营销状况进行具体调查。

2. 叙述市场调查的目的

前言重点要叙述为什么要进行这次调查，即把此调查的目的表达清楚，这样就能吸引阅读者进一步去阅读正文。

3. 调查组织安排情况

前言最后部分可以就调查的概略情况作介绍，即对调查时间、调查过程、调查组织、调查报告撰写分工情况进行简要的说明。

（三）目录

列目录时，注意目录中所标的页数不能和实际的页数有出入，否则反而增加阅读者的麻烦，同时也有损调查报告的形象。尽管目录位于调查报告的前列，但实际的操作往往是等调查报告全部完成后，再根据调查报告的内容与页数来编写目录。

（四）正文

正文部分是调查报告的主体，包括对调查结果的描述、分析、提出结论等。正文是调查报告最主要的部分。在撰写这部分内容时，必须注意所写报告内容的“充实性”、“真实性”、“次序性”。

（五）附录

附录的作用在于为调查提供客观性的证明。因此，凡是有助于阅读者对调查内容的理解、信任的资料都可以考虑列入附录。但是，可列可不列的资料还是以不列为宜。这样可以更加突出重点。附录的另一种形式是提供所有与研究结果有关，但不宜放在正文中的资料，如图表、附件、调查表和备注说明等。作为附录也要标明顺序、以便查找。

五、范例

苏州××学院周边火锅消费调查报告

（目录）

学习情境三

市场选择

【案例引入】

日本尼西奇起初是一个生产雨衣、尿布、游泳帽、卫生带等多种橡胶制品的小厂，由于订货不足，面临破产。总经理多川博在一个偶然的机会，从一份人口普查表中发现，日本每年约出生250万个婴儿，如果每个婴儿用两条尿布，一年需要500万条。于是，他们决定放弃尿布以外的产品，实行尿布专业化生产。一炮打响后，又不断研制新材料、开发新品种，不仅垄断了日本尿布市场，还远销世界70多个国家和地区，成为闻名于世的“尿布大王”。日本尼西奇运用的是什么营销策略？这种营销策略有何优缺点？

【工作项目】

根据“学习情境二”所进行的全面的市场调查和分析来拟定项目营销策略，需要完成以下各项目工作：

项目1　市场细分

项目2　市场定位

项目1 市场细分

【知识目标】

• 掌握根据市场细分的标准进行市场细分的方法

【能力目标】

• 能运用一定的方法进行市场细分，并客观评价分析每一个细分市场

【任务分解】

工作任务1 选择市场细分的标准

工作任务2 确定市场细分的方法

工作任务1 选择市场细分的标准

工作流程

1. 明确市场细分对模拟公司的重要性
2. 分析模拟公司所选行业的市场
3. 确定模拟公司市场细分的原则
4. 选择模拟公司市场细分的标准

相关知识

一、市场细分的含义

所谓市场细分，又称“市场区隔”、“市场分片”、“市场分割”等，就是营销者通过市场调研，根据消费者对商品的不同欲望与需求、不同的购买行为与购买习惯，把消费者整体市

场划分为具有类似性质的若干不同的购买群体——子市场，使企业可以从中认定其目标市场的过程和策略。这里所讲的子市场就是指消费者群。每一个消费者群就是一个细分市场，每一个细分市场都是由需求倾向类似的消费者构成的群体，所有细分市场之总和便是整体市场。由于在消费者群内，大家的需求、欲望大致相同，企业可以用一种商品和营销组合策略加以满足。但在不同的消费者群之间，其需求、欲望则各有差异，需要企业以不同的商品，采取不同的营销策略加以满足。因此，市场细分，实际上是一种求大同、存小异的市场分类方法，它不是对商品进行分类，而是对需求各异的消费者进行分类，是识别具有不同需求和欲望的购买者或用户群的活动过程。

二、市场细分的依据

市场是商品交换关系的总和，它是由生产者、消费者和中间商组成的，其本身就是可以细分的。不同区域的市场处在不同的地理环境之中，就形成了不同的细分市场。

消费者需求和购买行为差异的同类性是市场细分的主要依据。消费者个人由于经济、地理、文化素养、民族习惯等方面的差异，形成了各种各样的偏好、兴趣，对商品的需求千差万别，于是就形成了差异性。但总有相当数量的消费者对商品的需求是一致的，这又形成了同类性。市场细分就是建立在消费者相似需求的共同特征基础上的。

构成市场买卖双方的企业和消费者都具有各自的“个性”。各个工商企业因其资源、设备、地理位置、技术等差别，有自己的优势，可以从事不同的商品经营。消费者则有各自的购买欲望和需求特点，这样企业可根据消费者的需求进行市场细分，比较准确地选择分片市场作为自己的营销服务对象，谋求最佳的经济效益。

在市场细分理论中，依据消费者对商品的同质需求和异质需求，可以把市场分为同质市场和异质市场。同质市场是指消费者对商品的需求大致相同的市场。例如，消费者对食盐、白糖、大米、火柴的需求差异很小，消费者购买这些商品的数量比较稳定，对其要求是最简单的包装，最方便的购买和最低的价格，则这些商品的市场就具有较大的同质性，企业无须进行市场细分。但对大多数商品来说，由于市场因素的多元化，需要进行细分，因此都属于异质市场。这种异质市场是指市场群之间的差异大，但各市场群内部的差异趋小的市场。市场细分实际上也是一个将异质市场分成若干个同质市场的过程。

三、市场细分的原则

（一）可衡量性

可衡量性是指市场细分的规模、购买力和细分以后的市场都是可以衡量的。它包括三方面的内容：

(1)消费者需求具有明显的差异性。只有这样，才值得对市场进行细分。

(2)对消费者需求的特征信息易于获取和衡量，能衡量细分标准的重要程度并进行定量分析。

(3)经过细分后的市场范围、容量、潜力等也必须是可以衡量的，这样才有利于确定目标市场。

(二)可覆盖性

可覆盖性是指经过细分的市场是企业可以利用现有的人力、物力和财力去占领的。其中包含两层含义：

(1)市场细分要有适当的规模和发展潜力，同时要有一定的购买力，企业进入这个市场后要有足够的销售额。

(2)细分市场必须考虑企业的经营条件和经营能力，使目标市场的选择与企业资源相一致。同时，要充分了解细分市场上的需求满足程度和竞争者状况。

(三)可接近性

可接近性是指企业容易进入细分市场。它有两方面的含义：

(1)可接近性是指市场细分后所确定的目标市场的消费者，能够了解企业所经营的商品，并已对商品产生购买兴趣和购买行为，能通过各种渠道推广本企业经营的商品。

(2)企业采取的各种营销措施和营销策略已作用于被选定的细分市场，其营销努力能够引起细分市场上消费者的注意和反应。

(四)可持续性

可持续性是指细分的市场不但要有一定的市场容量和发展潜力，而且要有一定程度的可持续性，即占领市场后的相当长的时期内不需要改变自己的目标市场。因为目标市场的改变必然带来企业营销措施和营销策略的改变，而这种过快的变动给企业带来的风险和损失也会随之增加。目标市场越稳定，越能有利于企业制定长期的营销战略和策略。

四、市场细分的标准

(一)消费者市场的细分标准

消费者市场细分的依据很多，造成消费者需求特征多样化的所有因素，几乎都可视为市场细分的依据或标准，称为细分变量。一般认为主要的细分依据是地理因素、人口因素、人文因素、心理因素和行为因素：

1. 按地理因素细分

按地理因素细分是指按照消费者所在的不同地理位置作为细分消费者市场的标准。地理因素包括洲际、国别、区域、行政省市、城乡和其他地理环境等一系列的具体变量。由于地理环境、气候条件、社会风俗和文化传统的影响，同一地区的消费者往往具有相似的消费需求，而不同地区的消费者在需求内容和特点上有明显差异。

2. 按人口因素细分

人口因素包括年龄、性别、收入、教育水平、家庭规模、宗教和种族等直接反映消费者自身特性的因素。因为人口因素中所包含的这些变量来源于消费者自身，而且较易测得，所以，人口因素一直是消费者市场细分的重要依据。

3. 按人文因素细分

运用人文因素细分市场，就是根据人文统计变量如国籍、民族、人数、年龄、性别、职业、教育程度、宗教、收入、阶层、家庭人数、家庭生命周期、媒体接触方式等因素将市场进行细分。不同国籍或民族、不同年龄和性别、不同职业和收入的消费者，其需求和爱好均大不相同。故人文统计变量与消费者对商品的需求爱好和消费行为有着密切关系，而且人文统计变量的资料比较容易获得和进行衡量。因此，人文因素是市场细分中常用以区分消费者群体的标准。

4.按心理因素细分

按心理因素细分是根据购买者的社会阶层、生活方式、个性特征等因素细分市场，将购买者分成不同的群体。在物质丰裕的社会，需求往往从低层次的功能性需求向高层次的体验性需求发展，消费者除了对商品的核心功能提出更高要求外，对品牌所附带的价值内涵也有所期待。消费者心理特征和生活方式上的差异，会导致其对价值内涵和生活信息需求的差异，往往表现出不同的心理特性，对同一种产品会有不同的需求和购买动机。

5.按行为因素细分

按行为因素细分即根据消费者不同的购买行为来进行市场细分。行为因素包括追求利益、品牌商标忠诚度(品牌偏好)、使用者地位、使用频率、对产品的态度、准备程度等因素。

(1)购买时机

按购买时机细分就是根据消费者对产品或服务产生需求、购买或使用的时机，对消费者群进行划分，形成不同的细分市场。企业从中选择一个或几个特定的市场为之服务。另外，企业还可以通过宣传、诱导等方式，增加消费者的使用时间，以便扩大产品的销售量。

(2)利益分割

按利益分割细分就是根据消费者购买产品时所追求的不同利益来对整个市场进行细分。利益细分需要确定人们在产品中寻找的主要利益、寻找每种利益当事人的类型以及提供各种利益的主要品牌。

(3)数量和频率

按照消费者使用某种产品的数量，可以将使用者的情况分为非使用者、曾经使用者、潜在使用者、首次使用者和经常使用者几种，不同的情况需要区别对待。例如，对待潜在使用者和经常使用者需要用不同的营销方法。一般来说，具有高市场份额的公司，特别注重将潜在使用者变为实际使用者，以扩大市场份额；而市场份额较小的公司则设法吸引经常使用者，以维持其市场份额。

消费者对某种产品的使用数量或使用频率也是值得区分的变量。大量使用者的人数虽然占消费者总数的比例不大，但他们所消费的商品数量却在消费总量中占很大比重；少量使用者反之。研究表明，某种产品的大量使用者往往有某些共同的人口统计和心理方面的特征以及接受某种传播媒体的习惯。

(4)品牌忠诚度

市场也可以按消费者对品牌的忠诚度来进行细分。品牌忠诚度指消费者对某种品牌的偏好和经常使用的程度。例如，假设市场上有A、B、C、D、E五种品牌，根据消费者的品牌选择情况将他们分成以下四种类型：

①坚定型忠诚者。这类消费者始终不渝地只购买一种品牌的商品，即使遇到该品牌商品缺货，他们也宁肯等待或到别处寻找，其购买模式为“A、A、A、A、A、A”。

②不坚定型忠诚者。这类消费者忠诚于两三种品牌，时而互相替代，他们的购买模式为“A、A、B、B、A、B”。

③转移型忠诚者。这类消费者会从偏好一种品牌产品转换到偏爱另一种品牌的产品，其购买模式为“A、A、A、B、B、B”。

④非忠诚者。这类消费者对任何品牌都无忠诚感，有什么品牌他们就买什么品牌，或者想尝试各种品牌，其购买模式为“A、C、E、B、D、B”。

每一个市场都由这四种购买者组成，只是各种购买者的数量不同而已。而且，一个消费者并非对所有商品都有同样的忠诚度，他可能对这种产品有高度的品牌忠诚性，而对另一种产品则没有。针对这四种不同态度的消费者，企业应当酌情运用不同的营销措施。例如，对敌视本企业产品的消费者，企业应仔细分析原因何在，并通过恰当的手段改变其态度。

（二）生产者市场的细分标准

许多用于细分消费者市场的变量，同样适用于生产者市场，如追求利益、使用者情况、使用数量、品牌忠诚度和态度等。但对生产者市场的细分还有以下主要依据：

1. 产品的最终用途

按最终用户的要求细分生产者市场是一种最常用的方法。在生产者市场上，不同的最终用户所追求的利益不同，对同一种产品的属性看重不同的方面。最终用户的每一种要求就可以是企业的一个细分市场，企业为满足最终用户的不同需求，应相应地运用不同的营销组合，提供他们所真正追求的利益。

2. 顾客规模

顾客规模是以顾客对企业产品需求量的大小来判断的，顾客规模是细分生产者市场的另一个重要变量。许多企业为其大小不同的用户分别建立了专门的服务系统，以便更好地适应各种规模用户的要求及特点。

3. 组织类别

生产者市场的购买者是组织机构，包括非营利性组织（如政府、学校、红十字会等）和营利性组织（即企业）。非营利性组织的购买目的是为了再生产或向社会提供相关产品或服务，而营利性组织购买的目的是用于再生产或再销售，并从中谋求利润。

工作任务 2　确定市场细分的方法

工作流程

1. 确定模拟公司市场细分的方法

↓

2. 确定模拟公司市场细分的程序

↓

3. 分析行业情况，进行市场细分

相关知识

一、市场细分的方法

市场细分的方法是多种多样的，但常见的方法有以下四种：

（一）单一标准法

单一标准法是指根据市场主体的某一因素进行细分。如按品种来细分粮食市场，按性别来细分服装市场，按用途来细分钢材市场等。按单一标准细分市场，并不排斥环境因素的影响作用，相反，考虑环境因素的作用更符合细分市场的科学性要求。

（二）主导因素排列法

主导因素排列法是指当一个细分市场的选择存在多个影响因素时，可以从消费者的特征中寻找和确定主导因素，然后与其他因素有机结合，确定细分目标市场。

（三）综合因素法

综合因素法是指根据影响消费者需求的两种或两种以上的因素综合进行细分。综合因素法的核心是对并列的多因素进行综合分析，所涉及的各项因素都无先后顺序和重要与否的区别。虽然，市场细分的变量越多，精度越高，但企业的细分成本也会递增，所以恰当的市场细分方法应该是既能保证市场细分的有效性和精确性，又能使成本最低。

（四）系列因素法

系列因素法是指细分市场所涉及的因素是多项的，但各项因素之间先后有序，由粗到细，由简至繁，由少到多。

二、市场细分的程序

市场细分的程序一般分为七个步骤，即：

（1）正确选择市场范围。

（2）列出市场范围内所有顾客的全部需求。

（3）确定市场细分的标准。

（4）为各个可能存在的细分子市场确定名称。

（5）确定本企业开发的子市场。

（6）进一步对自己的子市场进行调查研究。

（7）采取相应的营销组合开发市场。

拓展知识

《市场细分表》的设计步骤

第一步：确定整体市场的范围

依据项目开发的需要，确定整体市场的范围。整体市场的确定具有“相对性”，企业要针对自己所进入的市场情况来确定整体市场的范围。

第二步：确定市场细分的标准

根据具体项目要求，选择一定的细分标准来设计“市场细分表”。一般来说，消费者市场的细分标准常用的有区域、性别、年龄、职业、收入、使用情况、品牌偏好情况。

第三步：制作《市场细分表》

根据确定的市场细分标准，制作“细分表格”，填入有关数据和市场资料。

将所确定的细分标准填入横向表格第一行。细分标准的填入应注意次序排列，一般来说应这样排列：区域、性别、年龄、职业、收入、使用情况、品牌偏好情况。

根据具体资料，依据所列细分标准次序完成细分表格的资料填入，表示各细分市场的具体情况。

《市场细分表》分析

1. 在《市场细分表》上已展示出整体市场划分的若干个细分市场，能够辨识具体的细分市场。

2. 依据《市场细分表》上展示出的细分市场进行初步选择，对初选的细分市场进行标号命名。

3. 根据市场需求状况和企业营销实力现状，正确选择企业准备进入哪些细分市场，并分析选择的理由。初选细分市场分析可以从“市场规模”、“市场成长性”、“赢利性”、“风险性”方面着手。

4. 细分市场选择的数量一般根据企业的营销目标与营销实力来确定，中小企业选择细分市场不宜数量太多、范围太大。

工作实施

模拟公司“市场细分表”的设计与分析

一、目标

通过本次训练，要求学生能综合运用“市场调研”与“营销环境”理论，对自己的市场开发项目所涉及的“市场状况”、“消费者”、“竞争者”、“宏观营销环境”和“企业营销机会”等因素进行全面、深入的分析，得出正确结论，并掌握《市场营销调研报告》的撰写技能。

二、步骤

1. 小组对“市场细分表”的实践应用价值进行讨论。

2. 理解《市场细分表》上“整体市场”与“细分市场”的概念与关系并给予说明，帮助学生明确《市场细分表》的操作作用。

3. 完成模拟公司《市场细分表》中数据、资料的制作。

4. 各组展示，并对其他模拟公司《市场细分表》设计的可行性进行分析。

三、考核标准

评分项目	分 值	得 分
准备充分,包括理论知识和案例的准备	10	
案例分析过程中有理有据,逻辑清晰,能结合所学知识点提出自己的观点	20	
小组讨论积极参与,认真思考,能提出富有建设性的意见	20	
在完成市场细分表过程中,分工明确,富有团队精神,掌握搜集整理信息的方法	20	
形成结构合理、观点明确的市场细分分析表。上台表述的同学神态自然,口齿清楚,语言流利,观点正确,能吸引听众的注意	30	
总 分	100	

四、注意事项

1. 开始前注意营造轻松的气氛,调动学生的积极性。

2. 教师事先要准备一份《市场细分表》,供学生参考。

3. 教师点评过程中应首先赞美参与的学生,请参与的学生谈谈体会,同时也可请其他学生做评论。

五、范例

(一)"爱丽丝"化妆笔市场细分表

地 区	年 龄	职 业	收 入(元/月)	使用情况	品牌偏好
北 京	16 岁~23 岁	女学生	依靠父母	用量一般	不明显
	23 岁~40 岁	服务业女职工	800~1200	大量	明显
		企业女职工	1200~1800		
		高薪高职女性	1800~2500		
	40 岁以上	职业妇女	1000~2500	少量	明显
		退休妇女	1000 以下		
上 海	16 岁~23 岁	女学生	依靠父母	用量一般	不明显
	23 岁~40 岁	服务业女职工	800~1200	大量	明显
		企业女职工	1200~1800		
		高薪高职女性	1800~2500		
	40 岁以上	职业妇女	1000~2500	少量	明显
		退休妇女	1000 以下		
西 安	16 岁~23 岁	女学生	依靠父母	用量一般	不明显
	23 岁~40 岁	服务业女职工	400~600	大量	明显
		企业女职工	600~800		
		高薪高职女性	800~1200		
	40 岁以上	职业妇女	600~1200	少量	明显
		退休妇女	800 以下		

(二)"爱丽丝"化妆笔细分市场初选分析

从北京、上海、西安三地的调查情况看,三地的化妆笔使用群体存在明显差异,在《市场细分表》上把全国化妆笔市场大致可以分为三类市场,对它们的分析如下:

1. "女学生"市场评估

全国在校的高中及大中专院校的女生共计 3814 万左右,是一个很大的化妆笔市场,但进入学生化妆笔市场的风险较大。首先这个消费群体的收入主要来自父母，购买力具有不稳定性；其次，这个消费群体具有很高的成长性，一个品牌一旦被接受，品牌市场份额就会急速扩大，但学生都有很强的猎奇心理，也不会轻易归宿于一种品牌；第三，这个市场的赢利率是不确定的，学生消费能力有限，且受社会时尚的影响较大；最后，三地学生在生活方式、文化教育上存在较大差异，地区消费差异性大。因此，通过对三地的调研，爱丽丝要进入学生化妆笔市场难度较大。

2."20 岁～40 岁职业妇女"市场评估

全国 20 岁～40 岁的妇女共有 1.8 亿人。其中，城市占 30%，约 5400 万人，该市场规模巨大，据三地调研结果显示，这一年龄段的购买者占整个化妆笔市场购买者的 70%，以服务业女职工、企业女职工和高薪女性为主。首先，这一市场成长性好，她们具有一定的购买能力，对品牌偏好和新产品灵敏的反应性强。其次，这个市场赢利性好，消费者有固定的收入来源，有强烈的品牌意识，有档次划分的内在心理需求。因此，进入这个市场的风险小，企业打入这一市场后，无论产品的品种、档次差异有多少，都能找到较合适的买主。

3."40 岁以上妇女"市场评估

我国 40 岁以上的妇女大约 1.5 亿，城市妇女占 30%，约 4500 万，也是个很大的消费市场。首先，这个消费群体"重功能，轻品牌"，她们比较看中产品功能，要得到实惠，企业在她们身上不易获得高额的利润。因为 40 岁以上的女性往往都有某一种或某几种自己认为比较适合的品牌。因此，这个市场的成长性较差，市场不易开拓。其次，这个市场的产品档次跨度大，高收入的职业女性要求购买的商品是有档次的，低收入者对价格的考虑是第一位的，档次的划分则次之。因此，企业很难适应档次差异的悬殊，企业赢利具有不确定性，进入这一市场有一定的风险。

（三）分析结论

根据上述对细分市场的分析及本公司提供的市场销售资料，"爱丽丝"化妆笔的细分市场应选择如下：

（1）年龄在 20 岁～40 岁之间。

（2）个人收入在 1000 元～1800 元之间。

（3）以经济发达的大、中型城市为主。

项目2 市场定位

【知识目标】

• 掌握选择目标市场及进行市场定位的方法

【能力目标】

• 能运用一定的方法为模拟公司选择目标市场，进行市场定位，实现企业经营目标

【任务分解】

工作任务1 目标市场选择
工作任务2 目标市场策略选择
工作任务3 目标市场定位

工作任务1 目标市场选择

工作流程

1. 分析模拟公司的细分市场
↓
2. 描述细分市场的轮廓
↓
3. 确定模拟公司目标市场的条件
↓
4. 确定企业可能进入的目标市场

相关知识

一、目标市场选择的概念

目标市场是指工商企业在细分市场的基础上，经过评价和筛选所确定的作为企业经

营目标而开拓的特定市场，即企业可望能以某种相应的商品和服务去满足其需求，为其服务的那几个消费者群体。目标市场选择是指企业从可望成为自己的几个目标市场中，根据一定的要求和标准，选择其中某个或某几个目标市场作为可行的经营目标的决策过程和决策。任何企业拓展市场，必须在细分市场的基础上，根据自身的资源优势，权衡利弊，选择合适的目标市场。市场细分与目标市场及目标市场选择是三个既有区别又密切联系的概念，如图 3-1 所示。

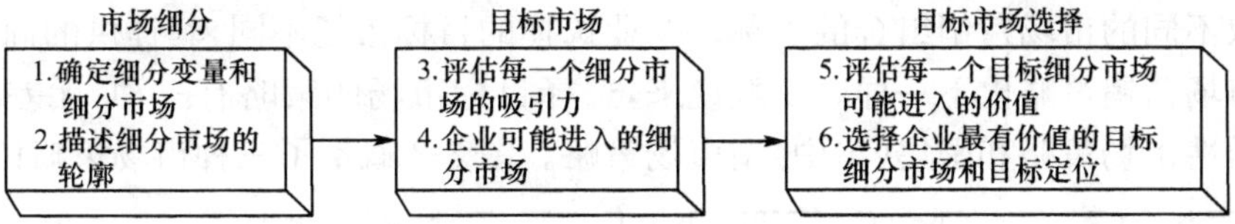

图 3-1 市场细分、目标市场和目标市场选择

二、选择目标市场的条件

目标市场的选择需要满足以下四个条件：

1. 有足够的市场需求

所选目标市场一定要有尚未满足的现实需求和潜在需求。理想的目标市场应该是有利可图的市场，没有需求而不能获利的市场谁也不会去选择。

2. 市场上有一定的购买力

即有足够的销售额。市场仅存在未满足的需求，并不等于有购买力和销售额。如果没有购买力或购买力很低，就不可能构成现实市场。因此，选择目标市场必须对目标市场的人口、购买力、购买欲望进行分析和评价。

3. 企业必须有能力满足目标市场的需求

在市场细分的子市场中，必须选择企业有能力去占领的市场作为自己的目标市场。

4. 在被选择的目标市场上本企业具有竞争的优势

竞争优势主要表现为：该市场上没有或者很少有竞争；如有竞争也不激烈，企业有足够的能力击败对手；该企业可望取得较大的市场占有率。

工作任务 2　目标市场策略选择

工作流程

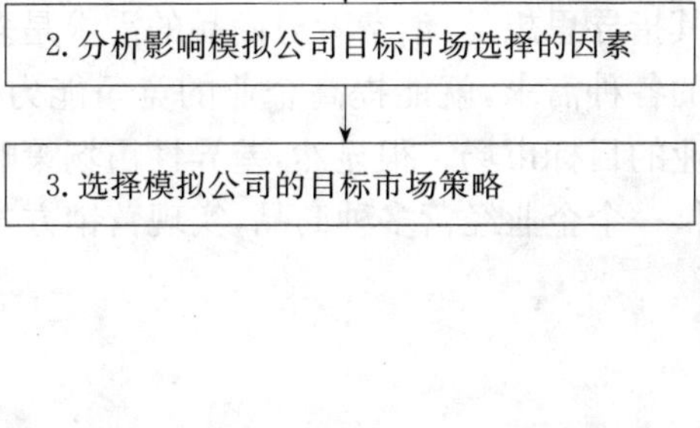

相关知识

一、选择目标市场策略

所谓目标市场策略，是指企业对客观存在的不同消费者群体，根据不同商品和服务的特点，采取不同的市场营销组合的总称。企业选择的目标市场不同，其提供的商品和服务就不同，市场营销策略也不一样。一般说来，选择目标市场的策略有三种：无差异性市场策略、差异性市场策略和密集(集中)型市场策略。图 3-2 概括了三种市场策略的差别。

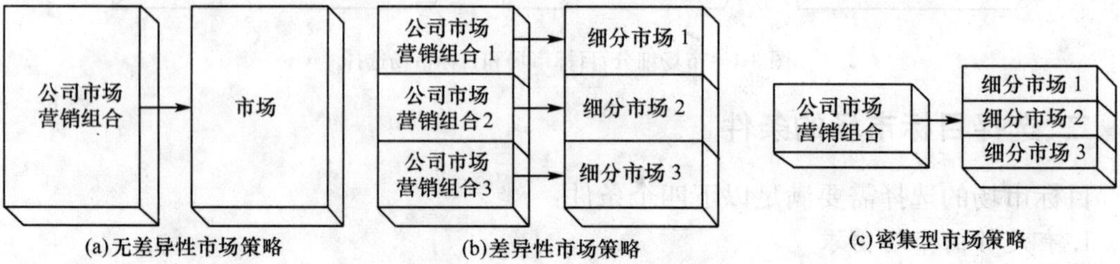

图 3-2　三种不同的市场策略

(一)无差异性市场策略

无差异性市场策略是指企业采用单一的营销策略来开拓市场，即企业着眼于消费者需求的同质性，把整个市场看成一个大市场，对市场的各个部分同等看待，推出一种商品，采用一种价格，使用相同的分销渠道，应用相同的广告设计和广告宣传，去占领总体市场的策略。其指导思想是：市场上所有消费者对某一商品的需求是基本相同的，企业大批量经营，就能满足消费者的需求，获得较多的销售额，因而把总体市场作为企业的目标市场。这一策略的最大优点是：由于大批量生产和经营，有利于企业降低成本，取得规模效益；由于不需要对市场进行细分化，可相应地节省市场调研和宣传的费用，有利于提高利润水平。此种策略的缺点是：难以满足消费者多样化的需求，不能适应瞬息万变的市场形势，应变能力差。因此，一般说来，选择性不强，差异性不大的大路货商品，供不应求的商品，具有专利权的商品等，宜于采用此策略。在生产观念和推销观念时期，它是大多数企业实施的营销策略。随着消费者需求向多样化、个性化发展，生产力水平和科技进一步发达，其适用范围正逐步缩小。

(二)差异性市场策略

差异性市场策略是指企业把整个大市场细分为若干不同的市场群体，依据每个小市场群体在需求上的差异性，有针对性地分别组织经销商品和制定营销策略。即组织不同的商品，根据不同的商品制定不同的价格，采用不同的分销渠道，应用多种广告设计和广告宣传，去满足不同顾客的需求。其指导思想是：消费者对商品的需求是多种多样的，企业通过经营差异性商品去满足消费者的各种需求，就能提高企业的竞争能力，占领较多的市场，因而选择较多的细分市场作为企业的目标市场。很显然，差异性市场策略的最大优点在于：全面满足消费者的不同需求，同时，一个企业经营多种商品，实现营销方式和广告宣传的多样性，能适应越来越激烈的市场竞争，有利于获取市场占有率，扩大企业销售额，提高企业信誉。其缺点在于：销售费用和各种营销成本较高，受企业资源和经济实力的限制较大。因此，差异性市场策略适用于选择性较强，需求弹性大，规格等级复杂的商品营销。

（三）密集（集中）型市场策略

密集型市场策略也称集中型市场策略。这是指企业把整个市场细分后，选择一个或少数几个细分市场作为目标市场，实行专业化经营，即企业集中力量向一个或少数几个细分市场推出商品，占领一个或少数几个细分市场的策略。其指导思想是：与其在较多的细分市场上都获得较低的市场份额，不如在较少的细分市场上获得较高的市场占有率。因而只选择一个或少数几个细分市场，作为企业的目标市场。密集型市场策略的主要优点在于：可准确地了解顾客的不同需求，有针对性地采取不同的营销策略；可节约营销成本和营销费用，从而提高企业的投资利润率。这种市场策略的最大缺点在于：风险性较大，最容易受竞争的冲击。因为目标市场比较狭窄，一旦竞争者的实力超过自己，消费者的爱好发生转移或市场情况发生突然变化，都有可能使企业陷入困境。因此，密集型市场策略经常被资源有限的中小企业所采用。因为它们所追求的不是在较大市场上占有较小的份额，而是要在较少的细分市场上占有较高的份额。

二、选择目标市场策略应考虑的因素

目标市场策略的选择主要应考虑以下几个方面的因素：

（一）企业资源

如果企业资源条件好，经济实力和营销能力强，可以采取差异性目标策略。如果企业资源有限，无力把整体市场或几个市场作为自己的经营范围时，则应该考虑选择密集型市场策略，以取得在小市场上的优势地位。

（二）商品特点

有些商品在品质上差异性较小，同时消费者也不加以严格区别和过多挑剔，此时可以采取无差异性市场策略。相反，对于服装、电视机、照相机等品质上差异较大的商品，则宜采用差异性市场策略或密集型市场策略。

（三）商品市场生命周期

企业应随着商品所处的市场生命周期阶段的变化来变换市场营销策略。当商品处于进入市场阶段时，由于竞争者较少，企业主要是探测市场需求和潜在顾客，这时宜采用无差异性或密集型市场策略；当商品进入饱和或衰退市场阶段时，企业为保存原有市场，延长商品市场生命周期，集中力量对付竞争者，应当采用密集型市场策略。

（四）市场特点

市场特点是指各细分市场间的区别程度。当市场消费者需求比较接近，偏好及特点大致相似，对市场营销策略的刺激反应大致相同，对营销方式的要求无多大差别时，企业可采用无差异性市场策略；若市场上消费者需求的同质性较小，明显地对同一商品在花色、品种、规格、价格、服务方式等方面有不同的要求时，则宜采用差异性市场策略或密集型市场策略。

（五）竞争状况

企业需针对竞争对手的实力和市场营销策略情况来选择自己的目标市场策略。当竞争者采取差异性市场策略时，企业就应当采用差异性市场策略或密集型市场策略对付之；若竞争对手力量较弱，则可采用无差异性市场策略或差异性市场策略。

企业选择目标市场策略时应综合考虑上述诸因素，权衡利弊方可做出正确的抉择。目标市场策略应相对稳定，但当市场形势或企业实力发生重大变化时则应及时转换。

三、目标市场的评价

发现目标市场是企业成功的关键，因而，为确定企业的目标市场，需从以下四个方面对目标市场进行评价。

（一）目标市场的需求潜量

目标市场的需求潜量是指在一定时期内，各细分市场中的消费者对某种产品的最大需求量。首先，细分市场应该有足够大的市场需求潜量。如果某一细分市场的潜量太小，则意味着该市场狭小，没有足够的挖掘潜力，企业进入后发展前景黯淡。其次，细分市场的需求潜量规模应恰当，对小企业来说，需求潜量过大并不利。一则需要大量的投入，二则对大企业的吸引力过于强烈。唯有对企业发展有利的潜量规模才是具有吸引力的细分市场。要正确估测和评价一个市场的需求潜量，不可忽视消费者（用户）数量和他们的购买力水平这两个因素中的任何一个。

（二）目标市场内的竞争状况

对某一细分市场，进入的企业可能会有很多，从而导致市场内的竞争激烈。这种竞争可能来自市场中已有的同类企业，也可能来自即将进入市场的其他企业，企业在市场中可能占据的竞争地位是评价各个细分市场的主要方面。很显然，竞争对手实力越雄厚，企业进入的成本和风险就越大。而那些竞争者数量较少、竞争者实力较弱或市场地位较稳固的细分市场则更有吸引力，可能加入新的竞争者，这是企业的潜在对手，他们会增加生产能力并争夺市场份额。

（三）目标市场与企业资源优势的吻合程度

企业进行市场细分的根本目的就是发现与自己的资源优势能够达到最佳结合的市场需求。企业的资源优势表现在资金实力、技术开发能力、生产规模、经营管理能力、交通地理位置等方面。既然是优势，就必须是胜过竞争者的。消费需求的特点如能促进企业资源优势的发挥将是企业的良机，否则，会出现事倍功半的情况，造成企业资源的浪费，严重时，甚至造成很大的损失。

（四）目标市场的赢利水平

企业十分关心细分市场提供的赢利水平。高投资回报率是企业所追求的，因而，必须对细分市场的投资回报能力作出正确的估测和评价。理想的目标市场应该是有利可图的市场，没有需求而不能获利的市场谁也不会去选择。

工作任务3　目标市场定位

工作流程

1. 分析模拟公司选择的目标市场
↓
2. 确定模拟公司的市场定位策略
↓
3. 确定模拟公司的目标市场定位步骤
↓
4. 对模拟公司进行目标市场定位

相关知识

一、目标市场定位

目标市场定位又称产品的市场定位，是指将企业整体形象及产品特性在消费者心目中的位置定格的过程。这里所说的企业整体形象包括企业的产品、经济实力、信誉以及对社会的奉献等多方面形象。市场定位的实质在于对已经确定的目标市场，从产品特征出发进行更深层次的剖析，进而确定企业的营销策略，并最终落实到具体产品的生产和销售中。企业的任务就是创造产品的特色，使之在消费者心目中占据突出的地位，留下鲜明的印象。

目标市场定位的目的在于获得产品的竞争优势。通常消费者对市场上的产品有着自己的认识和价值判断，提到一类产品，他们会在内心按自己认为重要的产品属性将市场上他们所知道的产品进行描述和排序。因此，企业要辨别目标市场上现存竞争对手及其产品的特色和地位，并决定自己产品的发展方向。

二、目标市场定位的策略

目标市场定位策略主要有以下几种情况：

（一）市场领先者定位策略

市场领先者定位策略是指企业选择的目标市场尚未被竞争者所发现，企业率先进入市场，抢先占领市场的策略。企业采用这种定位策略，必须符合以下几个条件：

（1）该市场符合消费发展趋势，具有强大的市场潜力。

（2）本企业具备领先进入该市场的条件和能力。

(3)进入的市场必须有利于创造企业的营销特色。

(4)提高市场占有率,使本企业的销售额在未来市场的份额中占有 40%左右。

(二)市场挑战者定位策略

市场挑战者定位策略是指企业把市场位置定在竞争者的附近,与在市场上占据支配地位的,亦即最强的竞争对手“对着干”,并最终把对方赶下现坐的市场位置,让本企业取而代之的市场定位策略。企业采取这种定位策略,必须具备以下条件:

(1)目标市场要有足够的市场潜量。

(2)本企业具有比竞争对手更丰富的资源优势和更强的营销能力。

(3)本企业能够向目标市场提供更好的商品和服务。

(三)跟随竞争者市场定位策略

跟随竞争者市场定位策略是指企业发现目标市场竞争者充斥,已座无虚席时,而该市场需求潜力又很大,企业跟随竞争者挤入市场,与竞争者处在一个位置上的策略。企业采用这种策略,必须具备下列条件:

(1)目标市场还有很大的需求潜力。

(2)目标市场未被竞争者完全垄断。

(3)企业具备挤入市场的条件和与竞争对手“平分秋色”的营销能力。

(四)市场补缺者定位策略

市场补缺者定位策略是指企业把自己的市场位置定在竞争者没有注意和占领的市场位置上的策略。当企业对竞争者的市场位置、消费者的实际需求和自己经营的商品属性进行评估分析后,如果发现企业所面临的目标市场并非竞争者充斥,而是存在一定的市场缝隙或空间,而且自身所经营的商品又难以正面抗衡,这时企业就应该把自己的位置定在目标市场的空档位置,与竞争者成鼎足之势。采用这种市场定位策略,必须具备以下条件:

(1)本企业有满足这个市场所需要的货源。

(2)该市场有足够数量的潜在购买者。

(3)企业具有进入该市场的特殊条件和技能。

(4)经营必须赢利。

当然,企业的市场定位并不是一劳永逸的,而是随着目标市场竞争者状况和企业内部条件的变化而变化的。当目标市场发生下列变化时,就需考虑重新调整定位的方向:

(1)当竞争者的销售额上升,使企业的市场占有率下降,企业出现困境时。

(2)企业经营的商品意外地扩大了销售范围,在新的市场上可以获得更大的市场占有率和较高的商品销售额时。

(3)新的消费趋势出现和消费者群的形成,使本企业销售的商品失去吸引力时。

(4)本企业的经营战略和策略作出重大调整时。

总之,当企业和市场情况发生变化时,都需要对目标市场定位的方向进行调整,使企业的市场定位策略符合创立企业特色,发挥企业优势的原则,从而取得良好的营销利润。

三、目标市场定位的步骤

（一）分析企业的竞争态势

企业竞争态势主要应从目标顾客、竞争对手、企业自身三方面进行分析，从客观分析中找到自身潜在的竞争优势。

(1)对目标市场进行相应的市场调查，明确目标顾客的需求以及这些需求的满足程度，目标顾客期待这些需求以什么方式得到满足等。

(2)对市场的竞争环境进行分析，主要侧重于对竞争对手的分析。竞争对手的产品特性、产品定位、营销手段及其生产经营状况等都应列入考察范围。

(3)客观评价企业自身，包括企业具有的优势和劣势。

（二）运用市场结构图，明确目标市场定位

1. 建立市场结构

任何一种产品都有许多属性或特征，如价格的高低、质量的优劣、规格的大小、功能的多少等。其中任何两个不同的属性变量就能组成一个坐标，从而构建起一个目标市场平面图。

以产品的价格和质量分别作为横纵坐标变量建立一个坐标来分析目标市场是非常普遍的做法，因为任何产品的这两个属性特点都是消费者最关心的。当然，根据不同的产品，企业也可选择消费者关心的其他属性，如规格-速度组合用于分析旅游用客车市场；口味-重量组合用于分析咖啡市场等。图 3-3 是以价格和质量为变量对计算机市场的一个分析。

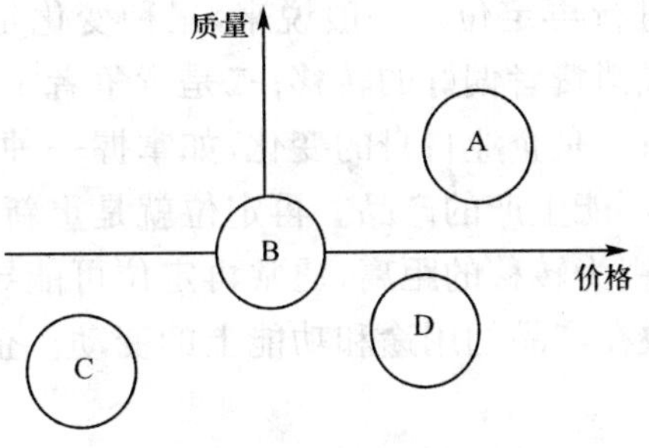

图 3-3　市场结构图

2. 在市场结构图上大致描绘出竞争状况

目标市场定位的第二步就是在市场结构图上标明现有竞争者的位置（坐标平面上的点）及其市场份额大小（圆圈的面积）。以图 3-3 为例，A、B、C、D 四个圆圈分别代表目标市场上已有的四个竞争者，圆心的坐标反映其在目标市场中的实际定位，圆圈的面积大小则说明各个竞争者的销售额大小。我们可以看到，A 是计算机市场中颇有声望的企业，它生产的是优质、优价的产品；B 企业生产的是质量中等的中档产品；C 企业占据着低档产品市场部分，以低价提供低质的产品；D 企业以高价提供着质量低劣的产品。这四个企业中 A 企业的销售情况最好，市场份额最大。

3. 选择相对竞争优势

企业通过分析，会发现自身有若干潜在的竞争优势，但是，并非所有的潜在竞争优势

都能成为市场上的竞争优势。如有的潜在竞争优势过于细小，展示成本过高或与企业形象不大一致等。因此，就存在一个选择问题，即选择优于对手的或较经济的相对竞争优势。此外，相对竞争优势的选择必须注意，这一优势能够得到市场认可。例如，新加坡的瓦斯汀·斯坦福旅馆拥有世界上最高的宾馆建筑，较其他宾馆而言，楼高是相对竞争优势，但是，定位于世界上最高的宾馆，并未带来显著的收益。因为，这一优势不被市场所认可，旅游者看中的是宾馆所提供的方便、舒适的住宿环境，而并非宾馆的楼有多高。

针对相对竞争优势的选择，经常会出现三类市场定位方面的错误：

(1)过低定位。市场定位不到位，购买者对企业或产品只有一个模糊的概念，或是说他们根本不知道企业或产品的特殊之处。太太口服液的全面定位就是一种过低定位。

(2)过高定位。企业传递给购买者的定位概念过于狭窄。对于同一目标市场，过高定位使购买者对企业或产品的认识较为局限。

(3)混乱定位。企业向市场传递的定位信息混乱，没有统一性，购买者对企业或产品缺乏一致的认识。企业总在不断地试探市场对企业定位于不同的相对竞争优势时的反应。

4.初步确定定位方案

首先对企业进行不同的定位，制订不同的定位方案，然后分析、评价各种可能的方案后，选出最理想的作为初步的定位方案，经详细论证后，由企业决策者确定最终定位方案。

(三)修正定位方案和再定位

企业的定位是否准确是关系到企业成败的关键，所以在初步定位完成后，还应做一些调查及试销工作，及时找到偏差并立即纠正。即使初步定位正确，还应看到市场环境的动态变化，随时准备对产品进行再定位。一般说来，三种变化是促使企业考虑再定位的力量：一是消费需求的萎缩或消费者偏好的转移；二是竞争者定位策略和实力的改变，威胁到企业在目标市场的发展；三是企业自身的变化，如掌握一种尖端生产技术，使生产成本大幅度下降或能生产原先不能生产的产品。再定位就是重新定位，可以视为企业的战略转移。前后定位的差异可视为转移的距离，通常再定位可能导致产品的名称、价格、包装和品牌的更改，也可能导致在产品的用途和功能上的变动。企业必须考虑定位转移的成本和新定位的收益问题。

(四)显示独特的竞争优势

企业选定的竞争优势需要通过各种营销手段将其显化并植入目标顾客的脑海中，如何达到这一目标，这就需要企业做好三方面的工作：

1.建立与市场定位一致的形象

目标顾客只有对市场定位认同、喜欢甚至偏爱，才能实现对企业产品的有效识别。只有对产品的市场定位认同，才能逐渐接受，并内化为一种观念，从而产生偏爱。产品、品牌及企业的形象是市场定位的外在表现，目标顾客可直接接触到。因此，企业需要通过各种营销手段建立产品、品牌及企业形象，并保证它们能充分体现企业所要传递的市场定位。

2.巩固与市场定位一致的形象

目标顾客对企业的市场定位及形象的认识，是一个持续的过程，即不断地由浅入深、由表及里和由偏到全的深化过程，具有明显的阶段性。所以，企业应当通过大量重复的信息冲击，在目标顾客脑海中为自己的市场定位谋得一席之地，并使之牢牢扎根；加强与目标顾客的信息沟通，不断地提供新观点、新论据，以支持本企业的市场定位；加强与目标顾客的感情交流，引导其感情倾向于对市场定位的认同甚至偏爱。

3. 矫正与市场定位不一致的形象

营销组合的运用有时会产生不协调，这样可能会导致市场传递的失真，造成目标市场顾客对市场定位的理解出现偏差，就会影响其高档化的定位。斯沃琪(S-WATCH)若像其他瑞士名表一样，只摆在珠宝店的橱窗内，就不会成为流行时尚的代名词。

拓展知识

一、《市场定位图》图式

图 3-4 是根据市场定位理论，联系某企业市场开发项目设计的“市场定位图”。定位图表明 H 家电生产厂准备进入电冰箱市场。通过市场调查分析，了解到消费者对产品最为关注的是质量水准和价格高低；又了解到这一市场上已有 A、B、C 三个生产厂家，其市场定位位置和市场占有份额如图 3-4 所示。

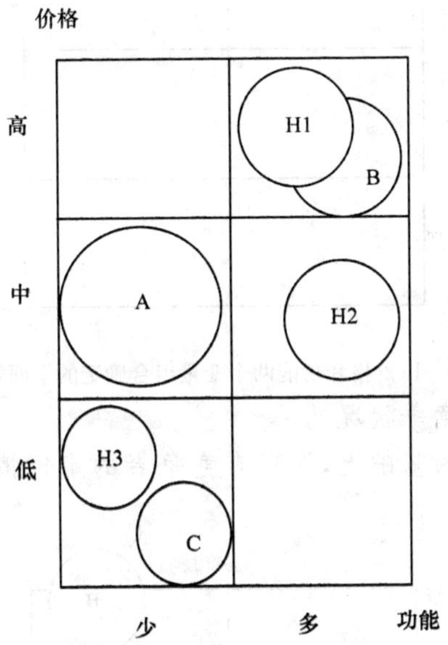

图 3-4 H 家电生产厂市场定位图

“市场定位图”是以矩阵表为基础设计的，图中圆圈表示竞争对手的定位位置与企业自己的定位方案，圆圈的大小表示一定的企业及其占有的市场份额大小。

二、《市场定位图》设计

第一步：调查影响市场定位的因素

1. 竞争对手的市场定位状况

要了解竞争者的产品市场定位，产品的特色是什么，在顾客心目中的形象如何，衡量竞争者在市场中的竞争优势。

2. 目标顾客对产品的评价标准

要了解购买者对所要购买的产品的最大愿望和偏好，以及他们对产品优劣的评价标准是什么。不同产品的评价标准是不同的。一般来说,消费者主要关心的是产品功能、质量、价格、款式、服务、节电、低噪音等。

3. 企业的潜在竞争优势

一般地说竞争优势有两种形式:一是在同样条件下比竞争者价格可以更低,从而在价格上具有竞争优势;二是可以提供更多的产品、具备更多的特色,可以更好地满足顾客需求,从而在产品特色上具有竞争优势。

第二步:确定产品定位的依据

在对消费者调查的基础上,确定产品定位的依据。一般来说影响产品定位的因素主要有产品功能、质量、价格、款式、服务、节电、低噪音等。

根据消费者对产品评价最关注的因素以及这些定位因素的不同组合,可以绘制不同的定位图。为分析方便,要求采用价格和功能两个变量组合确定的平面定位图,如图 3-5 所示。

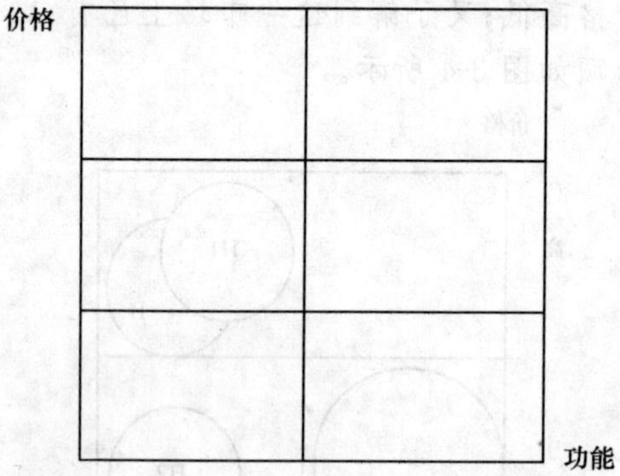

图 3-5 以价格和功能两个变量组合确定的平面定位图

第三步:明确目标市场竞争状况

在对竞争者调查、分析的基础上,把现有竞争者的定位情况在定位图上标出来,如图 3-6 所示。

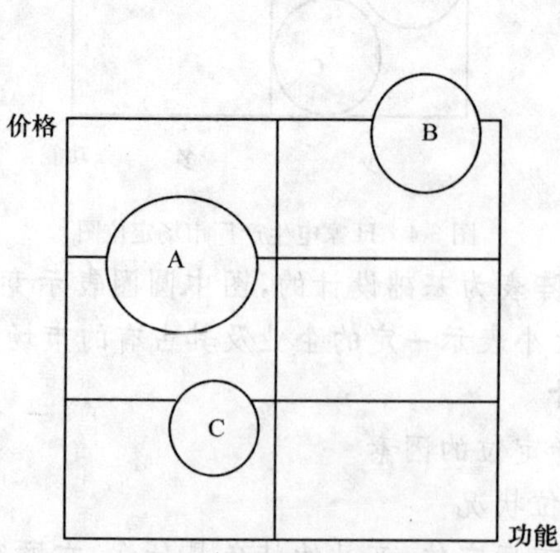

图 3-6 现有竞争者的定位情况

上图中三个圆圈分别表示三家竞争对手,A 企业生产的是中等价格、较少功能的产品,市场规模最大;B 企业生产的是高价、多功能的产品,市场规模一般;C 企业生产的是低价、少功能的产品，市场规模最小。

第四步：确定企业产品的市场定位

企业根据市场、竞争状况，准确判定企业的竞争优势所在，选择合适的定位战略，进行正确的市场定位。图 3-7 中 H1、H2、H3 表示三种市场定位方案。

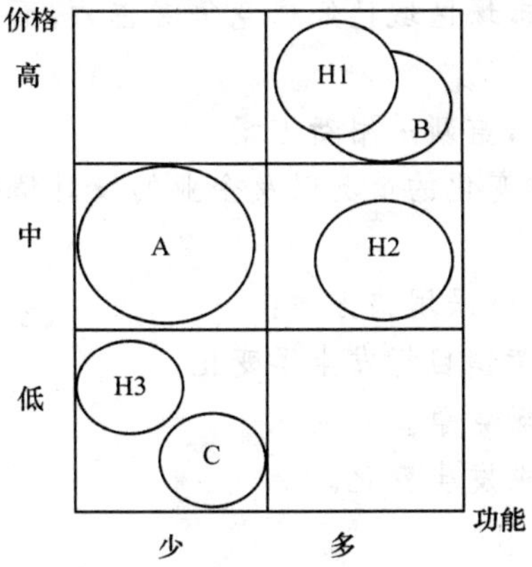

图 3-7 电冰箱市场定位图

三、《市场定位图》分析

1. 运用“填补定位”策略，采用 H2 定位方案

填补定位可以避开竞争，迅速在市场上站稳脚跟，并能在消费者或用户心目中迅速树立一种形象。这种定位方式风险较小，成功率较高，常常为多数企业所采用。

如果本企业能以较低的成本，生产出高质量的产品的话，运用“填补定位”策略，应该采用 H2 定位方案，在这个市场上没有竞争对手，有利于企业成功。

定位注意：

(1)研究市场的空白处是因为没有潜在的需求，还是竞争对手无暇顾及。

(2)如果确定存在潜在需求，就要考虑这一市场部分是否有足够的需求规模，是否足以使企业有利可图。

(3)要客观地考虑企业的营销管理能力是否能胜任市场部分的开发，自身是否有足够的技术开发能力去提供足够的产品。

2. 运用“并列定位”策略，采用 H3 定位方案

并列定位有一定的风险性，但不少企业认为这是一种更能激励自己奋发向上的可行的定位尝试，一旦成功就会取得巨大的市场优势，因为这个市场部分肯定是最有利可图的部分。

如果本企业实力有限的话则可以运用“并列定位”策略，应该采用 H3 定位方案，在这个市场上竞争对手的力量也很有限，有利于小企业成功。

定位注意：必须知己知彼，尤其应清醒估计自己的实力，不一定试图压垮对方，只要能够平分秋色就是巨大的成功。

3. 运用“对抗定位”策略，采用 H1 定位方案

对抗定位的目的在于企业准备扩大自己的市场份额，有决心并且有能力击败竞争者。

如果市场上对优质高价电冰箱需求量较大，且本企业具有比 B 企业实力更强，能开

发出更好的产品的优势，运用“对抗定位”策略，应该采用 H1 定位方案。

定位需注意在以下情况下企业可以采用对抗定位：

(1)实力比竞争者雄厚。所谓实力，是指企业的产品开发、科研、销售、筹资、广告、宣传、形象战略诸方面的综合体现。

(2)企业所选择的目标市场区域已经被竞争者占领，而且不存在与之并存的可能性，企业有把握赢得市场。

4. 运用“重新定位”策略，重新采用新方案

重新定位需要根据具体变化的情况以及企业的设计情况重新制订新方案，进行重新定位。

定位需注意有以下情况时采用该方案：

(1)企业的经营战略和营销目标发生了变化。

(2)企业面临激烈的市场竞争。

(3)目标顾客的消费需求发生变化。

工作实施

模拟公司“市场定位图”的设计与分析

一、目标

通过本训练，使学生能够掌握市场定位的基本技能，能够根据消费者对产品的偏好标准和竞争对手的市场定位，独立设计《市场定位图》，并进行定位分析，为学生将来自己创业奠定一定的业务基础。

二、步骤

1. 对某产品品牌定位战略分析讨论，引出目标市场策略和市场定位策略的相关知识点。

2. 提出实训项目，指导学生以讨论的方式明确本企业的市场定位，通过网络获取信息，论证观点。

3. 形成模拟公司的市场定位分析报告，并派小组代表上台发言。

4. 授课教师做总结点评。

三、考核标准

评分项目	分 值	得 分
准备充分，包括理论知识和案例的准备	10	
案例分析过程中有理有据，逻辑清晰，能结合所学知识点提出自己的观点	30	
小组讨论积极参与，认真思考，能提出富有建设性的意见	20	
完成市场定位图设计与分析过程中，分工明确，富有团队精神，掌握搜集整理信息的方法	10	
形成结构合理、观点明确的市场定位图的设计与分析报告。上台表述的同学神态自然、口齿清楚、语言流利，观点正确，能吸引听众的注意	30	
总 分	100	

四、注意事项

1. 提前布置，教师应课前将案例分析的资料发给学生，让学生早做准备，以取得良好

的课堂讨论效果。

2. 课堂案例分析讨论随教学内容灵活穿插安排，时间以50分钟为宜。

3. 授课教师引导学生对上节课所做的市场细分进行进一步思考，修正深化后提出市场定位的观点。

五、范例

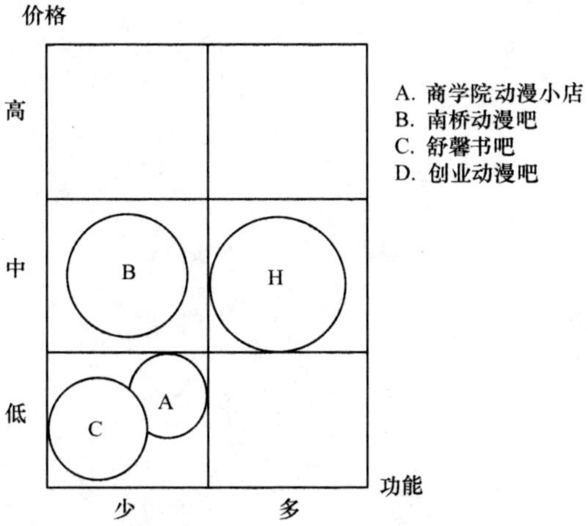

图 3-8　上海奉浦地区"创业动漫吧"市场定位图

针对上海奉浦地区的相关竞争状况，绘制了以上的市场定位图。该图说明了我们创业动漫吧项目要进入的目标市场。该图中横坐标代表功能的多少，纵坐标代表价格的高低，其中A代表上海商学院食堂三楼的动漫小店，其功能主要是外借动漫书籍和少量的周边产品，功能不是很多，价格比较低，且辐射范围只有商学院学生，相对比较狭窄。B代表南桥动漫吧，它的辐射范围比较广，南桥镇的居民及流动人口都是他们的顾客，而且价格适中，但功能和商学院动漫小店差不多。C代表舒馨书吧，是专门外借书籍的店铺，功能较少，且规模不大，价格也偏低。H代表我们的创业动漫吧项目，定位在价格中等，功能较多的那一栏，欲以特色服务来打开市场。

以上"市场定位图"显示，我们创业动漫吧的市场定位方案采用的是"填补定位"策略。即为避开市场已有的竞争对手，将产品定位在目标市场的空白部分，能够迅速在市场上站稳脚跟，并能在消费者或用户心目中迅速树立新的品牌形象。这一方案风险较小，成功率较高。而且我们也有多功能经营的能力，在奉浦地区也有足够的需求规模，能够达到我们的经营目标。为此，创业动漫吧的市场定位是正确可行的。

学习情境四

营销策划

【案例引入】

美国王安电脑公司曾经拥有帝国般的辉煌。20世纪60年代以后，王安公司屡屡推出新产品，此后称雄达十多年。80年代中后期，当IBM等公司都已致力于更廉价和更多功能的个人电脑时，尽享成功喜悦的王安自傲于自己产品在设计和科技水准上的优势和声誉，未认识到在电脑市场上个人电脑正在迅速崛起，仍坚持以中型机为主攻方向。王安自以为是，不听各方忠告，拒不开发新产品，致使公司的产品趋于老化而缺乏新生代，公司从90年代开始亏损。1990年其亏损额达到7.16亿美元；1991年为3.86亿美元；1992年为3.57亿美元。这时，王安公司的销售额已下降到19亿美元，员工人数为8 000人左右。王安公司由盛而衰，败走麦城，其中十分重要的原因在于产品开发。

【工作项目】

根据学习情境三中各个模拟公司进行的市场细分和定位，请为模拟公司策划以下工作：

项目1　新产品策划

项目2　产品组合策划

项目3　产品品牌策划

项目4　产品定价策划

项目5　产品分销渠道策划

项目1 新产品策划

【知识目标】

- 掌握新产品开发的方法与过程
- 掌握产品生命周期各阶段的营销策略

【能力目标】

- 能够进行新产品的营销
- 能够根据产品生命周期的不同阶段选择相应的营销策略

【任务分解】

工作任务1 确定新产品开发的形式

工作任务2 确定新产品开发的策略

工作任务3 选择产品生命周期各阶段的营销策略

工作任务1 确定新产品开发的形式

工作流程

1. 根据市场细分情况，分析模拟公司的产品

↓

2. 研究模拟公司产品的开发情况

↓

3. 明确模拟公司经营产品的开发原则

↓

4. 确定模拟公司新产品开发的形式

相关知识

一、新产品开发的种类

市场营销学上的新产品可定义为:企业向市场提供的较原先已经提供的有根本不同的产品。这种产品具有与其他同类产品不同的特点,并能给用户带来某种新的利益。营销意义上的新产品应具备以下条件:在结构、性能、材质、技术特征等某一方面或几方面有显著改进、提高或独创;具有先进性、实用性,能提高经济效益,具有推广价值;在一个省、市、自治区范围内是第一次试制的新产品。新产品的种类一般来说可以分为两类,即非连续性新产品和连续性新产品。

1. 非连续性新产品

非连续性新产品是生产厂家运用现代新科技、新工艺、新材料生产制造出来的用以交换的全新产品。这种产品的结构、造型、性能均是全新的,它与市场上已有的产品无雷同之处,它不是在老产品的基础上经过革新的产品,也不是同类产品中的仿制产品,而是科技人员创造、发明的前所未有的全新产品。由于该类型产品是不承接旧产品的结构、性能、外观而重新设计、制造的,因此被称为非连续性新产品,即全新型新产品,如汽车、电视、电子计算机最初上市时,都属全新产品。

2. 连续性新产品

连续性新产品是指新产品在原有旧产品的基础上,运用新原料、新工艺对整体产品中任何一部分的创新或改进,具有新特征、新性能及新用途等。

二、新产品开发应遵循的原则

新产品开发应遵循以下三个原则:

1. 新产品必须有市场潜力

新产品开发是从营销观念出发所采取的行动,因此首先必须是适应社会经济发展需要,适销对路的产品。若不能满足一定市场需求,或虽能满足某一需求但需求量太小的产品,对企业而言再新也没有意义。

2. 企业新产品的开发必须有相应的开发和生产能力

新产品开发是一项高风险、高投入的活动,首先应明确所开发的新产品按企业的技术水平、财务承受能力能否完成,会不会因这些客观条件限制而夭折。其次,新产品研制出来后,企业的生产条件(资金、技术、原材料等)是否具备。企业开发新产品的主要目的是自己生产后投入市场以获取较高利润,如果有了新产品而不能批量生产,新产品开发的经济效益就会大大降低。

3. 新产品开发必须坚持开发与管理并重

新产品开发又是一项非常复杂的活动,要消耗企业的大量资源,开发管理不仅包括对开发计划实施过程的管理,而且包括可行性研究、开发规划制订以及营销方案制订等一系列的工作,因此,开发管理也是新产品开发成功的重要保证。

三、新产品开发的形式

新产品开发主要有以下四种形式:

1. 独立研制

独立研制是指企业完全依靠自己的科研、技术力量研究开发新产品。这是新产品开发的基本形式，也是有独立研制能力的大企业产品创新的力量所在。这种方式可以密切结合企业的优势和特点，容易形成本企业的产品系列，使企业在某一方面具有领先地位。但相应投入大量的人、财、物，有很大的风险。采用这种方式应当慎重，注意取他人之长，集众家智慧，力求新产品开发成功。

2. 技术引进

技术引进是指从企业之外引进先进技术、购买专利来开发新产品。引进有两种形式：一是引进样品进行仿制；二是引进先进的工艺技术，用于新产品的设计生产。这种方式可缩短开发时间，节约研制费用，风险也较小，而且可促进企业技术水平和生产效率乃至产品质量的提高。在企业科研、技术能力有限的情况下是一种有效的方式，可通过加快开发速度，尽快推上市场而获利。但企业引进的技术，通常是已经开发出来的技术，因此有必要对其新的程度和市场容量进行分析，估计自身的竞争能力。从国外引进的技术，要对技术的成熟程度、先进性、适应性及经济性进行充分论证，防止某一方面考虑不周给企业带来不利。

3. 研制与引进相结合

研制与引进相结合是指企业的某种新产品的部分技术是自己研制出来的，另一部分是从企业外部引进的。这种新产品开发方式得以成功的关键在于企业要抓好技术知识的转换工作，同企业已有的技术合成，或是引进新技术以弥补不足，或是在充分消化吸收引进技术的基础上，结合企业已有技术进行创新。这种方式采取两条腿走路方针，投资低、见效快，产品有一定的先进性和特色，并能促进企业的技术改造和创新，是一种较好的开发方式。

4. 协作研制

协作研制指企业之间、企业和科研、教学单位之间协作进行新产品开发。它有利于充分利用社会的科研能力，弥补企业力量不足，把科技成果转化为生产力，促使其商品化，比较符合建立市场经济体制过程中我国企业和科研、教学单位的实际需要。

工作任务 2　确定新产品开发的策略

工作流程

1. 根据市场细分情况分析，模拟公司产品

↓

2. 确定模拟公司产品开发过程

↓

3. 分析模拟相关产品的营销策略

↓

4. 确定模拟公司新产品开发的策略

相关知识

一、新产品开发的过程

新产品开发工作极其复杂，必须考虑到企业的生产技术特点、新产品本身的复杂程度和开发的方式，按照科学的程序进行。新产品开发过程一般包括以下几个环节，如图4-1所示。

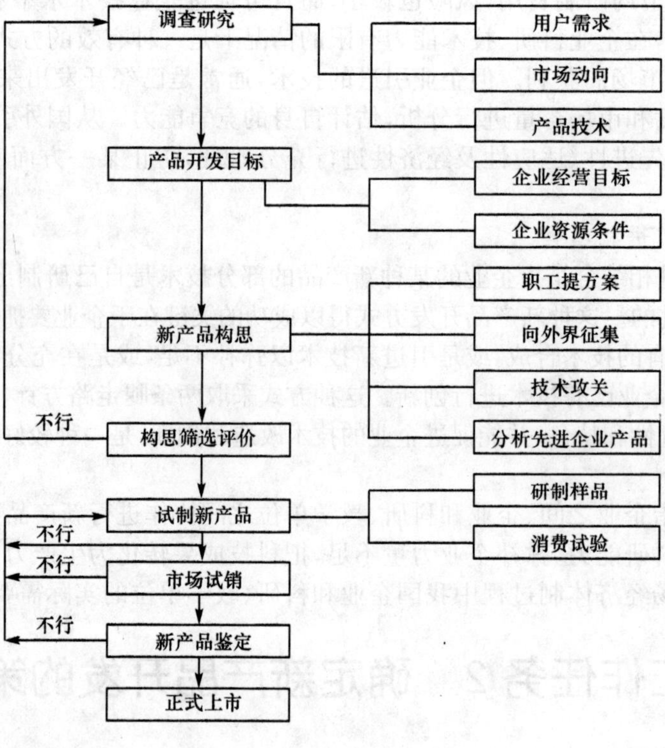

图4-1 新产品开发程序示意图

二、新产品开发的策略

新产品开发主要有以下六种策略：

（一）抢占市场策略

在高速发展的市场上，加快新产品的开发速度，就能够在市场上捷足先登，获得丰厚的利润，建立起自己在经营上的优势。

（二）超越自我策略

这种策略的着眼点在长远利益，而不在眼前利益。逼着自己在新产品开发和生产能力的提高上都走在竞争者的前面，能在当今激烈的市场竞争中“笑到最后，笑得最好”。

（三）迟人半步策略

在新产品开发上，“先发制人”往往能占先机，但迟人半步，跟随超越的威力也不可小觑。所谓迟人半步，就是等别的企业推出新产品后，立即加以仿制或改进，然后推出自己的产品，进行追随性竞争，以此来分享市场收益。采用这种策略基于以下两点理由：

(1)任何新产品都不可能一锤定音，完美无瑕。迟人半步，可以巧取他人之长，借用他人的力量，沿着铺就的道路，求得适合自身发展的捷径。

(2)客观上，现代企业产品之间的竞争，重要的不是谁的产品先推出，先入市，而是看谁的产品质量最优、功能最全、价格最低。所以，只要自己的产品能从质量、功能、价格等方面超人，即使“迟人半步”也照样能胜人。

（四）借脑生财策略

新产品开发要以高科技为依托，加大新产品的技术含量。企业都要全力以赴，寻找大专院校、科研单位、专家作后盾；通过技术引进和技术合作，借脑开发新产品，培植新优势，树立企业新形象。

（五）差异化策略

新产品开发贵在创新。《四书》中说：人无我有则新，人新我精则妙，人妙我奇则智。企业若能以此为原则，不断开发新产品，定会立于不败之地。企业在研制新产品时，应考虑到与其他同类产品的差异性，向消费者提供具有明显特色的产品，给消费者一种标新立异的印象，以此增强产品的吸引力和竞争力。

（六）市场扩散策略

在新产品的市场扩散中，在准确把握市场机遇，正确确定上市时机的同时，有两种策略可供选择：

1. 渐进策略

渐进策略，即企业在扩散新产品时有选择地进入主要的市场或特定地区，而不是一次进入所有的市场。其优点是：比较稳妥；能使新产品的产量增加与市场的扩大协调起来；有利于企业计划的不断完善；即使出现一些问题，也能得到及时的处理，不会造成重大损失。但采用该策略时，产品推广速度较慢，收益增长率较低，潜在竞争者的威胁较大。

2. 急进策略

急进策略，即企业在新产品试销充满希望的前提下，将新产品全速推进到企业预期要占领的各个市场。使用该策略时见效快，收益增长率高，能有效地防止竞争者的威胁，但推广新产品所花的促销费用较高，而且有一定的风险。因此，企业必须在正确预计新产品推广前景的情况下才能使用。

无论是选择渐进策略还是急进策略，都要有周密的计划，且要与企业的实际生产能力相协调。

工作任务3　选择产品生命周期各阶段的营销策略

工作流程

1. 分析模拟公司经营的产品所处的生命周期阶段

↓

2. 分析该行业产品生命周期的状况

↓

3. 根据产品不同生命周期，选择相应的营销策略

↓

4. 确定模拟公司产品生命周期的策略

相关知识

一、产品市场生命周期的概念

产品市场生命周期是指一种产品从投入市场开始到退出市场为止的周期性变化的过程。产品生命周期是指产品的经济寿命，即产品在市场上销售的时间，而不是使用寿命。产品的使用寿命是指产品的自然寿命，即具体产品实体从开始使用到消耗磨损以至废弃为止所经历的时间。

从理论上分析，完整的产品市场生命周期可分为投入期、成长期、成熟期和衰退期四个阶段，如图 4-2 所示。

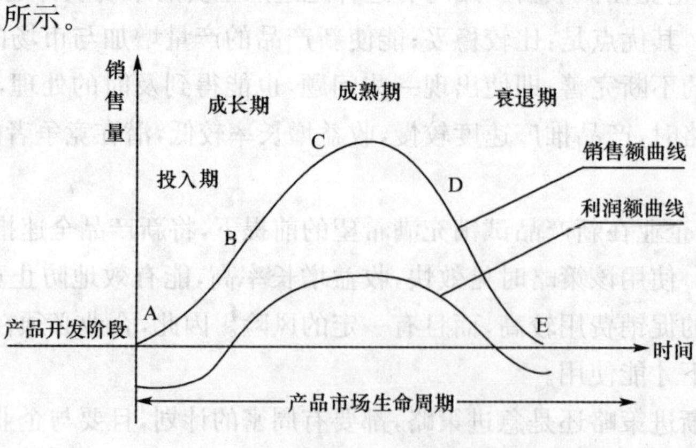

图 4-2　产品市场生命周期曲线图

在图 4-2 中，A→B 段为投入期，是新产品投入市场、销售量缓慢增长的阶段；B→C 段为成长期，销售额迅速增长；C→D 段为成熟期，销售额缓慢增长并到达高峰后开始下滑；D→E 段为衰退期，销售额急剧下降，产品即将退出市场。图 4-2 中利润曲线的变化趋向与销售额曲线大体相同，但是变化的时间却不一样。当销售额曲线还在上升时，利润额曲线已开始下降了，这是由于竞争而压低了售价所造成的。

图 4-2 所表示的产品市场生命周期曲线只是产品市场生命周期的典型表现形态。但丰富多彩的产品市场生命周期曲线除了典型表现形态以外，还有其他表现形态。如有的产品在进入成熟期后，并未顺次进入衰退期，而是又进入第二个成长期（如图 4-3 所示）。而时髦产品和某些季节性产品一投放市场便立即掀起销售高潮，很快进入成熟期，并很快退出市场（如图 4-4 所示）。

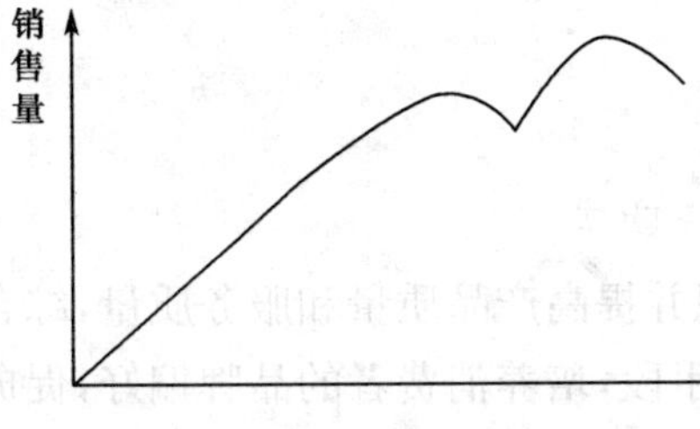

图 4-3　第二个快速成长期曲线图

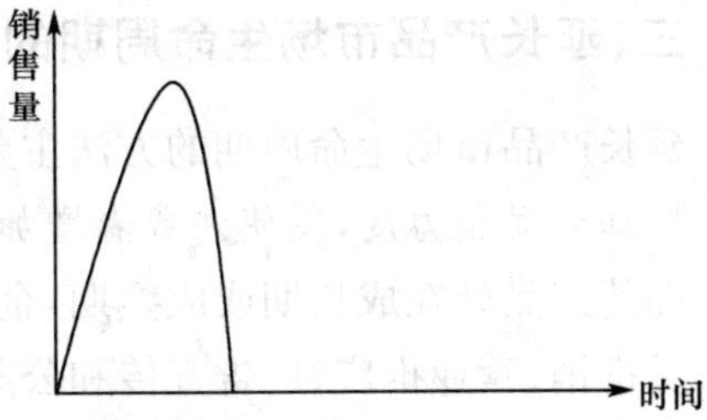

图 4-4　时髦产品市场生命周期曲线图

二、产品市场生命周期各阶段的特点及营销策略

产品市场生命周期的不同阶段有不同的特点，需要制定不同的市场营销策略，如表 4-1 所示。

表 4-1　产品生命周期各阶段的特征与对策

		投入期	成长期	成熟期	衰退期
特征	市场需求状况	确认市场对新产品的需要量，新产品上市试销，其销售量非常低	需要量急剧增加，市场规模急速扩大，销售量快速增长	需要量横向发展，老顾客更换旧品，只有少数新的消费者，销售增长缓慢	由于新产品的出现，产品的销售每况愈下，销售量迅速下降
	市场抵抗性	市场抵抗性强，开始展开试销，少数人使用	市场抵抗性弱，使用频率提高，也有再度购买的情况	无抵抗性，市场完全被开发，市场占有率呈巅峰状态	市场占有率降低，市场规模逐渐萎缩
	消费者	创新的顾客	市场大众	市场大众	延迟的顾客
	经销商	经销商虽存疑心，但开始尝试销售	经销商积极地销售，逐渐提高销售量	经销商已完全掌握市场，各自相互竞争	经销商兴趣降低，数量也剧减
	竞争者	竞争对象最少，竞争缓和	竞争对手增加，彼此竞争激烈	竞争对手最多，有的只好半途退出，非价格竞争非常激烈	竞争对手锐减，但尚有若干对手存在
	营销费用	推广费用高	推广费用低	推广费用高	推广费用低
	利润	无多少实际的收益	单位利润达到最高状态	单位利润稳定，总利润达到最大状态	总利润逐渐降低

（续表）

		投入期	成长期	成熟期	衰退期
对策	策略特点	市场扩张	市场渗透	巩固占有率	酌情退出
	营销重点	产品知晓	品牌偏好	品牌忠诚	选择性
	产品	基本的	改进的	多变的	合理的
	价格	高价或低价	较低价	最低价	低价
	促销	信息培训	强调差异竞争	以提醒为导向	最小化促销
	分销	零星的	增加网点	网点最大化	尽可能减少网点

三、延长产品市场生命周期的方法

延长产品市场生命周期的方法主要有以下四种：

1. 加大促销力度，促使消费者增加使用频率，扩大购买

即使产品处在成长期或成熟期，企业仍然要重视并提高产品质量和服务质量，综合运用人员推销、营业推广、广告宣传和公共关系等促销手段，培养消费者的品牌偏好，促成购买习惯，增加使用频率，以扩大销售。

2. 对产品进行改进

要根据产品的市场反应，改进产品的特性，开发产品的功能，革新产品的造型包装，增加产品的美感，以巩固老客户，争取新顾客。

3. 开拓新市场，拓展顾客群

由于不同区域的市场消费存在着明显的差异性，企业可以利用这种差异开拓新的市场领域。如有的产品在本地市场已开始衰退，可以转销外地市场，城市市场滞销可以向农村市场发展。对消费者也是如此，有的产品可以先争取女性顾客然后再争取男性顾客，满足了儿童市场需求再开拓老年市场等。

4. 开拓产品新的使用领域

有的产品用途随着生产力的发展、科技水平和消费水平的提高而不断拓展。当产品新的用途一旦开拓出来，其市场生命周期必然得以相应的延长，如纸，过去主要用于书写和印刷，后扩展到餐巾纸、装饰纸、卫生纸、纸桌布等，用途多了，销量就大，市场生命周期就长。

拓展知识

新产品推销说服术

1. 店主：这个牌子不是你们这类产品中最好的，为什么我还要进它呢？

推销员：不是每个品牌或规格都是同类产品中最好的，但是由我们生产或推出的每个品牌或规格都能真正给您带来生意和利润上的增长。

2. 店主：没有顾客提出需要购买这种品牌。

推销员：老板，今天我向您推出这种品牌的原因是，顾客在别的商店已经在购买这种品牌，您应该知道，冲动型购买强烈地影响着顾客的决定。

3. 店主：我不能进这种规格的产品，我没有足够的货架位置。

推销员：老板，因为消费者有着各种各样的需求，即使您这里存在着货架不足的问题，您也应该购进这种产品，以满足消费者在您这里购买这种产品的需求。

4. 店主：我以前进过这种产品，但我花了一个月的时间才卖光。

推销员：您上次进这种产品的时候，它的销售量已经在稳定增长，过去您用一周卖三箱，那么我认为现在您将卖得更好。从您这里购买这种产品的消费者或许愿意从各种产品和规格中做出选择，所以我建议您再一次尝试购进这种产品。

5. 店主：我现在已经有了这种品牌的三个规格，不想再进第四种。

推销员：

(1)这种品牌的销售量是相当大的，其中每个规格都是适应消费者某种需要的，请您记住这点：您有很多类型的顾客，他或许来自一个大家庭，或许是单身，或许是老年人，但您必须尽力吸引100%的顾客，所以我建议您进两箱这种规格的产品以满足您100%的顾客的需求。

(2)我相信，您愿意您商店内的每一种产品都能带来最大的销售量和利益，所以您进这种品牌三个规格的原因在于这三种规格都卖得很好，而我向您推荐的第四种规格也将给您带来很高的利益，据当地调查结果显示，这种规格比您货架上现有的某些产品卖的都要好，所以您不应该拒绝它给您带来的利益。

6. 店主：等你们的广告打响了之后我再进你们的产品。

推销员：

(1)老板，我并没有让您提前六个月购进这种产品，我们将在四周后开始这种产品的广告，而您将在十天后得到这种产品，这样您就可以在广告开始之前布置这种产品的货架和陈列。

(2)老板，总是有许多新品牌的产品在做广告，但只有少数产品才能成为您生意的重要组成部分，我们经过区域调查，结果表明，这种产品将在短期内成为销售量最大的品牌，让我们一开始在生意上领先于您的同行——那就是您先进几箱这种产品并布置好您的货架，这样将有助于您获得本区域内的销售主导地位。

7. 店主：现在我不想进，等有人来问的时候我再进。

推销员：

(1)老板，您这种做法的后果不仅会使您在有人购买这种产品时失去一个销售机会，而且还会使您的老顾客们去您的竞争对手那里去买这种产品。请您用心回顾一下，P&G推出新品牌的记录：当我们推出X品牌和Y品牌时，也并没有人事先提出要这种产品。而现在这些品牌已经为您提供了很大的销售量和利润。所以，我们有充分的理由相信，这种新品牌也会获得同样的成功。让我们配合产品推出广告，并使消费者了解在您的店里可以购买到这种产品。

(2)老板,您在这片区域内获得成功的重要原因之一:您是这片区域销售的领导者。消费者知道:他们能在您的店里买到他们所需要的价格公道的产品。您购进这种新的品牌,将会使消费者加深这种印象。所以您应该购进这种新的产品并摆放在货架上作为号召,那么,消费者看了广告后,他就会说:我上周在××商店就看到这种产品,这对您来说将是一种无价的广告。

(3)老板,您知道您的消费者对新的产品是很感兴趣并乐于尝试购买的,您的消费者一旦听说过这种产品,他们就想到某个商店来购买。那么,您应该为他们来购进这种产品。而不要把他们推向别的商店。

8.店主:我为什么要帮助你们来推出这种产品呢?

推销员:老板,您并不是在为我们来推出新产品。当然有的生产厂家希望通过零售商为他们推出新产品,那就意味着他们对这种产品的销售潜力不了解,或者他们不愿意为推出新产品花费更多的资金,同BL相比,将新产品卖给零售店就意味着他们的工作已经完成了,而我们一直在进行各种形式的促销和提供强大的广告支持,消费者也会根据广告或促销活动将新品牌同您的商店联系在一起,他一定会对广告介绍中的产品特点感兴趣而进行尝试。所以您应该给他们一个机会。

工作实施

模拟公司新产品的推销演练

一、目标

根据本团队具体的项目(产品),在充分熟悉产品的基础上,让学生分别扮演推销员和顾客,进行模拟推销商品的演练,使学生能正确、熟练、恰到好处地推销。

二、步骤

1.进行推销实践动员,让学生充分认识到推销实践活动的意义,掌握必要的推销技巧和方法。

2.规定适当的推销任务,以两人为一组,一位学生扮演推销员,一位学生扮演顾客,进行模拟推销商品的演练。

3.进行角色互换。

三、考核标准

评分项目	分值	得分
精心进行模拟推销的准备	10	
角色扮演神态自然,情景模拟逼真,口齿清楚,语言流利	20	
举止文雅,语言得体,卖点分析到位,有一定可信度和诱惑力	50	
总结情景模拟的收获,分析存在的问题	20	
总分	100	

四、注意事项

1. 开始前注意营造轻松的气氛，掌握好课堂纪律，确保情景模拟的逼真。

2. 模拟演练过程中避免中途打断，多做鼓励。

3. 教师可以让扮演客户的学生私下设计一些障碍，以达到训练目的，让业务员过关。

4. 教师点评过程中，应首先赞美参与的学生，请参与的学生谈谈体会，同时也可请其他学生做评论。

项目2 产品组合策划

【知识目标】

- 理解核心产品的概念
- 掌握产品组合的长度与深度

【能力目标】

- 能够分析产品的层次结构
- 能够设计产品组合

【任务分解】

工作任务1 分析核心产品
工作任务2 确定产品组合
工作任务3 确定产品组合的策略

工作任务1 分析核心产品

工作流程

1. 分析模拟公司的核心产品
↓
2. 分析模拟公司的形式产品
↓
3. 分析模拟公司的期望产品
↓
4. 分析模拟公司的潜在产品

相关知识

传统的产品是指人们从事生产经营活动的直接而有效的物质成果，在市场经济条件下，企业生产经营的产品都是商品。广义的产品延伸出系统产品的概念。这种产品概念把产品理解为由五个层次有机组合的系统，如图 4-5 所示。

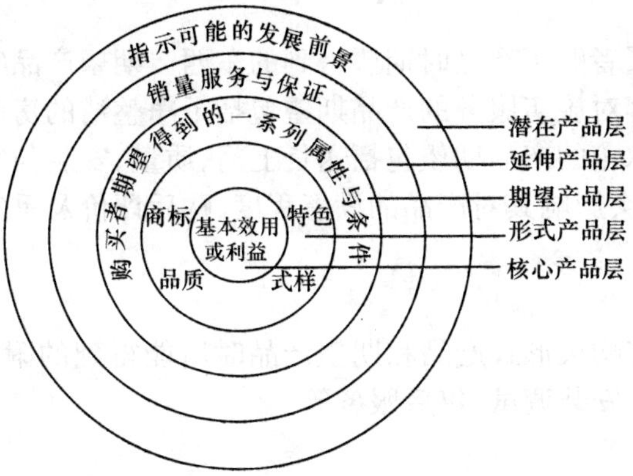

图 4-5　系统产品概念的五个层次

一、核心产品

核心产品是指向购买者提供的能够满足其需要的基本效用或利益。营销活动所推销的是产品的基本效用或利益，而不是对产品实体本身的消费。产品实体只是产品效用或利益的载体。消费者购买产品的目的，不是载体本身，而是通过载体达到某种功效。离开了功效，产品就失去了存在的价值。因此，核心产品是系统产品概念中最基本、最主要的部分。

二、形式产品

形式产品是指核心产品借以实现的形式，是企业向消费者提供的产品实体和服务的外观，任何产品总具有确定的外观。产品的外观出现于市场时，可以为顾客提供识别不同产品的面貌。市场营销学为形式产品归纳为以下五个标志。

1. 产品品质

产品品质是指产品的理化性能、技术指标、使用寿命等内容。它是表明产品质量水平的重要标志。

2. 产品特点

产品特点是指本产品与同类产品相比所具有的独特之处。它在很大程度上决定着产品的市场份额和竞争力。

3. 产品款式

产品款式是指产品的原理结构、造型、外观设计上的新颖性、艺术性和奇异性。它是影响消费选择的重要指标之一。

4. 产品品牌

产品品牌是指企业产品的名称，用以区别不同企业的产品。它是企业实力的综合反映，是企业的一项无形资产。

5. 产品包装

产品包装是指企业产品的外部包扎或容器。好的包装既能保护产品、美化产品，提高产品价值，又能方便顾客、促进销售。

三、期望产品

期望产品是指购买者购买产品时期望得到的东西。期望产品实际上是指产品的一系列属性和条件。如旅客对旅店服务的产品期望包括干净整洁的房间、毛巾、卧具、电话、衣橱、电视等；消费者对冰箱的产品期望包括送货上门、质量、安装与维修保证。消费者的期望产品得不到满足时，会影响其对产品的满意程度、购后评价及重复购买率。

四、延伸产品

延伸产品是指顾客购买形式产品和期望产品时所能得到的附加服务和利益，包括提供信贷、免费送货、产品安装调试、售后服务等。

五、潜在产品

潜在产品是指包括现有产品的所有延伸和演进部分在内、最终可能发展成为未来产品的潜在状况的产品。潜在产品可指示出现有产品的可能发展前景，如彩色电视机可发展成为录放影机、电脑终端机等。

工作任务2 确定产品组合

工作流程

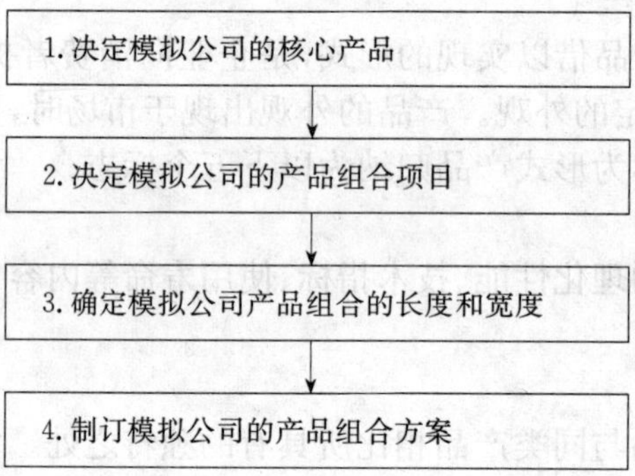

相关知识

一、产品组合的概念

（一）产品组合、产品线和产品项目

1. 产品组合

产品组合是指一个企业生产经营的所有产品线和产品品种的组合方式，即全部产品

的结构。产品组合通常由若干条产品线组成。

2. 产品线

产品线也称产品系列或产品大类，是指在功能上、结构上密切相关，能满足同类需求的一组产品。每条产品线内包含若干个产品项目。

3. 产品项目

产品项目是指产品线中各种不同品种、规格、型号、质量和价格的特定产品。产品项目是构成产品线的基本元素。例如，某企业生产电视机、电冰箱、空调器和洗衣机四个产品系列，即有四条产品线。其中，电视机系列中的29英寸彩色电视机就是一个产品项目。

（二）产品组合的广度、深度和关联性

1. 产品组合的广度

产品组合的广度指一个企业生产经营的产品系列的多少，即拥有产品线的多少。产品线多，则产品组合广度宽，少则窄。

2. 产品组合的深度

产品组合的深度指企业的每条生产线中产品项目的多少。产品项目多，则产品组合深度长，少则短。

3. 产品组合的关联性

产品组合的关联性指企业各条产品线在最终使用、生产条件、分销渠道或其他方面的相关程度。例如，一个企业生产牙膏、肥皂、洗涤剂、除臭剂，则产品组合的关联性较大；若这个企业同时又生产服装和儿童玩具，那么，这种产品组合的关联性就很小。

不同的产品组合广度、深度和关联性，构成不同的产品组合方式。企业的产品组合就是由这三个因素来描述的。如表4-2中吉列的产品线和产品组合。

表 4-2　　吉列的产品线和产品组合

	产品组合的宽度			
	剃须刀和刀片	化妆品	写字用品	打火机
产品线的深度	超感	系列	纸伴侣	光明正大
	追踪Ⅱ	装饰	天赋	S. T. 杜邦
	安拉	托尼		
	旋转	正义卫士		
	双面超级调节器	丝根丝		
	女款吉列	柔爽		
	超速	泡沫		
	孪生注射器	爽露		
	泰迈	干爽观念		
	三片	强刷		
	诀窍			
	刀片			

企业的产品组合包括它所销售的所有产品。假设吉列公司的所有产品——剃须刀和刀片、化妆用品、写字用品、打火机——构成了它的产品组合。那么,从表 4-2 可以看出,其产品组合宽度为 4,长度为 26,深度为 6.5。

企业各条产品线的最终用途、生产条件、分销渠道等方面在产品组合中的密切相关程度,为产品组合的关联度。产品组合关联度的强弱要视具体情况而定,并不是愈强愈好,也不是愈弱愈好。

二、产品组合的优化

产品组合的优化通常是分析、评价和调整现行产品组合的过程。由于产品组合状况直接关系到企业的销售额和利润水平,企业必须对现行产品组合未来销售额和利润水平的发展和影响做出系统的分析和评价,并对是否加强和剔除某些产品线或产品项目做出决策。优化产品组合包括两个重要步骤。

(1)分析、评估现行产品线上不同产品项目所提供的销售额和销售利润水平,即"产品线销售额和利润"分析。图 4-6 是一条拥有五个产品项目的产品线。

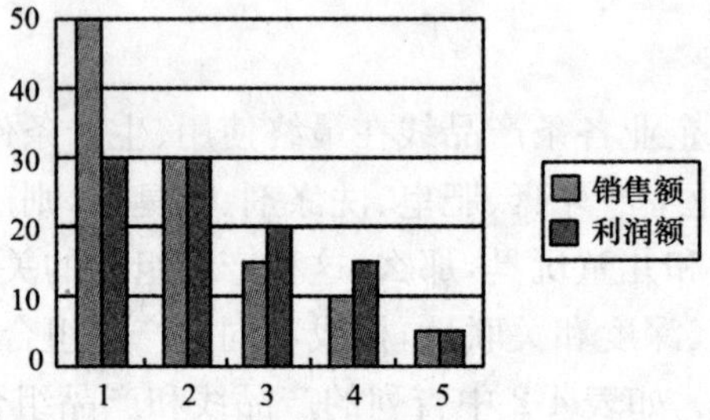

图 4-6 某产品线销售额和利润分析图

根据图 4-6 所示,第一个产品项目的销售额和利润分别占整个产品线销售额和利润的 50%、30%;第二个产品项目为 30%、30%。如果这两个项目突然受到竞争者的打击或遇到市场前景疲软,其销售额和利润会迅速下降。在一条产品线上,如果销售额和赢利高度集中在少数产品项目上,则意味着该产品线比较薄弱。为此,公司必须加以保护,并努力发展有良好前景的产品项目。最后一个产品项目只占整个产品线销售与利润的 5%,如无发展前景,可以剔除。

(2)分析产品线上的各产品项目与竞争者同类产品的对比状况,即"产品线市场轮廓"分析。目的是全面衡量各产品项目与竞争产品的市场地位。

例如,A 家具公司的一条产品线是沙发。顾客对沙发最重视的是款式和功能。款式分为豪华、漂亮、一般三个档次;功能分为单功能、双功能、多功能。A 公司有两个竞争者,B 公司生产两种沙发:豪华和漂亮的单功能沙发;C 公司也生产两种沙发:一般的双功能沙发和一般的多功能沙发。A 公司根据市场竞争状况,权衡利弊,决定生产三种沙发:豪华双功能沙发、漂亮双功能沙发和漂亮多功能沙发,因为这三个市场位置没有竞争者,如图 4-7 所示。

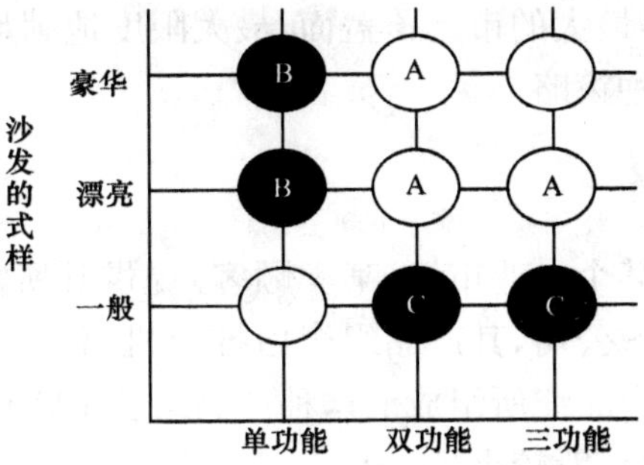

图 4-7　A 公司产品竞争状况

从图 4-7 可以看出，沙发市场仍有两个市场空白点。各公司没有生产的原因，可能是目前生产这种沙发的费用太高，或者市场需求不足，经济上暂无可行性等。可见，进行产品项目生产位置的分析，对于企业了解整个产品线不同产品的竞争状况以及发展产品线的生产机会具有重要意义。

工作任务 3　确定产品组合的策略

工作流程

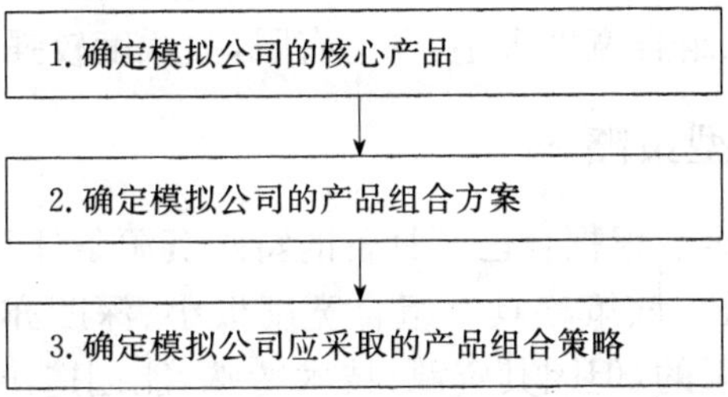

相关知识

产品组合策略是指企业根据市场状况、自身资源条件和竞争态势对产品组合的广度、长度、深度和关联度进行不同组合的过程，可供选择的产品组合策略有以下六种：

一、全线全面型策略

全线全面型策略着眼于向任何顾客提供他所需的一切物品。采用这种策略的条件是企业有能力兼顾整个市场的需要。广义的全线全面型产品组合策略就是尽可能地增加产品线的宽度和深度，不受产品线之间关联性的约束。例如，日本索尼公司的经营范围从电视机、收录机、摄像机、VCD、DVD 到旅行社、连锁餐馆、药房等，十分宽广。狭义的全线全面型产品组合策略是提供在一个行业内所必需的全部产品。如美国奇异电气公司，产品线很多，但是都和电气有关。全线全面型策略能较大限度地分散各种产品的经营风险，扩展企业的实力和声势，取得最大的市场覆盖面，最大限度地满足顾客的需要。一般大工业集团或大公司普遍采用这种策略。

二、市场专业型策略

市场专业型策略即向某个专业市场（某类顾客）提供其所需的各种产品。例如，以建筑业为产品市场的工程机械公司，其产品组合由推土机、翻斗车、挖沟机、起重机、水泥搅拌机、压路机、载重卡车等产品线所组成。这种产品组合策略重视各产品之间的关联程度与组合的宽度，而组合深度一般较小。

三、产品线专业型策略

产品线专业型策略，即企业集中某一类产品的生产，并将其产品推销给各类顾客。例如，中国一汽集团公司专门生产各类小汽车：有普通型小红旗轿车、独具风采的旅行车、别具一格的客货两用车、安全可靠的救护车、轻便快捷的交通指挥车、明亮舒适的豪华车、庄重典雅的礼宾车、标有不同长度的加长车等。该策略产品线数目少且各项目密切相关，产品品种丰富，分别满足不同顾客、不同用途的需要。

四、有限产品线专业型策略

该策略与产品线专业型策略相比，不仅产品线数目少，且产品线内部的产品项目有限。它一般适合生产经营条件有限的中、小型企业，这类企业以单一的市场或部分顾客作为目标市场。该策略产品组合宽度很小，深度有限，关联度较强。

五、特殊产品专业型策略

特殊产品专业型，即企业根据自己所具备的特殊资源条件和技术专长，专门生产某些具有良好销路的产品项目。该策略具有组合宽度极小、深度亦不大、但关联度极强的特点，所能开拓的市场是有限的，但因其资源、技术特殊，能创造出特色产品，市场竞争威胁小。如生产某些特效药品、名酒、特殊用途的器械等的企业就是采用这种策略。

六、特殊专业型策略

特殊专业型策略是指企业凭其特殊的技术、服务满足某些特殊顾客的需要，如提供特殊的工程设计、咨询服务、律师服务、保镖服务等。本策略组合宽度小、深度大、关联性强。从动态的角度分析，可供选择的产品组合策略有四种：

1. 扩大产品组合策略

扩大产品组合策略，即扩大产品组合的宽度或深度，增加产品系列或项目，扩大经营范围，生产经营更多的产品以满足市场需要。

2. 缩减产品组合策略

缩减产品组合策略指降低产品组合的宽度或深度，删除一些产品系列或产品项目，集中力量生产经营一个系列的产品或少数产品项目，提高专业化水平，力图从生产经营较少的产品中获得较多的利润。

3. 高档产品策略

高档产品策略指在同一产品线内增加生产高档次、高价格的产品项目，以提高企业和现有产品的声望。

4. 低档产品策略

低档产品策略指在同一产品线内增加生产中低档次、低廉价格的产品项目，以利用高档名牌产品的声誉，吸引因经济条件所限购买不起高档产品，但又羡慕和向往高档名牌的顾客。

应该指出，无论采取高档产品策略或低档产品策略，都存在一定的风险，因为在中低档产品线中推出高档产品难以树立高档产品的独特形象，而在高档产品线中推出低档产品，容易损害高档产品甚至企业的形象。

拓展知识

产品组合策划的程序与方法

1. 资料搜集和分析

产品组合策划的第一步是搜集有关市场环境、行业环境、竞争对手和企业自身状况的资料，对搜集来的资料进行分类、整理，为分析提供客观、详尽的材料。

2. 产品组合方案的设计

在设计产品组合方案时，应围绕产品组合策略的三个层次进行：

(1)产品项目的增加、修改或剔除。

(2)产品线的扩展、填充或删除。

(3)产品组合的增设、加强或淘汰。

在讨论方案时，应该集思广益、大胆构思、不断交流。如具有新的创意或新的设想，应迅速记录下来，不断修改，最终形成较为完整的产品组合方案。

3. 方案论证与评价

对已设计的方案进行评定，再讨论方案，重新修改，保证所设计的方案既符合实际情况，又体现个性、特色，具有创意，能够在消费者中引起轰动。整个产品组合不仅定位准确，而且广告宣传、营业推广设计与之相适应，形成较完整的产品组合策划内容。

4. 方案反馈与调整

产品组合方案设计者要根据不断变化的营销环境对方案进行反馈，作出适时的调整，以确保方案的可行性。

工作实施

模拟公司的“产品组合”设计

一、目标

小组成员通过探索，完成模拟公司产品的核心产品和产品组合，使学生初步掌握核心产品和产品组合的概念，提高学生的实际操作运用能力。

二、步骤

1. 了解、熟悉核心产品的含义，掌握产品广度、深度、关联度的含义。

2. 小组内讨论分析所模拟公司产品项目的核心。

3. 小组内讨论分析所模拟公司的产品组合策略。

4. 归纳总结，形成方案。

5. 每个团队选一名代表面对全班同学陈述本团队核心产品和产品组合的设想（每组五分钟）。

三、考核标准

评分项目	分　值	得　分
从满足消费者需要出发，根据竞争状况、企业自身条件，设计具备足够吸引力的促销方案	30	
方案设计要有创意、内容要具体、要有可操作性。	25	
方案紧扣模拟公司主题 、全面 、正确 、条理清楚	20	
报告人阐述思路清晰，分析活动计划条理清晰，有说服力。	25	
总　分	100	

四、注意事项

1. 提前布置，让学生早做准备，对理论知识及相关资料准备充分，以取得良好的课堂效果。

2. 要求教师对“产品组合和核心产品”的实践应用价值给予说明，调动学生操作的积极性。

3. 撰写策划方案时力争全组讨论，动员全体同学参与，得出比较准确的核心产品和产品组合。

4. 要求教师提供“核心产品和产品组合”范例，供学生操作参考。

项目3 产品品牌策划

【知识目标】

- 了解品牌的含义和内容
- 掌握品牌设计的方法以及策略

【能力目标】

- 能够策划品牌商标和品牌标注
- 能够进行产品包装策划

【任务分解】

工作任务1 确定品牌内容

工作任务2 确定品牌策略

工作任务3 产品包装策划

工作任务1 确定品牌内容

工作流程

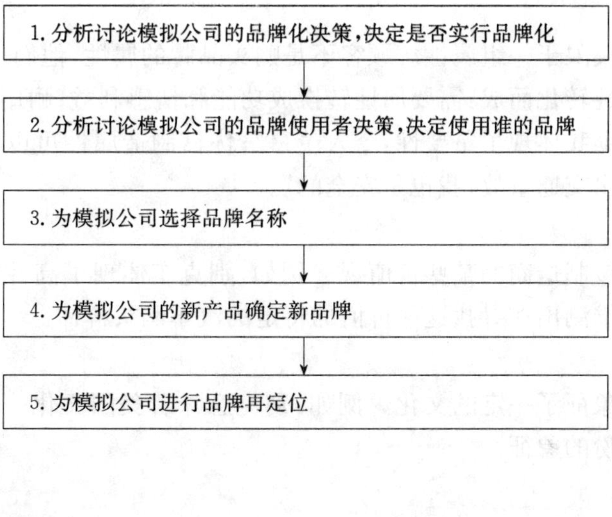

相关知识

一、品牌的概念

品牌是用来识别一个(或一群)卖主的货物或服务的名称、名词、符号、象征或设计或其组合,以与其他竞争者相区别。品牌的基本功能是把不同企业之间的同类产品区别开来,使竞争者之间的产品不致发生混淆。它主要包括品牌名称、品牌标志、商标。

品牌与商标是两个既有联系又有区别的概念。其联系在于:品牌包含商标;它们的对象都是商品;它们的功能都在于区别;其设计都是由名称、文字、图形、符号构成的;其价值都反映企业产品的实力,是企业的无形资产。但两者又有细微的区别:品牌侧重于名称,商标侧重于标志(或标记);品牌与企业联系在一起,往往品牌与厂牌同一;而商标与具体商品联系在一起,经过商标注册活动与宣传,不同商标代表不同产品,有利于消费者从商标特征上分辨不同档次的产品;品牌侧重于名称宣传,以提高企业的知名度,而商标侧重于商标注册,取得商标专用权,防止他人侵权;品牌由来已久,而商标则是在近代商标法出现后才有的。在我国,品牌与商标这两个概念经常通用,品牌策略即为商标策略。

二、品牌的内容

品牌是企业的无形资产,一个品牌能表达出六层意思:

1. 属性

一个品牌首先给人带来某些特定的属性。例如,上海通用汽车公司的别克车表现出昂贵、优良制造、工艺精良、耐用、高声誉、快捷等属性。公司可以利用这些属性的一个或几个进行广告宣传。许多年来,别克的宣传是:"其工程质量全世界一流。"这就是为了显示该汽车属性而精心设计的。

2. 利益

一个品牌不仅仅限于一组属性。顾客不是购买品牌的属性,他们是购买品牌的利益。利益是由相应的属性转化而成:需要属性转换成功能和情感利益;耐用属性可以转化为功能利益,如"这车帮助我体现了重要性,令人羡慕";优良制造属性可以同时转化为功能和情感利益,如"万一出交通事故,我也是安全的"。

3. 价值

品牌还体现了该制造商的某些价值观。例如,别克车体现了高性能、安全与威信等,该品牌营销者必须推测出在寻找这些价值的特定的汽车购买群体。

4. 文化

品牌可能附加象征了一定的文化。例如,别克意味着美国文化——汽车的高效率和高品质以及个人身份的象征。

5. 个性

品牌代表了一定的个性,使得它所代表的产品区别于其他竞争者的产品。

6. 使用者

品牌还体现了购买或使用这种产品的是哪一种消费者。例如，我们愿意看到的是一位 40 岁的经理坐在车后。事实上，产品所表示的价值、文化和个性，均可反映在使用者的身上。

工作任务 2　确定品牌策略

工作流程

1. 分析模拟公司的行业品牌策略

2. 决定模拟公司的产品品牌定位与品牌形象

3. 选择模拟公司的品牌策略

相关知识

品牌策略主要有以下几种：

一、同一品牌策略

同一品牌策略是指企业生产的一切产品均使用同一种品牌进入市场。如娃哈哈集团的产品，无论是营养口服液、果奶、营养八宝粥，还是冰糖营养燕窝等，都冠以“娃哈哈”这一种品牌。采用这种策略，有利于提高企业的声誉和知名度，还可以利用市场上已知名的品牌推出新产品。但采用这种策略，企业必须具备以下两个条件：

(1)这种品牌必须在市场上已获得一定的信誉。

(2)采用统一品牌的各种产品具有相同的质量水平。否则会因某一产品质量不佳波及其他产品并影响整个企业的形象。这就要求企业具备较高的经营管理水平。

二、个别品牌策略

个别品牌策略是指企业按产品的品种、用途和质量，分别采用不同的品牌。如五粮液酒厂生产的白酒采用“五粮液”、“五粮醇”、“五粮春”、“尖庄”等不同品牌。采用这种策略，能够严格区分不同产品和品种，区别质量档次，反映了不同的特色，以适应市场上不同层次的消费水平，扩大市场容量，以取得规模效益。

三、品牌扩展策略

品牌扩展策略又称特殊品牌策略，是指企业利用成功的品牌推出新产品或改良产品。

如春兰集团以生产春兰空调器而闻名遐迩，其后在推出摩托车产品时采用“春兰虎”、“春兰豹”的品牌。

四、更换品牌策略

更换品牌策略就是更换原有企业的品牌，采用新的品牌。如科龙集团原生产容声冰箱，后生产空调器时采用科龙而非容声作为品牌。

五、中间商品牌策略

中间商品牌策略是指在销售者品牌下从事市场营销。在西方国家，越来越多的中间商把制造商生产的产品大批量地买进来，再使用自己的品牌将产品转卖出去。如美国著名的零售商西尔斯百货公司，90%以上的商品都用自己的牌子。

六、借用品牌策略

借用品牌策略就是企业生产的产品不用自己的品牌，而用借来的品牌销售。国内许多联营企业常采用这种策略：由主导厂提供技术，严把质量关，协作厂的产品用主导厂的品牌出售。采用这种策略看上去是出于无奈的消极举措。但从长远看是积极的，借牌是为了使企业渡过难关，出现转机，开创未来。

七、无品牌策略

一般说来，绝大部分企业或产品都使用品牌或注册商标，但在某些特殊情况下，可以不使用品牌或注册商标，只注明产地或生产厂家名称，也可使用未经注册的临时商标。无品牌策略适用以下三种情况：一是产品技术要求简单，不同生产厂家其产品质量是同质的，故消费者没有必要凭品牌去购买。如原材料、煤炭、电力等；二是小范围的地产、地销商品，习惯只注明产地或厂家，也可使用未注册商标。如土特产、手工艺品等；三是企业临时性加工或一次性生产的产品。如接受外商的加工业务，一般是由经营单位重新包装使用经营者的商标。

工作任务3 产品包装策划

工作流程

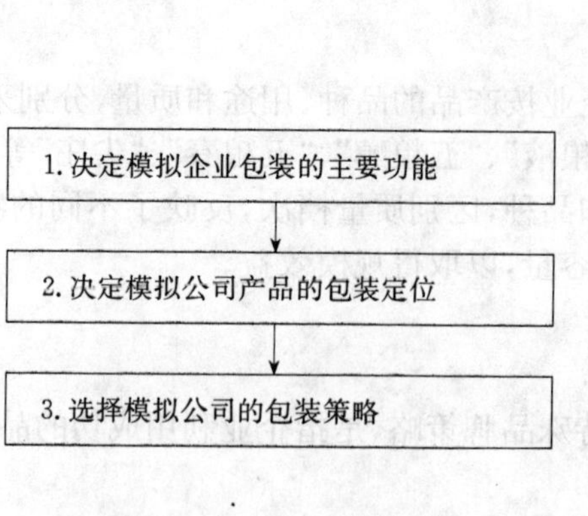

相关知识

一、包装的概念

包装是指产品的容器和外部包扎。产品包装一般包括三个部分，即：

(1)首要包装是产品紧靠着的包装容器，如酒瓶子。

(2)次要包装是保护首要包装的包装物，又称销售包装，如酒瓶子外部的长方体小纸盒子。

(3)运输包装是为了储存和运输的需要而形成的大包装，如集 12 瓶为一箱的大箱子。

二、包装的功能

包装是产品的外衣，主要有以下功能：

1. 保护产品

包装保证产品在生产过程结束后直至被消费掉以前，产品的使用价值不受外来影响，产品实体不会损坏、散失和变质。如易腐、易碎、易燃、易蒸发的产品，有了完善的包装，就能保护其使用价值。这是包装的基本作用。

2. 提供方便

运输包装有利于商品的合理堆码、装卸、存储；销售包装，便于经营者陈列、清点、售卖，也方便消费者购买、携带、消费和保管。

3. 易于识别

包装是商品的外壳，是消费者和营销人员较先熟知的部分。包装上注册产品的型号、数量、品牌及制造厂的名称，能帮助库房保管人员准确找到产品，防止错发，也可以帮助售货人员与购买者从包装外形上区别同类企业产品，从而节省商品买卖时间、加速商品购买过程，也有利于消费者对商品的回忆和再认，增加重复购买的次数。

4. 增加利润

有许多商品本身并不能使人产生美感，但通过精心设计的包装可美化产品，提高档次，吸引消费者的青睐，促进销售，增加收益。同时，包装合理，可减少产品损耗，降低储运费用，增加企业利润。

三、包装的类型

根据不同标准，包装可分为诸多类型，主要有下列八种分类：

(1)按包装用途分为首要包装、销售包装、运输包装。

(2)按包装层次分为内包装、中包装、外包装。

(3)按包装的保护功能分为防水包装、防锈包装、防震包装、防腐包装等。

(4)按包装材料分为纸质包装、木制包装、塑料包装、金属包装、玻璃包装等。

(5)按包装的耐压性分为硬包装、半硬包装、软包装。

(6)按包装的方便性分为便携包装、易开包装、定量包装、喷雾包装、开窗包装等。

(7)按包装作业方式分为手工包装、机械包装、自动化包装等。

(8)按包装对象分为药品包装、食品包装、电器包装、服装包装等。

四、包装的基本要求

包装的基本要求大致有以下六个方面：

(1)产品包装应根据不同的产品特点合理选择包装材料。不同产品，其自然属性和形态不同，如液态、固态、整体、细散、易碎怕震、易霉、易挥发等。应针对这些特点，采用不同的包装材料。如硫酸用瓷瓶包装，氧气用高压钢瓶包装，机器设备用木箱包装等。

(2)包装结构、大小要便于产品储运，切实保护产品。特别是某些不规范的产品，应注意堆码和根据安全需要，合理设计包装尺寸、形状，形成立体结构；有的产品分解包装，节省仓容。

(3)包装设计要反映企业产品的工艺特点，注意消费者追求新颖、美观、方便、实用、高贵的心理，使包装与商品价值相一致。但切忌过分包装，以免消费者负担过重，影响产品销售。

(4)要考虑顾客生活方便的需要，注重便携式包装、喷雾式包装、易开式包装、定量包装的科学设计，尽可能方便消费者携带、使用。

(5)尊重民族、风俗习惯。不同国家和地区的消费者对文字、图案、颜色有不同的要求，在设计包装和装潢上要注意这些问题。

(6)对于大包装，还应做好包装标记，标明发货人、收货人、到达地名、货物名称、等级、数量、体积等。

除此之外，还应注意包装的标准化及组织包装材料的回收利用等。

五、包装策略

产品的包装策略较多，下文将介绍主要的十六种包装策略：

1. 系列式包装策略

这种策略即企业生产经营的产品都用相同或相似的包装。引入CI设计的企业往往采用这种包装策略。由于系列包装，使产品、甚至企业形象更加鲜明。

2. 联带式包装策略

该策略是指将具有消费联带性的产品包装在一起。其目的在于给消费者以便利感和整体感。

3. 分量式包装策略

分量式包装策略指对于一些称重产品，根据消费者在不同时间、地点、使用量等情况下，采用重量大小不同的包装。也有一些价格较贵的产品实行小包装，给消费者以便宜感。还有一些新产品，为让消费者试用而采用小包装。其目的在于给消费者以便利感、便宜感和安全感。

4. 等级式包装策略

使用该策略是为了区别不同产品的不同质量，按其质量等级采用相应包装，这是一种常用的包装形式。其目的在于满足不同需求层次的消费者，区分产品档次。

5. 复用式包装策略

该策略是为了节约包装材料或刺激消费者需求，采用可重复使用的或转作他用的包装，其目的在于给消费者一种便宜感和节约感。

6. 开窗式包装策略

此种策略是在包装物上留有“窗口”，让消费者透过“窗口”来直接认识和了解产品。其目的在于直接让消费者体会、认识产品的品质。

7. 密封式包装策略

该策略是将产品严实地包裹起来，接口处以胶、蜡等密封。常见于防潮、防晒、防尘等易损、易变质的产品，其目的在于确保商品质量。

8. 名贵式包装策略

该策略专用于名贵产品的包装。其包装设计精良，具有一定的艺术价值。常见于名贵的药材、文物、工艺品、金银制品、高档服装等。给消费者一种荣华、高雅的感觉。

9. 赠品式包装策略

该策略是指在包装物内装有赠品或奖券。这种包装有较强的促销作用。其目的在于给消费者一种便宜感和机会感。

10. 礼品式包装策略

此种策略下，包装华丽，富有欢乐色彩。包装物上常冠以“禄”、“福”、“寿”、“喜”、“如意”等字样及问候语。其目的在于增添节日气氛，满足人们交往、礼仪之需要。借物寓情，以情达意。

11. 异常式包装策略

此策略即为异于同类产品的包装策略。其目的在于使消费者产生新奇之感，印象鲜明，进而加深记忆。

12. 特殊式包装策略

该策略追求包装的独特风格，并长期使用，给消费者形成较为深刻的印象。其目的在于风格独特，易于与同类产品区分。同时，可以起到一定的预防伪制产品和假冒产品的作用。

13. 通常式包装策略

该策略指与常见的同类产品使用同样的包装材料、色彩、造型等。其目的在于便于消费者认知和引起消费者注意。

14. 情趣式包装策略

此种策略追求包装造型、色彩、图案的艺术感。通过包装的造型、色彩等来赋予一定的象征意义。其目的在于激发消费者的联想与情感。

15. 年龄式包装策略

该策略指按年龄段设计相应的包装，亦即包装采用适宜不同年龄的造型、图案、色彩等。其目的在于满足不同年龄消费者的需要。

16. 性别式包装策略

该策略指按不同性别采用相适应的包装。男性用品包装追求潇洒、刚正、质朴；女性用品包装崇尚温馨软弱、秀丽、新颖、典雅等风俗。其目的在于满足不同性别消费者的需求。

以上包装策略也可综合使用。

拓展知识

品牌名称设计

一、设计要求

品牌名称的设计主要有四个基本要求：

1. 易懂好记，易于传播沟通

设计品牌名称时，文字上要简洁流畅，读音清晰响亮，节奏感强，易于传播沟通。

2. 鲜明、独特，富有个性

优秀的品牌名称是与众不同的，一般都是特色鲜明，极有自我个性。使顾客一目了然，过目不忘。

3. 揭示产品的功能、利益

品牌要表示产品的性能、用途，揭示产品能够提供给消费者的效用和利益，品牌要与产品实体相符合，能反映产品的效用。

4. 突出情感诉求，富蕴内涵

消费者购买的归根到底不是产品服务的本身，而是心理上的想象和感受，只有突出情感、文化等内涵的诉求，才能吸引受众。

二、设计思路

品牌名称的设计思路需要注意以下几个方面：

1. 核心价值的定位

品牌的典故、功能、个性、风格都可能成为品牌定位的依据，但是，通常一个品牌理论上只能有一种真正意义上的定位。

2. 要有清晰的概念

概念清晰准确，就能振奋人心，先声夺人，使消费者在清晰的概念中知道自己应选择什么品牌。

3. 要有鲜明的描述

简洁、明了、富有感染力的名称描述表达了品牌的特征，在消费者心目中占据位置，并能迅速传播开来，提升品牌形象。

三、常用方法

如何命名一个令人满意的、让消费者乐于接受的品牌名称，其常用的方法有以下几种：

1. 人名（公司名）作品牌名。如“张小泉”、“李宁”、“福特”。

2. 地名作品牌名。如“茅台酒”、“青岛啤酒”、“上海牌手表”。

3. 动物名作品牌名。如“小天鹅”、“狼”、“白象”。

4. 花草树木名作品牌名。如“春兰”、“水仙”、“菊花”、“椰树”。

5. 数字或数字与文字组合作品牌名。如“85818”、“7～11”、“三枪”。

6. “宝”字作品牌名。如“大宝”、“健力宝”、“青春宝”。

7. 产品的组成成分作品牌名。如“两面针”、“玉兰油”、“Coca-Cola”。

8. 由美好联想的词作品牌名。“美的”、“永芳”、“美加净”。

9. 以产品功能作品牌名。如“健力宝”、“脑轻松”、“保龄参”。

10. 象征地位的名称作品牌名。如“太太”、“老板”、“豪门”。

11. 无意义的创造性品牌名。如“Kodak”、“ Intel”、“海尔”。

12. 组合字首作品牌名。如“NEC”、“ IBM”、“3M”。

品牌标志设计

一、设计要求

品牌标志的设计要求以符号、图案为标志内容，原因如下：

1. 人们的思想是基于印象、认知的，都是具体的、活生生的，需要图文并茂表示品牌。

2. 人们更容易识别符号、图案，品牌需要标志，便于消费者识别、记住。

3. 任何图像都能传递某种信息，一张简单的图片能表达很多意义，可以引发消费者联想。

4. 运用符号、图案来表达品牌，可以强化品牌定位。使消费者印象深刻，留下深深的烙印，一有提示马上联想起品牌。

二、设计思路

在品牌标志的设计思路上，需要注意以下两点：

1. 简洁、凝练。标志设计要使人一目了然、过目不忘。符号和简单的图形较得宠。

2. 独特、新颖。品牌标志要有创意、独特、新颖。品牌的独创性、新颖性越强，越能吸引消费者、越能与竞争对手区别开来，受到的保护力也越大。

三、基本形式

品牌标志可被设计为下列三种类型：

1. 可以设计“名称标志”。把名称与标志合在一起，把名称的文字、数字艺术化，可以作为与众不同的品牌标志。如 NEC、IBM

2. 可以设计“符号标志”。如日本“三菱”电机是由三个菱形符号组成的，“耐克”是由 V 符号表示。

3. 可以设计“图案标志”。如“双鹿”、“中华”。

工作实施

模拟公司“品牌名称、标志”设计

一、目标

通过本次训练，使学生掌握品牌设计的基本技能，使学生日后有机会着手参与企业品牌策划，为学生将来自己创业奠定业务基础。

二、步骤

1. 要求学生把品牌理论运用于营销实践，联系有关项目或资料，为某一产品或店铺进行品牌名称和标志的设计，并对此设计进行分析。

2. 每个学生根据品牌设计思路和方法的要求，从消费者认知心理和消费模式角度出发，设计某一品牌的名称和标志，使设计的品牌具有创意性，新颖而有吸引力。

3. 要求学生通过“品牌名称与标志设计”实践操作，更好地了解品牌对企业营销的重要性，掌握品牌设计的基本技能。

三、评价标准

评分项目	分值	得分
从满足消费者的需要出发，根据竞争状况、企业自身条件，设计具备足够吸引力的促销方案	35	
要求从消费者视觉吸引、记忆规律的特点出发，设计简洁、凝练、独特的品牌符号和图案。没有达到要求酌情扣分。设计说明要求充分、正确、简练	35	
方案紧扣模拟公司主题，全面、正确、条理清楚	20	
报告人阐述思路清晰，分析活动计划条理清晰，有说服力	10	
总　分	100	

四、注意事项

1. 要求教师对“品牌名称和标志设计”的实践应用价值给予说明，调动学生操作的积极性。

2. 要求学生根据市场开发项目资料及品牌设计要求，完成品牌名称和标志的设计任务。

3. 要求教师对品牌设计的基本原则、设计思路、设计方法进行具体指导。

4. 要求教师提供“品牌名称和标志设计”的范例，供学生操作参考。

项目4　产品定价策划

【知识目标】

- 了解企业的定价目标
- 掌握企业定价的方法及策略

【能力目标】

- 能够分别按成本导向、需求导向进行产品定价
- 能够设计价格策略

【任务分解】

工作任务1　制定产品定价策略

工作任务2　选择定价方法

工作任务3　制定产品定价调整策略

工作任务1　制定产品定价策略

工作流程

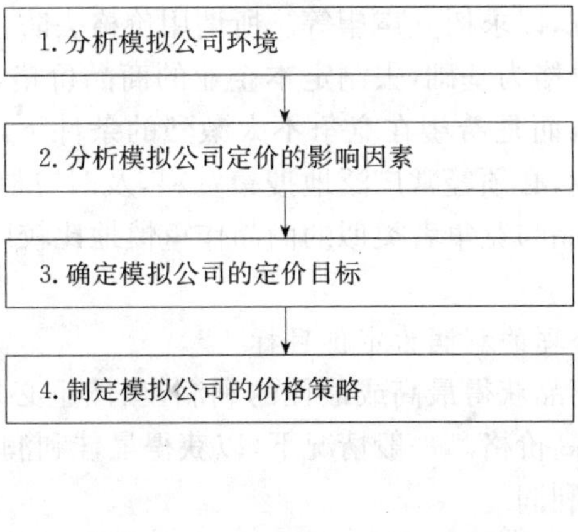

相关知识

一、工商企业定价目标

所谓定价目标，就是制定商品定价应达到的目的，它和企业战略目标是一致的，并为企业战略目标服务。其总的要求是追求利润的最大化，而不同工商企业的定价目标有不同依据，下文将详细介绍五种主要方式：

1. 以利润达到销售额的一定比例为定价目标

此目标是根据企业的销售额期望达到一定百分比的毛利。这就要求企业在定价时，在商品成本外加入预期利润。如商品批发企业或零售企业，就得估计本年度费用开支额和自己期望的利润，计算出毛利标准，加上成本作为售价。如此定价，商品利润的百分比保持不变，销量越大，总利润就越多。采取这种定价目标的企业，一般在同行业中具有较强的竞争实力，所经营的商品在市场是能占有一定的优势或具有一定的特色。

2. 以保持价格稳定而获得稳定利润为定价目标

保持价格稳定，是企业达到一定的投资效益和长期利润的重要途径，也是稳定市场、保护消费者利益的定价目标。这种做法对于大企业来说，是一种稳妥的保护政策。中、小企业的同类产品定价，总要受到大企业价格的影响，参照大企业的产品定价，是中、小企业达到经营目标不可忽视的一个方面。

3. 以维持或提高市场占有率为定价目标

扩大商品销售，保持和增加商品销售额，提高市场占有率，是许多工商企业追求的定价目标。为了提高市场占有率，工商企业必须扬长避短，发挥优势，开展竞争，提高效率，降低成本，采取薄利多销的原则，定出对潜在顾客有吸引力的较低价格，以满足消费者的需要。

4. 以应付和防止竞争为定价目标

相当多的企业对于竞争者的价格十分敏感。有意识地通过商品的恰当定价去应付竞争或避免竞争的冲击，是企业定价的重要目标之一。例如，企业竞相降价以争夺市场，或将价格定得适当高于对方，以求树立声望等。所谓用价格去防止竞争，就是以对市场价格有决定影响的竞争者的价格为基础，去制定本企业的商品价格，或与其保持一致，或稍有变化，并不企图与之竞争，而是希望在竞争不太激烈的条件下，求得企业的生存和发展。采用这种定价目标的企业，必须经常广泛地搜集资料，及时、准确地把握竞争对手的定价情况，并在将企业经营商品与竞争者类似的商品作审慎地比较以后，定出本企业经营商品的价格。

5. 以获得最佳而又合理的利润为定价目标

企业总希望经营的商品获得最高或最佳的利润，当然也必须是合理的利润。追求最大利润，并不等于追求最高价格。一般情况下，以获得最佳利润为定价目标的含义是：

(1)企业的长期目标利润

一些企业在新的市场或试销一种新产品时，往往采取低价销售，以低价迅速吸引顾客，打开销路，占领目标市场，即使在开始阶段较少赢利或不赢利，从长期来看，仍能取得合理满意的利润。

(2)取得最佳合理的利润，还应从企业总收益去衡量，而不以单个商品核算

为了取得整个企业的最佳合理的利润，可以有意识地将某种商品价格定得偏低，以引起消费者的好感，从而带动其他商品的销售。

以追求长期的最佳利润或满意的利润为定价目标，较之把价格定得较高，以短期获得最大利润为定价目标更为稳妥，它是成功率较高的途径。

工商企业在制定价格之前，应当对企业可能追求的各种目标进行权衡，明确企业所要达到的目标。企业所要达到的目标可能是单一的，也可能是多重的，应当根据轻重缓急来考虑和安排各种目标。

二、影响定价的因素

影响企业产品定价的因素主要有以下四个方面：

(一)营销产品成本因素

产品成本是企业经济核算盈亏的临界点，定价大于成本，企业就能赢利；反之则亏本，再生产过程就难以为继。产品定价必须考虑补偿成本，这是保证企业生存和发展的最基本条件。

产品成本有个别成本和社会成本之分：个别成本是指单个企业生产某一产品时所耗费的实际费用；社会成本是指产业内部不同企业生产同种产品所耗费的平均成本，即社会必要劳动时间。企业在对营销产品定价时，只能以社会平均成本作为其主要依据。在此前提下，应考虑由于企业资源情况与管理水平不同而形成的企业个别成本与社会成本之间的差异程度，给企业产品确定适当的价格。

就单个企业来说，其个别成本即总成本又由固定成本和流动成本组成。固定成本是不随产量变化而变化的成本，如固定资产折旧、机器设备租金、管理人员费用等。流动成本是指随产量变化而变化的成本，如原材料、直接营销费用、生产经营第一线的人员工资等。就总体而言，企业定价时首先要使总成本得到补偿，这就要求价格不能低于总成本。

(二)市场状况因素

企业营销产品定价，除了产品成本这个基础因素之外，还要充分考虑影响产品价格的另一个重要而最难把握的因素——市场状况，主要包括市场商品供求状况、商品需求特性、市场竞争等。

1. 市场商品供求状况

在我国，由于国家能够对商品市场价格实行有效的宏观调控，企业定价不是绝对地受一时一地的供求关系影响。但从全局性、长期性的过程来看，商品价格仍然与市场供应成正比，与需求成反比关系。在其他因素不变的情况下，商品供应量随价格上升而增加，随价格的下降而减少；而商品需求量随价格上升而减少，随价格的下降而增加。因此，企业定价必须认真考虑价值规律的客观要求，根据市场供求状况，及时制定或调整价格，以利于供给与需求的平衡，促进国民经济持续、快速、健康地发展。

2. 商品需求特性

商品需求特性对价格的影响表现在以下三个方面：

(1)对高度流行或对品质威望具有高度要求的商品，价格仍属次要。如设计欠佳的服装不会因价格便宜而畅销；购买机器设备，首先考虑的是商品的品质，价格仅在商品比较时方觉重要；在耐用消费品方面，商品的威望直接和价格相关；某些消费品如糖、卷烟、罐头等，在难以与竞争品牌相抗衡时，稍稍降价，销量即可增大，定价对促销甚为有利。

(2)购买频率大的日用品，有高度的存货周转率，适宜薄利多销；反之，周转率低或易损、易腐商品则需要有较高的毛利率。

(3)价格弹性。对无价格弹性的商品降价对促销无益；对需求弹性大的商品，价格一经调整，即会引起市场需求的变化。一般情况是：方便商品的代用品多，价格弹性大；特殊商品的代用品少，价格弹性则小，选购商品的价格弹性比方便商品小，但比特殊商品要大。

3. 竞争状况

价格竞争是营销竞争的重要手段和内容。现实的和潜在的竞争对手的多少及竞争的强度对产品定价的影响很大。竞争越激烈，对价格的影响就越大，特别是那些非资源约束性产品，或技术、设备要求不高、容易经营的产品，潜在的竞争威胁非常大。

完全竞争的市场，企业定价在一定程度上受竞争者的左右而缺乏自身的自主权。因此，工商企业除经营国家规定的实行统一价格的商品外，其他商品的定价，都应考虑竞争对手的价格情况，力求定出对竞争较为有利而受欢迎的价格。特别对竞争激烈的商品，企业应把定价策略作为与竞争者相竞争的一个特别重要的因素来考虑。一般来说，如商品在竞争中处于优势，可以适当采取高价策略；反之，则应采取低价策略。同时，企业还要用动态的观点随时关注竞争对手的价格调整措施，并及时作出反应。

(三)消费者心理因素

消费者的价格心理影响到消费者的购买行为和消费行为，企业定价必须考虑到消费者的心理因素。我们从以下两个方面来认识消费者的心理：

1. 预期心理

消费者预期心理是反映消费者对未来一段时间内市场商品供求及价格变化的趋势的一种预测。当预测商品是一种涨价趋势，消费者争相购买；相反，持币待购。

2. 认知价值和其他消费心理

认知价值指消费者心理上对商品价值的一种估计和认同，它以消费者的商品知识、后天学习和积累的购物经验及对市场行情的了解为基础，同时也取决于消费者个人的兴趣和爱好。消费者在购买商品时常常把商品的价格与内心形成的认知价值相比较，将一种商品的价值同另一种商品的认知价值相比较以后，当确认价格合理，物有所值时才会作出购买决策，产生购买行为。同时，消费者还存在求新、求异、求名、求便等心理，这些心理又影响到认知价值。因此，企业定价时必须深入调查研究，把握消费者认知价值和其他心理，据此制定价格，促进销售。

(四)国家有关政策法规因素

价格在社会主义市场经济条件下是关系到国家、企业和个人三者之间物质利益的大事,它牵涉各行各业和千家万户,与人民生活和国家的安定息息相关。因此,国家在自觉运用价值规律的基础上,通过制定物价工作方针和各项政策、法规,对价格进行管理、调控或干预,或利用生产、税收、金融、海关等手段间接地控制价格。因而,国家有关方针政策对市场价格的形成有着重要的影响。

企业定价,除了受以上所讲的几项因素影响之外,还受货币价值和货币流通量、国际市场竞争和国际价格变动等因素的影响。企业在制定价格政策时,必须综合地、充分地研究影响价格的多种因素,以制定出最合理的商品价格。

三、产品定价策略

产品的定价策略主要有以下五种:

(一)新产品定价策略

新产品定价策略,经常采用的有以下六种:

1. 取脂定价策略

新产品进入市场时,需求弹性小,竞争对手少,企业有意识地将产品价格定得偏高,然后根据市场供求情况,逐步降低价格,赚头蚀尾,犹如从牛奶中撇取奶油一样,由精华到一般,故称此定价策略为取脂定价策略。采用这种定价技巧可使企业在短期内收回成本,并取得较大利润,其缺点是不利于市场的开发与扩大。

2. 渗透定价策略

新产品上市后,企业以偏低的价格出售,只求保本或微利,用低价吸引顾客,提高市场占有率,使商品逐步渗透,从而扩大销路和销量,占领市场,挤掉竞争对手,以后再将价格提高到一定的高度,即"蚀头赚尾"。这种定价策略有利于企业产品迅速打开销路,占领市场,树立和提高企业的信誉。它适宜于需求弹性大、潜在市场广的产品,但不利于垫付资本的及时回收。

3. 温和定价策略

该策略亦称"君子"定价策略。新产品上市后,按照企业的正常成本、国家税金和一般利润,定出中等价格,使企业既能获得一般利润,又能吸引购买,赢得顾客的好感。这种定价策略介于"取脂定价"和"渗透定价"之间,避免了"高"、"低"定价策略的弊端,故称"温和定价"策略。

4. 反向定价策略

企业通过市场调查或征询分销渠道的意见,预测消费者对某种商品所期望的价格来确定新产品的上市价格,再按照上市价格预测出消费者的需求和购买力。这种定价策略有利于建立和提高企业的信誉,其缺点是带有一定的主观性,因为预测与实际总会存在某种差距。

5. 需求习惯定价策略

有些产品市场销售已久,在长期购销活动中,形成一种习惯价格,如日用工业品、主副食品等,企业在向市场投放这类新产品时,必须依照需求习惯定价。这种定价策略从价格上尊重了消费者的习惯,给消费者以价格稳定、合理的感受,其缺点是有时不能适应新的变化了的情况。

6. 随行就市定价策略

新产品投入市场时，亦可完全依赖供求状况，灵活定价。这种定价策略要求价格不固定在某个点上，而是让买卖双方当面协商、满意成交。这种定价策略有利于企业从价格中及时把握市场行情，生产、经营适销对路的商品，它适用于小商品生产经营的企业。

（二）统一定价策略

统一定价是指企业不分市场差异，同一产品均按统一价格销售。如一些名牌产品实行全国统一价。这种策略既可用于提货制条件下的产品定价，也可用于送货制条件下的产品定价。这种定价策略既有助于企业树立童叟无欺、远近一价的企业形象，也有助于企业对产品价格的管理。

（三）折让定价策略

折让定价策略就是降低商品价格，给购买者一定的价格折扣或馈赠部分产品，以争取用户，扩大销售。常见的折让定价策略有以下七种：

1. 现金折扣策略

这种策略允许用现金或提前付款的方式购买商品的顾客，按原定价享受一定的折扣，鼓励顾客按期或提前偿付货款，以加速商品和资金周转，提高企业利润率。这种定价策略适用于价格昂贵的耐用消费品，尤其适用于采取分期付款的商品。

2. 数量折扣策略

卖方根据买方购买商品的数量多少，给予不同的折扣。购买商品愈多，折扣愈高，买方获利也愈多。实行这种策略的目的在于鼓励买方大批量购买商品。数量折扣可分为累进折扣和非累进折扣。顾客在一定时间内（如一月、一季、半年等）购买商品总量达到一定额度时，按其总量的多少给予折扣称为累进折扣。同一顾客在一次购买的商品达到一定额度时，按其总量多少给予的折扣称为非累进折扣。

3. 季节性折扣

生产或经营企业向提前购买季节性强的商品的顾客给予一定的价格折扣，称为季节性折扣策略。采用此策略的目的在于鼓励顾客早期购货，减少企业的资金负担和仓储保管费用，加速资金周转。

4. 交易折扣策略

根据中间商在商品流通中的不同地位和作用，给予不同的折扣，称为交易折扣策略。如给予批发商的折扣大于零售商的折扣，鼓励中间商努力销售本企业的商品。

5. 组合折扣策略

企业将彼此密切相关的商品组合配套，对购买成套商品的顾客给予价格折扣，使之比分别购买的价格更低一些，如世界杯足球赛出售的套票、配套的茶具及餐具等。这种策略既有利于消费者一次购齐、节省时间、享受优惠，又有利于企业增加销售。

6. 推广让价策略

企业对经营者为本企业经营的商品提供的各种促销活动（如刊登地方性广告、布置专门的橱窗、组织人员促销等)进行鼓励,给予津贴或减价作为报酬,这就是推广让价策略。这种策略对于扩大商品影响和销路,有着重要的作用。

7. 运费让价策略

对较远的顾客,通过减价来弥补其部分或全部运费的策略即为运费让价策略。此种策略可吸引远方顾客经销本企业的商品,扩大市场范围,开辟新的销路。

(四)差价策略

差价策略,即企业根据不同情况,对同一商品采取不同定价的策略。常见的有以下四种:

1. 地区差价策略

同一商品在不同地区销售,所定价格不同的策略称为地区差价策略。地区差价具体有两种情况:一是根据商品销售地区距离远近、支付运费的大小相应加价,使销售地价格大于产地价格;二是从开拓外地市场着眼,使销售地价格低于产地价格,让商品在销售地广泛渗透,站稳市场。

2. 分级差价策略

企业对同一类商品进行挑选整理,分成若干级别,各级之间保持一定价格差额的策略称为分级差价策略。此种策略便于顾客选购,以满足不同层次的消费需求。

3. 用途差价策略

同一商品供不同用途时采用不同价格的策略称为用途差价策略。如把食盐销售给生产企业,作为生产原料,在价格上优惠;当农民用电风扇来吹干谷物时,则可降价向农民出售电风扇等。此种策略可鼓励消费者增加商品用途开拓新的市场。

4. 品牌差价策略

同品种的商品由于品牌不同,定价有别的策略称为品牌差价策略。如某一品牌的商品已成为名牌,在消费者心目中已树立了信任感,其销售价格就可定得略高于一般品牌的商品,借以鼓励企业创名牌。

(五)心理定价策略

心理定价策略,即根据顾客的不同心理,采取不同定价技巧的策略。常见的有以下五种:

1. 尾数定价策略

尾数定价策略又称非整数定价策略,即企业给商品定一个接近整数,以零头尾数结尾的价格。如某商品的价格为 0.97 元,接近 1 元,就是利用顾客的求廉心理和要求定价准确的心理进行定价的。保留了尾数,一方面可给顾客以不到整数的心理信息;另一方面使顾客从心里感到定价认真、准确、合理,从而对价格产生一种信任感。

2. 方便定价策略

方便定价策略也称整数定价策略是指企业给商品定价时取一个整数。这是利用人们一分钱一分货的心理和快捷方便的心理定价的。它特别适用于高档消费品、优质品和交易次数频繁的商品，如袋装食品、快餐店的饭菜等。

3. 如意定价策略

如意定价策略，是指按照顾客希望吉祥如意这一心理和要求来确定价格。中国港澳地区有相当数量的消费者对尾数为“8”的价格比较感兴趣，认为“8”有如意吉祥之意或“8”的谐音与“发”字相同，故将价格尾数定为“8”。我国有不少地区的居民喜欢价格数字为偶数，这也是想从价格数字上获得美好的联想。

4. 声望定价策略

声望定价策略是依照人们的虚荣心理来确定商品价格的一种策略。同样的商品在有名的商店经销，价格略高，顾客仍乐意购买。名牌或高级消费品价格定得高一些，一些顾客为显示其富有也乐意购买。为地位显贵的消费者提供商品，价格也可定得高一点，这样就能够满足声望心理价值的需求。

5. 招徕定价策略

一般顾客都有以低于一般市价的价格买到同质商品的心理要求。企业抓住顾客这一心理，可特意将商品价格定得略低于同行生产者和经营者，以招徕顾客，这种策略称为招徕策略。如在节假日实行“大减价”销售。又如，在香港经常见到大大小小的店堂贴满了花花绿绿的大减价字条“平，平，平，平得你笑，平得你跳”等。这种以廉价招徕顾客的策略，往往会吸引不少顾客在购买这种商品时，同时购买其他商品，从而达到扩大连带商品销售的目的。

工作任务 2　选择定价方法

工作流程

1. 分析模拟公司的产品定价目标
2. 估计企业的固定成本和变动成本
3. 分析竞争者的价格和产品
4. 分析影响定价的因素
5. 选择定价方法
6. 确定模拟公司的产品价格

相关知识

企业定价的方法主要有以下两种：

一、成本导向定价法

成本导向定价法是以企业产品成本作为基础的定价方法，这种方法的优点是量出而入，将本求利，计算简单。其主要方法有四种：

1. 完全成本定价法

完全成本定价法也就是成本加成定价法，即首先确定单位变动成本再加上平均分摊的固定成本组成单位完全成本，在此基础上加上一定比例的利润，作为单位产品价格。在计算时，应先统计出总的产销量。然后在每个单位产品成本的基础上加上应纳税金和预期利润率。售价与成本的差额占成本的比例即为加成，其基本公式如下：

$$P = C(1+t)(1+r) \tag{4.1}$$

$$P = \frac{C(1+t)}{(1-r)} \tag{4.2}$$

式中 P——单位产品价格；

C——单位产品成本；

t——税率；

r——加成率。

(4.1)是顺加法；(4.2)是倒扣法。商业企业往往采用倒扣法。

这种方法计算简单，简便易行，成本资料直接可得。“将本求利”的把握较大，对买卖双方相对公平。它适用的范围比较广泛，制造商、中间商以及建筑业、科研部门和农业部门经常使用这种方法，特别是销售量与单位成本相对稳定，供求双方竞争不甚激烈的商品更为适用。

采用这种定价方法的关键是加成率。企业要根据单位成本、市场和产品特点等合理确定加成率。这种方法的主要缺点是没有考虑到不同价格商品需求量的变动情况，不能确切测定商品的销售量。同时，对市场竞争的适应能力较差，定价方法也不灵活。

2. 目标利润定价法

目标利润定价法也称投资收益定价法，即根据企业的总成本和计划的总销售量，加上按投资收益率确定的目标利润额作为定价基础的一种方法。其基本公式如下：

$$P = \frac{C(1+r)}{Q} \tag{4.3}$$

式中 P——单位产品价格；

Q——预计销售量；

r——目标利润率；

C——总成本。

投资收益率多少，由企业或投资者裁定，一般应不低于银行利率。

这种方法的优点是：有利于加强企业管理的计划性，可较好地实现投资回收计划。但这种方法要求较高，企业必须有较强的计划能力，必须测算好销售价格与期望销售量之间的关系，避免出现确定了价格而销售量达不到预期目标的被动情况。

【例 4-1】 某服装公司生产 10000 套衬衫，固定成本 30000 元，单位变动成本 45 元，确定成本利润率为 24%，综合税率为 5%，计算其单位成本价格。

解 单位产品价格计算公式为

$$\text{单位产品价格} = \frac{\text{完全成本} + \text{利润} + \text{税金}}{\text{产品产量}}$$

根据公式，单位产品价格

$$= \frac{30000 + 45 \times 10000 + (30000 + 45 \times 10000) \times 24\% + (30000 + 45 \times 10000) \times 5\%}{10000}$$

$= 61.92$（元）

或

$$\text{单位产品价格} = \frac{30000 + 45 \times 10000}{10000} \times (1 + 24\% + 5\%) = 61.92\text{（元）}$$

说明：本例中把税金从成本中单列出来，也可以把税金包括在完全成本中。

3. 盈亏临界点定价法

该定价法也称损益平衡定价法，即企业按照生产某种产品总成本和销售收入维持平衡的原则来制定产品的保本价格的一种方法。这种方法在市场不景气的情况下采用比较合适，因为保本经营总比停业的损失要小，而且企业有较灵活的回旋余地。其基本公式如下：

$$P = \frac{F + C_v}{Q} \tag{4.4}$$

式中 P——单位产品保本价格；

C_v——总的变动成本；

F——固定成本；

Q——预计销售量。

应该指出：这种方法较多地适用于工业企业定价，商贸企业一般无须采用这种定价方法。

【例 4-2】 某企业全年生产某种产品能力为 150 万件，企业投入固定成本 750 万元，单位变动成本 7.5 元，若盈亏平衡规模为 60 万件，请计算盈亏平衡点时的产品价格。

解 $\text{单位产品价格} = \dfrac{\text{固定成本总额}}{\text{盈亏平衡点产销量}} + \text{单位变动成本}$

或

$$\text{单位产品价格} = \frac{\text{总的固定成本} + \text{总的变动成本}}{\text{预计销货量}}$$

根据公式，单位产品价格 $= \dfrac{750000}{600000} + 7.5 = 8.75$（元）

或

$$\text{单位产品价格} = \frac{750000 + 7.5 \times 600000}{600000} = 8.75\text{（元）}$$

说明：产品真正出售时要考虑预期利润。

4. 边际贡献定价法

该定价法也称高于变动成本定价法。所谓边际贡献，即预计的销售收入减去变动成本后的收益，也就是企业只计算变动成本，不计算固定成本，而以预期的边际贡献来适当补偿固定成本的定价方法。如果这个边际贡献不能完全补偿固定成本，就会出现一定程度的亏损，其基本计算公式为

$$P = \frac{C_v + M}{Q}$$

其中

$$M = R - C \tag{4.5}$$

式中　P——单位产品价格；

C_v——总的变动成本；

Q——预计销售量；

M是边际贡献；

R——预计销售收入。

当边际贡献等于固定成本时，即可实现保本；当边际贡献大于固定成本时，即可赢利了。

这种定价方法较灵活，适用于市场商品供过于求，卖方竞争激烈的市场环境。在市场售价过高而滞销或丧失市场的情况下，不如暂不计算固定成本，尽力维持生产，在改善经营的基础上，争取边际贡献接近固定成本，这样对企业和社会的贡献会更大些。

二、需求导向定价法

需求导向定价法是以市场需求强度为定价基础，根据消费者对产品价值的认识和需求的程度来决定价格，而不是根据成本来制定价格。成本导向定价法的逻辑关系为

成本＋税金＋利润＝价格

而需求导向定价法的逻辑关系为

价格－税金－利润＝成本

需求导向定价法在具体运用中，有以下几种具体方法：

1. 理解价值定价法

理解价值定价法是根据消费者理解的产品价格(能够接受的价格)——买主的价值观念，而不是根据卖主的成本来定价。理解价值定价法的关键是企业对消费者理解的价格有正确的估计，故企业必须进行市场调查和研究，找到准确的市场理解价值，以此为根据来制定价格，进而估计在各种价格水平下的商品销售量、进货量、投资额和单位成本。企业经营者应综合这些数据，计算在这种价格水平下能否赢利，获利多少，最后决定是否生产和经营。

这种定价方法要充分考虑消费者的心理和需求弹性。例如，需求弹性大的商品价格可定得低些，需求弹性小的商品价格必要时可定得高些。又如，威望高的企业或名牌商品，消费者会另眼看待，售价则可定得高些；反之，价格则应定得低一些。这样，其定价才能为消费者所接受。

2. 区分需求定价法

区分需求定价法是根据销售对象、销售地点、销售时间等条件变化所产生的需求差

异，而不是根据成本的差异作为定价的基本依据，针对每种差异决定在基础价格上是加价还是减价的一种方法。例如，同一商品对不同顾客价格不同；不同式样的商品并不根据成本差异而按需求规定不同售价；不同销售地点的价格不同；不同销售时间的价格不同等。企业使用这种定价方法时，要充分考虑顾客要求、顾客心理、商品品质、地区差别、时间差别等，灵活运用价格差异，以达到促进商品销售的目的。

3. 拍卖定价法

拍卖定价法一般用于文物、古董、旧货等物品，因为这些物品的成本与价值都难以确定。现在拍卖定价法的运用有越来越广的趋势，如土地等。商品在拍卖时，顾客根据自己对拍卖物品的爱好和需求程度报出自己愿付的价格，大家互相竞争，价格可能越抬越高，到最后无人愿意再提高价格时，该物品即按已报出的最高价格卖出。拍卖法适用于成本与价值难以确定，需求程度强烈的物品。这种方法比较公平，能够避免物品销售中的不正之风。

4. 竞争者导向定价法

竞争者导向定价法是主要根据竞争者的售价作为定价依据的一种定价方法。这种定价法一般采用流行水准定价法，即以本行业平均水准为本企业的定价标准。在竞争激烈的同一商品市场上，采用流行水准定价法风险较小，因为在这种市场上，需求曲线上有一个适中点，如果某一企业提价超过这一个点，需求就会减少，而其他企业不一定跟着提价；低于这一点，一家企业跌价，其他企业跟着跌价，而需求也不会增加。

投标定价法也属于竞争导向定价法。所谓投标定价是指以投标竞争的方式确定商品价格的方法。其具体操作程序是在商品或服务的交易中，由招标人发出招标公告，投标人竞争投标，密封递价，招标人择优选定价格。这种方法通过预期竞争者的价格而不是自己的成本或市场需求定价，通常用于建筑包工、大型设备制造、政府大宗采购等。

以上所讲的各种定价方法，只是大体的分类。在实际工作中，一些定价方法的导向是相互渗透的。无论是成本导向还是需求导向，都是在市场竞争中应遵循的。工商企业应根据市场情况，综合而机动地运用各种定价方法。

工作任务3　制定产品定价调整策略

工作流程

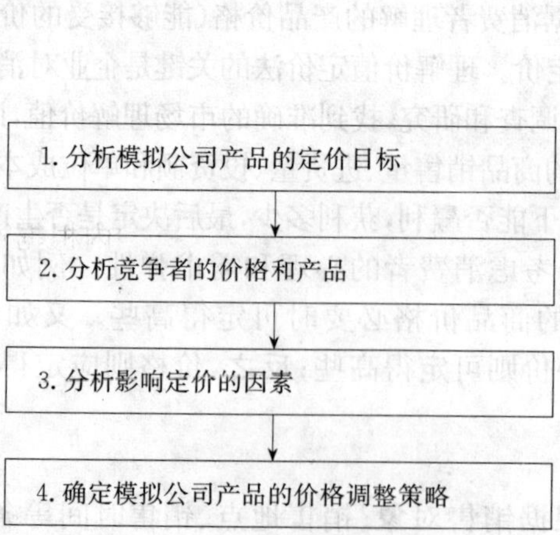

相关知识

价格调整策略主要有降价和提价两种方式：

一、降价

企业在下面几种情况下，必须考虑降价：

(1)在加强促销、产品改进等手段都不能达到扩大销售的目的时，企业应该考虑降价。

(2)企业面临激烈的价格竞争并且市场占有率正在下降，为了增强竞争能力、维持和提高市场占有率，企业必须降价。

(3)企业为应对竞争者降价压力，采取"反价格"战，即制定比竞争者的价格更有竞争力的价格。

(4)企业产品成本低于竞争者，但在市场上并未处于支配地位时，也应该降价。通过降价可以提高企业的市场占有率，再利用销量的增加和生产的扩大进一步降低成本和提高市场占有率，形成良性循环。

(5)在宏观经济不景气或行业需求不旺时，降低价格是企业借以渡过难关的重要手段。

二、提价

在有些情况下，企业必须考虑提价：由于通货膨胀引起成本增加，企业无法在内部自我消化这部分成本，这时企业必须考虑提高产品价格。或者企业的产品供不应求，无法满足所有顾客的需要，通过提价可将产品卖给需求强度最大的顾客，不但平衡了需求，而且也增加了收益。

提价一般会引起顾客、中间商甚至企业推销人员的不满，但成功的提价决策会增加企业的利润。企业决定提高产品价格时，还必须考虑到底是一次性大幅度提价还是多次地小幅度提价。顾客对后一种方式比较容易接受。

提价方法有：

(1)推迟报价，即企业在产品制成或交货时才提出最后价格，生产周期较长的行业(如工业建筑和重型设备制造业)一般采用这种策略。

(2)在合同中使用价格自动调整条款，规定在合同期内根据选定的某个价格指数来计算调整价格。

(3)保持产品价格不变，但将原来提供的附加产品从产品整体中分解出来，另行定价。

(4)减少价格折扣。

(5)保持价格不变，而采用更便宜的材料或配件作替代品，或采用廉价的包装材料，或减少产品的功能、服务等。

拓展知识

产品定价策划方案的格式

一、定价背景概述

首先，说明定价策划的对象，即是为哪个企业所作的哪类产品的定价策划。并对定价策划的要求、任务作出规定。

然后，交代策划背景，即对企业与产品定价有关的情况作描述。主要包括：对企业经营状况的分析；对市场竞争状况的客观分析；分析本企业竞争的优劣势。

二、确定定价依据和定价目标

搜集定价所需的成本资料，调查消费者对价格的敏感反应和竞争对手的定价情况，国家的价格政策及有关政策对价格的影响，这些资料是企业定价的依据，以此来确定企业的定价目标。

搜集定价资料是非常具体的。包括产品的生产、销售、运输、储存、包装、安装、维护等方面的成本或费用指标都可作为参考依据，对竞争对手定价的情况，要进行搜集和计算，为定价提供可靠的参考依据。

企业的定价目标有“追求利润”、“提高市场占有率”、“应付市场竞争”、“维持营业”等目标。企业必须要对这些目标作出选择，定价目标的确立应建立在客观、准确的定价依据上。

三、设计定价方案

设计定价方案是定价策划最重要、最核心的内容，也是实施的关键。选择定价方法，根据企业的定价目标与定价依据选取一种主要的定价方法，定量地进行价格计算，对计算出来的价格再进行定性分析，然后作全面调整，确定最终价格。

四、定价方案的分析、评价

对最终确定、准备投入实施的定价方案再进行全面分析。一般来说，定价方案可以在全面投入实施前，进行小范围的试验，试探消费者和竞争对手的反应并作分析，以便进行修改和调整，确定正式的定价方案。

工作实施

模拟公司的“价格计划方案”设计

一、目标

产品定价是企业营销的重要决策。通过本训练，使学生认识到运用价格策略的重要性，使学生掌握产品定价的基本技能。根据市场供求变化、竞争对手的定价情况及政府干预等诸因素影响，考虑生产者、经销商和消费者三方面的利益，能够设计企业营销一般需要的三种价格，即“目标利润定价”、“应对竞争定价”和“维持生存定价”，为学生将来自己创业奠定营销业务基础。

二、步骤

1. 把价格策略理论运用于营销实践，联系模拟公司的项目或资料，为某一产品制定合理的定价，设计约2000字的“价格计划方案”。

2. 依据价格策略要求，根据市场需求状况，针对竞争对手的定价，对企业营销中常用的“合理利润”、“应对竞争”、“维持生存”三种方案进行设计。

3. 形成框架内容，并撰写广告策划方案。

4. 每个团队选1名代表面对全班同学陈述本团队策划的思路内容及感受(每组5～8分钟)。

三、考核标准

评分项目	分　值	得　分
根据市场需求、企业目标，针对市场竞争状况，设计适应性强的价格方案	30	
方案要有针对性、内容要具体、具有可操作性	25	
方案紧扣模拟公司产品，计算准确、全面、条理清楚	30	
报告人阐述思路清晰，分析活动计划条理清晰，有说服力	15	
总　分	100	

四、注意事项

1. 要求教师对“价格计划方案设计”的实践应用价值给予说明，调动学生操作的积极性。

2. 要求学生根据有关成本资料及市场信息资料，完成“价格计划方案设计”任务。

3. 要求教师对价格方案设计的基本步骤、计算方法、分析方法进行具体指导。

4. 要求教师提供“价格计划方案设计”范例，供学生操作参考。

5. 定价方案设计首先要明确企业定价目标，要对影响价格的内部因素——产品情况、企业营销能力进行分析；对外部因素——市场供求情况、竞争状况和政府有关政策进行分析，作为设计定价方案的依据，确保定价的正确性。本指导需要结合具体财务资料才能进行指导。

五、范例

维维利乐包豆奶的定价方案

根据财务部门提供的成本信息，维维豆奶的成本构成如下：

1. 厂部生产线提供上海地区30%的生产能力，可提供1667万盒(250 ml)。

2. 分摊的固定费用为：

(1)月折旧费20万元；年折旧费240万元。

(2)月管理费用13.33万元；年管理费用159.96万元。

3. 单位产品的变动费用为：(按目前市场价格计算)

(1)豆浆、牛奶配方原料：1000 ml，0.40元。

(2)辅料费用：1000 ml，0.24元。

(3)包装费用：每盒0.10元。

(4)人工费用：每盒0.10元。

(5)储运费用：每盒0.07元。

(6)销售费用:每盒0.08元。

(7)税金:每盒0.06元。

4.经预测2003年的市场需求为1400万盒,总公司要求上海地区的"维维利乐包豆奶"净利润目标为150万元。企业成本加成率是20%,商业加成率是33%。

5.市场部所提供的竞争产品的市场价格如下表所示:

品　牌	品　种	容　量	市场零售价
维他奶	维他奶	100ml	0.80元
维他奶	维他命奶	250ml	1.30元
维他奶	麦精朱古力	250ml	1.30元
正广和	都市奶	250ml	1.50元
杨协成	豆奶	250ml	2.00元
上海光明	巧克力牛奶	200ml	2.00元
上海光明	纯鲜牛奶	200ml	2.00元
上海光明	纯鲜牛奶	250ml	2.30元

根据上述财务、市场有关资料,对"维维利乐包豆奶"设计以下定价方案。

(一)"目标利润"价格方案

出厂价格=单位变动成本+(固定成本+预期利润)÷预期销售量

=0.57+(399.96万+150万)÷1400万

=0.57+0.3928

=0.9628=0.97元

零售价=单位价格×(1+商业加成率)

=0.97×(1+33%)

=1.29元

方案分析:

(1)方案能够实现利润目标。由于该价格是以市场需求为前提,计算是根据预期销售量,所以方案利润的实现具有实际意义。

(2)方案价格不具有很强竞争力。主要竞争对手"维他奶"产品的定价是1.30元。

首先,假设"维维"把产品的市场零售价格定为1.29元,从这一点来看,虽然占了一点点优势,但优势不是很强。

第二,在豆奶市场上,"维维"的主要竞争对手是"维他奶",其产品的零售价恰好也是1.3元,但该品牌的知名度要远在"维维"品牌之上,而且该产品正处于成熟期,营销环境等一系列的因素都不错,"维他奶"是上海豆奶利乐包的主导品牌,在消费者的心目中具有良好的形象,市场占有率很高,相比较之下,"维维"产品就要逊色不少,处于明显的劣势。

第三,若"维维"以1.29元的价格进入市场,会打不开销售局面,占领不了市场。因为在价格方面缺乏吸引消费者放弃"维他奶"、试买"维维"的欲望,从而会直接影响企业的预期销售量,以至于可能达不到150万元的目标利润。

结论:

虽然该方案是根据市场需求,在一定程度上也可达到企业的目标利润,但由于价格缺乏很强的竞争力，使竞争具有一定局限性，会给企业带来风险。因此，此方案不是最优方案。

（二）"应对竞争"方案

保本出厂价格＝单位变动成本＋(固定成本÷预期销售量)
＝0.57＋(399.96万÷1400万)
＝0.57＋0.2856
＝0.8556元

保本零售价＝单位价格×(1＋商业加成率)
＝0.8556×(1＋33%)
＝1.14元

因为目前市场零售价的最低价为1.30元。所以，"维维"具有竞争力的价格应该在保本价1.14元与市场最低价1.30元之间。

方案分析：

该方案最显著的优势就是价格低，具有很强的竞争力。但该价格无法完成企业的预期利润目标。这就取决于企业注重的是什么，是企业的目标利润，还是企业的产品市场。

当然，企业定价目标、定位利润最大化无可非议。但一个聪明的企业是不会把目光只盯在眼前利益上，要有企业的发展空间及其长远利益，就必须占有一定的市场份额，这对企业的生存和发展是很关键的。

因此，当企业面临利润最大化和市场最大化且必须两者当中取一时，企业应该选择后者。如可口可乐公司以亏本低价占据中国市场，换来今天的龙头老大地位，由此可见市场份额的重要性，因为较高的市场占有率可保证企业产品的销路，能够给企业带来长远利益。具体分析如下：

1."维维"产品1.14元～1.30元的价格具有竞争优势，价格越低，竞争力越强，最强的竞争价格是"维维"的保本零售价1.14元。

2."维维"产品1.14元～1.30元的竞争价格在不同程度上会影响目标利润的实现，价格越低，影响程度越大，当价格定在1.14元时，企业利润为零。但高于1.14元，企业还是有利润的，价格越高，利润越多，企业到底能获多少利润，只能由市场竞争来决定。

3.如果定为1.14元，企业有获取利润的可能。因为，1.14元具有竞争优势，可以打开市场，提高销售量，当销售量大于预期销售量1400万盒时，每盒单位固定成本0.2856元就可以转化为单位利润。

结论：

鉴于该方案的价格具有很大竞争力，综合分析后，应该是较优方案，当然对企业制定的目标利润会有影响，但只要操作得当，对利润目标的影响不大。

（三）"维持生存"价格方案

考虑到豆奶产品正处于成熟期，上海市场竞争尤为激烈，"维维"定价应该做好充分的思想准备。如果"维维"遭到"维他奶"等竞争对手的封杀，企业的预期边际贡献只能考虑企业补偿固定成本的部分，以及考虑收回204万年折旧费，使企业在困境中维持生存。基于这种状况，应该设计“维持生存”价格方案。

出厂价格＝单位变动成本＋(预期边际贡献÷预期销售量)
＝0.57＋(240万÷1400万)
＝0.57＋0.1714
＝0.7414元

零售价＝单位价格×(1＋商业加成率)
＝0.7414×(1＋33%)
＝0.99元

方案分析：

1.此方案价格最低只有0.99元，这是特定时期运用的方案。当企业面临严峻形势时，运用该方案能使企业在很糟糕的环境下求得生存。正常情况下不应使用该方案，否则企业会遭受亏损。

2.此方案价格可以维持现有市场，维持企业正常生产。

3.此方案价格只能暂时使用，不能维持长久。

结论：

目前的形势下，该方案是绝对不适用的，但可作为企业面对困难时的一条出路。

项目5 产品分销渠道策划

【知识目标】

- 了解企业分销渠道的种类
- 了解中间商的特点、功能和主要类型

【能力目标】

- 能为模拟公司的产品制定分销渠道策略
- 能选择与评估渠道成员

【任务分解】

工作任务1 分析产品渠道

工作任务2 选择渠道策略

工作任务3 选择与评估渠道成员

相关知识

分销渠道也称销售渠道、贸易渠道，它是指产品从制造商(生产者)向消费者或用户转移过程中取得产品所有权或帮助转移所有权的所有组织或个人。分销渠道的起点是制造商(生产者)，终点是消费者或用户，中间环节包括商人中间商(因为他们取得所有权)和代理中间商(因为他们帮助转移所有权)。在实际的交易行为中，情况更为复杂，这是因为产品从制造商向最终顾客或用户流动过程中，存在几种物质或非物质形式的运动“流”，渠道则表现为这些“流”的载体。组成分销渠道的各种机构是由几种类型的流程联结起来的。按菲利普？科特勒的归纳分为实体流、所有权流、付款流、信息流和促销流。它们各自的流程如图4-8所示。

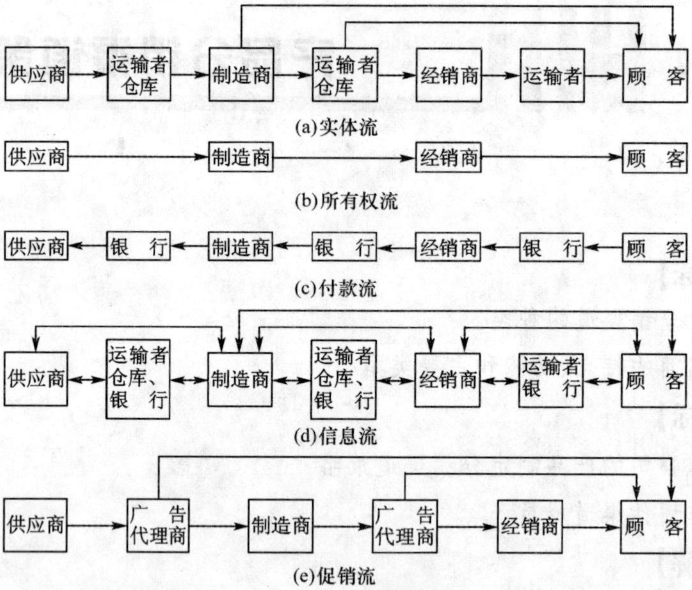

图 4-8　分销渠道的流程

工作任务 1　分析产品渠道

工作流程

1. 分析渠道设计的影响因素

2. 确立模拟公司渠道设计的功能

3. 确立模拟公司的渠道类型

相关知识

一、影响分销渠道的因素

影响分销渠道的因素很多，制造商在选择分销渠道前，应对产品、市场及企业本身各种因素进行综合分析，以便做出正确的选择。影响分析渠道的因素有以下几种：

(一)产品因素

1.产品单位价值

低单位价值的产品,往往通过中间商来进行销售,让中间商承担部分销售成本,增加市场的覆盖面。其分销路线长,环节多,且每一个环节层次多,即渠道宽。反之,高单价产品,分销路线就短。

2.产品的大小与重量

体积大、分量重的产品,往往意味着高的装运成本和高的重置成本,一般应尽量选择最短的分销渠道,如机械设备多数只通过一个环节,甚至取消中间环节由生产者直接供应给用户。

3.产品的耐腐性

产品是否会迅速腐烂、容易损坏,是一个在产品实体运输和储存中非常关键的问题。易腐、易毁的产品,应尽量缩短分销途径,迅速地把产品出售给消费者。鲜活产品的渠道一般都较短,就是这个道理。

4.产品的技术性和服务性

技术需求比较复杂、对售后服务要求较高的产品,如微机、现代办公用品、大型机电设备等,一般要求较高的技术性,生产企业要派出专门的人员去指导用户安装、操作和维修。因此,这些产品一般由生产企业直接销售给用户,其分销渠道一般都是短而窄的。因为中间商可能对产品的各项性能不是很了解,有可能对顾客产生误导,为以后的销售埋下隐患。

5.产品的款式

时尚程度较高的产品,即式样或款式较容易发生变迁的产品,如各种新奇玩具、时装等,分销渠道应尽量缩短,以免流转环节较多、周转时间较长。而过时或时尚性不强、款式不易发生变化的商品,分销渠道可以适当长一点,以便广泛销售。

6.产品标准化程度

一般而言,渠道的长度与宽度是与产品的标准化程度成正比的。产品的标准化程度越高,渠道的长度越长,宽度越宽。

7.企业开发的新产品

为了尽快地把新产品投入市场,企业通常应采取强有力的推销手段去占领市场,生产企业往往为此不惜付出大量的资金组成推销队伍,直接向消费者推销。当然,在情况许可时,也应考虑利用原有的分销途径。

(二)市场因素

1.市场范围的大小

在一般情况下,产品销售范围越大,则分销渠道就越长。如果产品在全国范围销售或进入国际市场,则要选择宽渠道,广泛利用中间商;如果产品销售范围很小,或就地生产就地销售,则由生产者直接销售或通过零售商销售。

2.潜在顾客的地理分布情况

如果某种产品的潜在顾客分散在全国广大地区,制造商就要通过若干不同的中间商转卖给潜在顾客，使用较长的分销渠道。如果某产品的潜在顾客集中在少数地区，制造商就可以直接销售而不用中间商，使用最短的分销渠道。

3. 消费者的购买习惯

消费者的购买习惯也会影响分销渠道的选择。如一些日用生活必需品，其价格低，消费者数量大，购买频率高，顾客不必做仔细的挑选，希望随时随地都能买到。制造商应尽量多采用中间商扩大销售网点，其分销渠道应长而宽。而对于一些耐用消费品，制造商一般只通过少数几个精心挑选的零售商去推销产品，甚至在一个地区只通过一家零售商去推销其产品，其分销渠道可以短而窄。

4. 市场上竞争者使用分销渠道的情况

一般来说，制造商要尽量避免和竞争者使用相同的分销渠道。如果竞争者使用和控制着传统的分销渠道，本企业就应当使用其他不同的分销渠道推销其产品。有时，同类产品也采取与竞争者相同的分销渠道，以便让顾客进行产品价格、质量等方面的比较。

5. 市场的其他特点

销售季节性的变化、节日商品等市场的其他特点也都是企业选择分销渠道时应考虑的因素。

（三）制造商自身的因素

1. 制造商的声誉与资金

制造商的声誉越卓著，资金越雄厚，越可以自由选择分销渠道，甚至还可以建立自己的销售网点，采取产销合一的方法经营，而不经过任何其他中间商。如果制造商财力微薄或声誉不高，则必须依赖中间商提供服务。

2. 制造商自身的销售力量和销售经验

一般来说，如果制造商自身有足够的销售力量或者有丰富的销售经验，就可以少用或者不用中间商；否则，就只有将整个销售工作交给中间商。

3. 制造商对分销渠道的控制要求

如果企业的市场营销策略要求严格控制产品的价格和新鲜程度或为了产品的时尚，则要选择尽可能短的或尽可能窄的分销渠道，因为短而窄的分销渠道，企业比较容易控制。

4. 制造商提供服务的态度和能力

如果制造商愿意为最终消费者或用户提供更多的服务，可采用较短的分销渠道；如果制造商愿意且有能力为中间商提供更多的服务，就会吸引更多的中间商来经营企业的产品。

（四）经济效益因素

经济效益的高低与分销渠道的长短密切相关。一般来说，缩短渠道能减少环节，加速流通，节约社会劳动，提高经济效益。但从某些商品的营销要求来看，只有增加渠道环节，才能拓展市场，扩大销售，提高市场占有率，从而提高经济效益。企业的产品往往可以通过不同类型的分销渠道进行销售，有的甚至可以同时使用几种分销渠道。企业究竟选择哪种分销渠道，要通过分析、比较、衡量各种渠道的利弊，视其综合经济效益的大小而进行决策。

（五）社会环境及传统习惯因素

社会环境这一因素主要是指政府的方针政策及对产品分销渠道的限制情况。如国家规定有些产品专营，对某些产品进出口加以限制等，在这些场合，企业没有选择分销渠道的权利。此外，传统的消费习惯、购买习惯、营销习惯等，也是影响分销渠道选择的重要因素。

（六）中间商因素

中间商是分销渠道的重要组成部分，影响着分销渠道的效率。

二、分销渠道的功能

分销渠道基本上有以下七个功能：

1.所有权转移

分销渠道承担的最本质的功能就是完成产品从生产者到消费者的所有权转移。在这个过程中，生产者出售了他的产品，获得了销售收入，消费者付出了货币，取得了所需要的产品。

2.沟通信息

搜集并发布关于市场营销环境中现有的和潜在的消费者、竞争者及其他影响者和影响力量的信息。

3.促进销售

通过人员推销、广告、公关活动及其他促销方式吸引和说服顾客和潜在顾客。

4.洽谈生意

渠道成员之间达成有关产品的价格、采购条件、进货条件以及售后服务的协议，并提出订单。

5.资金融通

中间商购进产品并保持存货需要投入资金，这部分投入在产品实际抵达消费者之前就已经垫支，保证了厂商的再生产活动。所以，中间商购进产品的行为实际是融资。

6.实体分配

分销渠道除了完成产品交易过程外，同时，还要完成产品实体从生产者到消费者的空间移动，消费才能成为现实的消费。

7.风险承担

产品从生产领域到消费领域转移过程中会面临许多不确定因素和物质实体的损耗，如市场需求变动、不可抗拒的天灾人祸、运输和存储及装卸过程中的商品破损等。这些风险均要由分销渠道成员承担。

三、分销渠道的类型

依据不同标准，分销渠道可有不同分类：

（一）直接渠道与间接渠道

按产品在流通过程中是否有中间环节，可以把分销渠道分为直接渠道与间接渠道。

1.直接渠道

直接渠道指产品从生产者流向最终消费者的过程中不经过任何中间商转手，直接把产品销售给消费者。直接渠道是工业用品分销渠道的主要类型。在消费品市场，直接渠道也有扩大优势。具体形式有厂商直接销售、销售人员上门推销、邮寄销售、电话销售、电视销售和网上销售。优点是销售及时，直接了解市场，便于产销沟通，提供售后服务，有利于控制价格。不足是销售费用高，销售范围受到较大限制。

2. 间接渠道

间接渠道指产品从生产领域转移到消费者或用户手中经过若干中间商的分销渠道，这是一种多层次的分销。间接渠道是消费品分销渠道的主要类型，有些工业品也采用间接渠道。优点是使交易次数减少，节约流通领域的时间和费用，使企业集中精力搞好生产，可以扩大销售范围。不足是中间商的介入使生产者和消费者不能直接沟通信息，生产者不易准确地掌握消费者的需求，消费者也不易了解企业的情况。

（二）长渠道与短渠道

长渠道与短渠道是根据产品从生产者向消费者转移的过程中，所经过的中间环节的多少来划分的。

1. 长渠道

长渠道是指生产者利用两个或两个以上的中间商，把产品销售给消费者或用户。一般销售量较大、销售范围广的产品宜采用长渠道。长渠道可以充分利用各类中间商的职能，发挥他们各自的优势，扩大销售。缺点是流通费用增加，不利于减轻消费者的价格负担。

2. 短渠道

短渠道是指生产者只利用一个中间环节或自己销售产品。一般销售批量大，市场比较集中或本身技术复杂、价格较高的产品适用短渠道。短渠道可以使商品迅速到达消费者手中，减少商品使用价值的损失，有利于开展售后服务，降低产品价格。不足是生产者承担的商业职能多，不利于集中精力搞好生产。

（三）宽渠道和窄渠道

宽渠道与窄渠道是根据生产商在某一区域目标市场选择中间商数目的多少来划分的。

1. 宽渠道

宽渠道指生产商在某一区域目标市场上尽可能多地选择中间商来销售自己的产品。优点是分销面广，可以使消费者随时随地买到产品，促使中间商展开竞争，使生产者有一定的选择余地，提高产品的销售效率。不足在于各个中间商推销商品不专一，不愿意花费更多的促销精力；生产者与中间商是一种松散关系，不利于合作。

2. 窄渠道

窄渠道指生产商在某一区域目标市场上只选择少数几个中间商来销售自己的产品。优点是被选择的中间商在当地市场有一定的地位和声誉，容易合作；有利于借助中间商的信誉和形象提高产品的销售业绩。不足在于中间商要求折扣较大，生产商开拓市场的费用比一般得要高。

3. 最窄渠道

最窄渠道又称独家分销，是指厂商在某一区域目标市场上只选择一家中间商销售其产品。所选择的中间商一般在当地极有声望，居于市场领先地位。优点是独家分销是工商双方紧密关系，厂商对中间商给予促销支持，中间商会通力合作，业务手续大为简化，便于产品销售，也便于信息反馈。不足是产品销售面狭窄，市场占有率低，不便消费者购买。

（四）现代分销渠道系统

现代分销渠道系统是按照分销的组织形式来划分的。随着市场经济的发展和企业在竞争中逐渐成熟，促使新的分销组织形式不断出现。

1. 垂直分销系统

垂直分销系统是由生产企业、批发商、零售商根据纵向一体化的原理组成的渠道销售系统。可称纵向联合，分为契约型产销结合和紧密型产销一体化。在垂直分销系统中，其中某一环节的渠道成员占主导地位，称为渠道领袖。它可凭借优势地位，联合或支配渠道其他成员共同开拓某种产品的产销通道。可以控制渠道中其他成员的行为，减少分销渠道的冲突，更好地协调产品流通。

2. 水平分销系统

水平分销系统是由两个以上的生产商联合开发共同的分销渠道所建立的分销系统，可称横向联合，分为松散型联合和固定型联合。可以较好地集中各有关企业在分销方面的相对优势，有利开展分销活动，扩大各企业的市场覆盖面，减少各企业在分销渠道方面的投资，提高分销活动的整体效益。

3. 集团分销系统

集团分销系统指以企业集团的形式，结合企业组织形式的总体改造来促使企业分销渠道的发展和改革。企业集团中的销售机构和物流机构同时可以为集团内的各生产企业承担产品分销业务。它是一种比较高级的联合形式，能集商流、物流、信息流于一体，分销功能比较齐全，系统控制能力和综合协调能力都比较强，对分销活动能进行比较周密的系统策划，并能建立起高效的运行机制，从而促使分销活动的整体效益有更大的提高。

工作任务2　选择渠道策略

工作流程

1. 分析模拟公司产品的渠道影响因素

↓

2. 为模拟公司选定分销渠道的长度策略

↓

3. 为模拟公司选择分销渠道的宽度策略

↓

4. 决定渠道方案

相关知识

一、分销渠道长度策略

在分销渠道中，中间环节的多少表示了渠道的长度。分销渠道长度的选择，从生产商角度看，渠道环节越多，商品流通的周期越长，控制就越困难，所以要尽量减少不必要的分销环节，选择短渠道为好。但渠道选择不是绝对的，要视具体的情况来定，对有些企业、有些产品来说必须选择长渠道。在渠道"长度"选择中还要注意，可以是一种模式，也可以是多种模式，但在多种渠道模式中要确定一条主渠道模式。

分销渠道是采用长渠道策略，还是短渠道策略，或是最短渠道策略。决策必须系统地、综合地考虑多种因素，才能作出决断。渠道策略主要考虑以下四个因素：

（一）根据产品因素，选择渠道长度

1. 产品的属性

产品具有物理化学性质，有些产品容易损坏、腐烂，应尽量避免转手过多，反复运输和搬运，应该选择短渠道或直销渠道，保证产品使用价值，减少商品损耗。对体积大的笨重产品，也应努力减少中间环节，尽可能采用最短渠道策略。

2. 产品的价格

一般来说，产品的价格高低与渠道的长短成反比关系。价格昂贵的工业品、耐用消费品、享受品，一般需要较多的售后服务，不宜经过太多的中间商转手，应采用短渠道。而对价格较低的日用品、一般选购品，可以选择长渠道策略。

3. 产品的时尚性

对时尚性较强的产品（如时装），消费者需求受市场变化影响很大，要尽量选择短渠道策略，以免错过市场时机。

4. 产品的技术性

一般说来，技术性能比较高的产品，需要经常的或特殊的技术服务，生产者常常直接出售给最终用户，或者选择有能力提供较好服务的中间商经营，分销渠道通常采用短渠道策略。

5. 产品的生命周期

新产品试销时，许多中间商不愿经销或者不能提供相应的服务，应选择最短渠道策略。当产品进入成长期和成熟期后，随着产品销量的增加，市场范围的扩大，竞争的加剧，企业可采用长渠道策略。产品在衰退期时，通常采用短渠道策略，以减少经营损失。

（二）根据市场因素，选择渠道长度

1. 潜在顾客数量

潜在顾客数量越多，市场范围越大，越需要较多的中间商转售，生产商应采用长渠道策略；反之，可以采用短渠道或直接销售策略。

2. 目标市场范围

产品的销售市场相对集中，只是分布在某一或少数几个地区，生产商可以直接销售，

采用最短渠道策略；反之，应该选择长渠道策略，需要经过一系列中间商方能转售给消费者。

3. 市场需求性质

消费者市场的人数众多，购买消费品次数多、批量少，宜选择长渠道策略方能满足其需求。而生产者市场的用户相对较少，购买生产资料次数少，批量较大，可采用直接销售渠道。

4. 消费者购买习惯

消费者购买日常生活用品的购买频率较高，希望就近随时购买，宜采用长渠道分销；对于选购品和特殊品，消费者愿花时间和精力去大型商场购买，次数也较少，则可选择短渠道策略。

5. 零售商规模、数量

如零售商居多而进货批量小，生产商就不得不通过批发环节转卖给零售商，必须采用长渠道策略；如大零售商居多，进货批量大，生产商就可以直接把产品卖给零售商，可以采用短渠道策略。

（三）根据生产商条件，选择渠道长度

1. 企业规模、声誉和财力

生产商规模大、声誉高、财力雄厚，往往选择较固定的中间商经销产品，甚至建立自己的销售机构，其渠道较短。而经济实力有限的中小企业只能依赖中间商销售产品，其选择的渠道就较长。

2. 企业的销售能力

企业具有较丰富的市场销售知识与经验，有足够的销售力量和储运与销售设施，采用短渠道策略。反之，只能通过中间商推销产品，选择较长渠道策略。

3. 企业的服务能力

生产商有能力为最终消费者提供服务项目，如维修、安装、调试、广告宣传等，可以采用短渠道或最短渠道；如果企业服务能力难以满足顾客需求，则应发挥中间商的作用，选择较长渠道策略。

（四）根据环境因素确定渠道策略

1. 国家经济政策

如国家实行计划控制或专卖的产品，其分销渠道往往是长而单一。又如，随着市场经济发展和经济管理体制改革，原先实行统购统销或计划收购的商品放开经营后，生产商可以选择直接销售或少环节销售。

2. 经济形势变化

经济形势会直接影响分销渠道的选择，如通货紧缩，市场疲软，企业通常会尽量缩减不必要的环节，采用短渠道降低流通费用，以便降低售价。

3. 国家法令法规

国家有关法令的制定，对分销渠道也会造成影响，如反垄断法的制定与实施，会限制垄断性分销渠道的发展。科学技术引起售货方式的革新，使某些日用品能够采用短渠道

分销。

另外,自然资源的分布与变化,交通条件的改善,环境保护的需要,也会引起某种产品的生产与销售规模的改变,从而引起分销渠道长度的选择。

二、分销渠道宽度策略

分销渠道的宽度,即市场覆盖面的大小。在分销渠道中,是以企业在同一层次分销上使用中间商的多少来表示渠道的宽度。根据产品、市场、中间商、企业具体情况,对渠道中间商数目的选择可以采用三种策略。

(一)广泛性分销策略

广泛性分销又称普遍性分销、密集性分销。即生产商通过尽可能多的中间商或分销点来经销其产品。如日常生活用品和工业品中的原材料和标准件,这类生产企业通常采用广泛性分销策略。因为,这类产品市场需求面广泛,顾客要求购买方便,一般较少重视品牌。采用该策略的企业尽可能把产品分销到消费者可能到达的所有商店,对经销商选择的要求不高,经销网点越多越好,力求使产品能广泛地和消费者接触,方便消费者购买。

该策略的优点是能使产品与广大购买者见面。缺点是中间商数目众多,企业要花费较多精力进行联系,且不易取得中间商的紧密合作。同时,中间商一般都不愿做专题的产品广告,生产商的广告费用负担较重。

(二)选择性分销策略

选择性分销,即生产商在某地区市场有选择地使用几家中间商来经销其产品。如采取特约经销或代销的形式把经销关系固定下来。生产选择性较强的耐用消费品、高档消费品和专用性较强的零配件以及技术服务要求较高的工业品的企业,一般都采用选择性分销策略。

该策略的优点体现在三个方面:

(1)有利于合作双方互相配合和监督,共同对顾客负责。

(2)中间商数目较少,可以减少经销商之间的盲目竞争,有利于提高产品的声誉。

(3)合作可以配合得更加默契,建立更密切的业务关系,有利于提高中间商经营的积极性,增强市场的竞争力。

(三)独家分销策略

独家分销,即生产商在某地区市场只选择一家中间商来经销其产品。该策略适用于新产品、名牌产品以及需要提供特殊服务的产品。采用独家分销策略,通常要求生产者和经营者之间签订书面契约来保证彼此的权利和义务,如规定生产者不得把同类产品委托本区域内其他中间商经销,经销商则不得经营其他生产者的同类产品。同时,在协议中对广告宣传费用的负担、价格的优惠以及其他经销条件等都应作出规定,以便共同遵守。

对生产商来说,好处是易于控制市场的销售价格和数量,能够获得经销商的有效协作与支持,有利于带动其他新产品上市。独家经销商愿意花一定投资和精力来开拓市场。缺点是经销面窄,可能会失去更多顾客,引起销售额下降;过分地依赖单一的中间商,市场风险增大。对中间商来说,好处是能取得经营垄断地位、并可获得生产商所给予的各种优惠条件。缺点是企业的命运与经销产品的命运联系在一起。如果生产商和市场发生变化或一旦失去经销特权，企业就会遭到较大的损失。

三、渠道设计决策

渠道设计决策有以下三个步骤：

1. 建立渠道目标，考虑限制因素

有效的渠道计划工作者首先要决定达到什么目标，进入哪个市场。目标包括预期要达到的顾客服务水平、中介机构应该发挥的功能等。每个生产者制定渠道目标必须考虑来自顾客、产品、中介机构、竞争者、公司政策和环境的各种限制因素。

2. 识别主要的渠道选择方案

一个渠道选择方案由三方面的要素确定：商业中介机构的类型、中介机构的数目、每个成员的条件及其相互责任。商业中介机构的类型有公司推销队伍、制造商代理、工业品分销商。中介机构的数目有三种战略可供选择：密集型分销、独家分销、选择型分销。生产者必须确定渠道成员的条件和义务。

3. 对主要的渠道方案进行评估

每一渠道都需要以经济性、可控制性和适应性作为标准来进行评估。

工作任务3　选择与评估渠道成员

工作流程

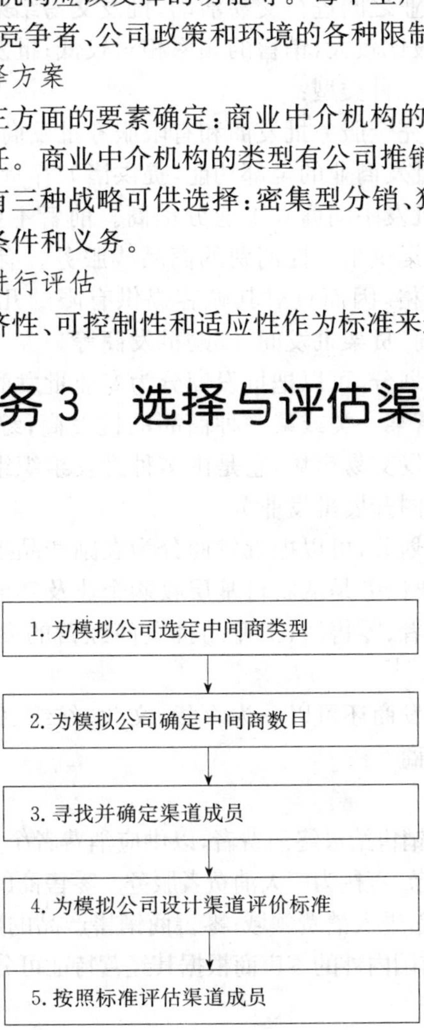

相关知识

一、中间商的类型

中间商总体上有两个大的类型：

(一)商人中间商

商人中间商也称经销商,是指从事商品交易业务,在商品买卖过程中拥有产品所有权的中间商。也正因为他们拥有产品所有权,所以在买卖过程中,他们要承担经营风险。商人中间商又可分为批发商和零售商。

1.批发商

批发商是指向制造商或经销单位购进商品,供给其他单位(如零售商)进行转卖或供给制造商进行加工制造别的产品的中间商。批发商出售的商品一般是供给零售商转卖或再生产用,批发商在工商企业之间进行交易活动,批发交易结束后,商品仍留在流通领域。批发商销售的产品数量一般比较大,销售的频率相对较低;批发商设点较少。按照不同的标准,批发商又可分为以下几种类型:

(1)按服务范围可分为完全服务批发商和有限服务批发商

完全服务批发商执行批发商业的全部功能,提供诸如存货、推销、顾客信贷、送货以及协助管理等服务。它包括批发中间商和工业分销商。前者主要是向零售商销售,并提供全面服务;后者是向生产者提供生产性消费的商品或服务。有限服务批发商是指批发商为了减少费用,降低批发价格,因而只对其顾客提供有限的几项服务。如现货自运批发商、直运批发商、卡车批发商、货架批发商、邮购批发商等。

(2)依照经营业务内容划分,可以把批发商分为专业批发商、综合批发商和批发市场

专业批发商即专门经营某一类或某一种商品的批发商;综合批发商即经营多类商品的批发商;批发市场也称批发交易市场,它是由多种批发组织组成的联合体或以某类商品为中心集结多家批发商,共同开展批发业务。

(3)依照经营商品种类划分,可以把批发商分为农副产品批发商和工业品批发商

农副产品批发商的主要任务是从农村基层收购企业及其他农副产品批发商处调入商品,供应外地批发商或生产者、零售商;工业品批发商经营的商品包括生产资料和日用工业品,实行专业化经营。

按经营商品的类别,批发商还可以分为百货、文化、纺织、针棉织品、劳保用品、五金、交电、化工原料等专业批发商。

2.零售商

零售商是指把商品直接销售给最终消费者,以供应消费者个人或家庭消费的中间商。零售商处在商品流通的最终环节,直接为广大消费者服务。零售商的交易对象是最终消费者,交易结束后,商品脱离流通领域,进入消费领域;零售商销售产品的数量比较小,但销售频率高;零售商数量多,分布广。目前国内外的零售商根据其经营特征可分为如下几种类型:

(1)专业商店

专业商店是专门经营某一类商品,或专门经营具有连带性的几类商品,或专门为特殊消费对象经营特殊需要商品的商店,如钟表店、眼镜店、妇女用品商店、体育用品商店、文化用品商店等。专业商店的经营要求具有较高的专业知识和操作技能,销售与服务密切结合,能提供周到的服务。

(2)百货公司(或商场)

百货公司(或商场)是一种大型零售商店,分门别类地销售品种繁多的商品。其特点

是:经营范围广,商品类别多,花色品种齐全,能满足消费者多方面的购买需要。

(3)超级市场

超级市场又称自选商场,其特点是由顾客自取自选,自我服务,定量包装,预先标价,顾客出门时一次交款,因而可以节约售货时间,节约商店人力和费用,避免或减少顾客与售货员的矛盾。

(4)购物中心

购物中心是一种由多家商店组合而成的大型商品服务中心,一般设在公共建筑物内,以一家或数家百货商店、超级市场为骨干,由各类专业商店、书店、餐馆、旅馆、银行、影院等组合而成,融购物、服务和娱乐休闲于一体。

(5)连锁店

连锁店是由多家出售同类商品的零售商店组成的一种规模较大的联合经营组织。其特点是:由中心组织统一向生产者进货(选购商品),以较大的订购批量,获得最大的价格优待;采取薄利多销的方针,争取顾客;商品价格经常浮动,有竞争对手时便减价争取顾客,无竞争对手时则提价争取多赢利。

(6)邮购商店

邮购商店主要是通过向消费者寄送商品目录来吸引顾客邮购商品。

此外,还有很多形式的零售商,诸如方便商店、折扣商店、自动售货机、街头摊贩、外汇商店等。

(二)代理中间商

代理中间商是指接受生产者委托从事销售业务,但不拥有商品所有权的中间商。代理商的收益主要是从委托方获得佣金或者按销售收入的一定比例提成。代理商一般不承担经营风险。代理商按其和生产者业务联系的特点,又可分为企业代理商、销售代理商、寄售商、经纪商和采购代理商。

1. 企业代理商

企业代理商是指受生产企业委托签订销货协议,在一定区域内负责代理销售生产企业产品的中间商。企业代理商和生产企业之间是委托代理关系,代理商负责推销产品,履行销售商品业务手续,生产企业按销售额的一定比例付给企业代理商酬金。

2. 销售代理商

销售代理商也和许多生产企业签订长期合同,替这些生产企业代销产品,但他们与企业代理商有显著不同的特点,即:每一个生产企业只能使用一个销售代理商,而且生产企业将其全部销售工作委托给某一个销售代理商以后,不得再委托其他代理商代理其产品,甚至也不能再派推销员去推销产品;销售代理商替委托人代销全部产品,而且不限定在一定的地区内代销。它在规定销售价格和其他销售条件方面也有较大的权力,因此销售代理商实际上是委托人的独家全权企业代理商。

3. 寄售商

寄售商是经营现货代销业务的中间商。生产企业根据协议向寄售商交付产品,销售后所得货款扣除佣金及有关销售费用后,再支付给生产企业。寄售商要自设仓库或铺面,以便储存、陈列商品,使顾客能及时购得现货。

4. 经纪商

经纪商俗称掮客，是指既不拥有产品所有权，又不控制产品实物价格以及销售条件，只是在买卖双方交易洽谈中起媒介作用的中间商。经纪商的作用是沟通买卖双方，促成交易。其主要任务是安排买卖双方的接触与谈判，交易完成后，从交易额中提取佣金，它们与买卖双方没有固定的关系。

5. 采购代理商

采购代理商是指与买主建有较长期的关系，为买主采购商品，并提供收货、验货、储存、送货等服务的机构，如大规模服装市场上有一种常驻买客，专门物色适合于小城镇的一些小零售商经营的服装。他们知识丰富，可向其委托人提供有益的市场情报，并为其采购适宜的优良商品。

二、渠道"成员"选择策略

分销渠道的选择最终要落实在具体的中间商对象上，确定由哪几家中间商充当渠道成员，执行产品的销售任务。为此，对构成分销渠道的成员进行评估与择定。主要评估内容有：

（一）合法经营资格

必须对中间商的各种合法证件认真审核，检查其是否具有国家（或该地区）准许的经营范围和项目，特别是食品、药品、烟酒等限制条件较多的中间商更要谨慎，将中间商持有的证件经销登记、复印以备案。

（二）目标市场

一定要选择目标市场与生产商相似的中间商。要考虑三个方面：

(1)地理位置。商业店铺位置是否接近企业目标顾客的所在地。

(2)店客关系。经常光顾此商店的顾客是否接近企业目标顾客的类型。

(3)经营特色。商业企业本身是否具有对企业目标市场的吸引力和经营特色。

（三）产品组合

在选择渠道成员时，就中间商现有的产品组合状况应考虑两个方面：

(1)拟交付中间商的产品与该商业企业现有产品线是否相匹配，产品的质量、规格、型号是否相近。

(2)拟选定的中间商是否有完整的产品组合。这对生产商的专业化生产、多元化生产及其品牌营销是极其重要的。

（三）销售能力

中间商的市场占有率或覆盖程度要与生产商的既定营销目标相符合。若中间商的市场覆盖能力小于生产商的要求，则达不到预期目标；反之，如覆盖面太大，可能对其他经销商是威胁，容易出现矛盾。还需考虑中间商是否具有稳定高效的销售队伍、健全的销售机构、完善的销售网络、足够的推销费用和良好的广告媒体环境。

（四）服务水平

现代市场营销要求一体化服务，包括将运输、安装、调试、保养、维修和技术培训等各项售后服务相结合，中间商是否具有懂专业技术的人员以便为消费者提供良好的服务，更是一个重要条件。

（五）储运能力

储运能力的大小直接关系到中间商业务量的大小，也关系到是否对生产商的产品起到稳定、发展和延伸的作用，并调节产品生产销售的淡旺季。生产商要求中间商具有能更多地担负产品实体的储藏、运输任务的能力，这也是选择中间商的重要条件。

（六）财务状况

中间商的财务状况是重要的选择条件，这对于经销那些需要有相当资金支持的产品尤为重要。中间商财务状况需要考虑的是固定资产量、流动资产量、银行贷存款、企业间的收欠资金等情况，这关系到中间商能否可以按期付款，甚至预付款等问题。

除以上六个方面外，还应考虑：中间商的声望和信誉；中间商的经营历史及经销绩效；对生产商的合作态度及其经营的积极性；中间商的未来发展状况估计等。

三、分销渠道管理策略

分销渠道管理策略有以下五个要素：

（一）明确渠道成员的权利和义务

明确渠道成员的权利和义务，这是妥善处理生产商与中间商业务关系，建立高效渠道的基本策略。

(1)产品的价格。价格直接涉及各个成员企业的经济利益，是个敏感的问题，生产商必须慎重从事。

(2)支付条件及保证。生产商应对支付条件及销货保证做出明确的规定并严格履行。为鼓励渠道成员提早付款，不拖欠，要给予一定的付款折扣。对某些原因造成的产品降价，生产企业应该设“降价保证”。

(3)给予地域权利。生产商必须给予渠道成员一定的地区(域)权利。

(4)产品的供货。生产商应在产品的数量、质量、品种、交货时间等方面尽可能满足中间商的要求。

(5)情报互通。生产商与中间商之间应及时传递本企业的产品生产或销售的信息以及所获得的其他市场情报，不能相互搞假情报或封锁消息，以便各方能按需组织生产和经营销售。

（二）督促与鼓励中间商

鼓励分销渠道成员，使其最大限度地发挥销售积极性，是管理分销渠道的重要一环。

1. 建立良好的客情关系

客情关系就是指生产商与中间商在诚信合作、沟通交流的过程中形成的人际情感关系。企业应加强客情关系的培养，提高分销渠道运作的效率和效益。

2. 建立相互培训机制

相互培训机制是密切渠道成员关系，提高分销效率的重要举措。生产商培训终端销售人员，提高他们顾问式销售的能力；中间商给企业营销、技术人员提供培训，提高市场适应能力。

3. 对渠道成员的激励

激励中间商的方式主要有：

(1)提供促销费用。

(2)价格折扣率运用。

(3)年终返利。

(4)实施奖励。

(5)陈列津贴。

(三)正确评价渠道成员的销售绩效

定期考核渠道成员的绩效，以此为依据实行对分销渠道的有效控制。一定时期内各中间商达到的销售额是一项重要的评价指标，但要对中间商的销售业绩采用科学的方法进行客观评价。方法有两种：

1. 纵向比较法

将每一中间商的销售额与上期的绩效进行比较，并以整个群体在某一地区市场的升降百分比作为评价标准。对于低于该群体的平均水平以下的中间商，找出其主要原因，帮助整改。

2. 横向比较法

将各个中间商的实际销售额与其潜在销售额的比率进行对比分析，按先后名次进行排列，对于那些比例极低的中间商，分析其绩效不佳的原因，必要时要予以取消。

(四)分销渠道的及时调整

1. 增减渠道成员

即决定增减分销渠道中的个别中间商。既要考虑增或减对某个中间商企业赢利方面的直接影响，也要考虑可能引起的间接反应，即渠道其他成员的反应。

2. 增减一条渠道

在某种情况下，各方面变化常常使企业感到只变动渠道中的成员是不够的，必须变动一条渠道才能解决问题，否则就会有失去这一目标市场的威胁。

3. 调整分销渠道模式

即对以往的分销渠道作通盘调整。这种调整策略的实施难度较大，因为要改变生产商的整个分销渠道，而不是在原有的基础上修修补补。

(五)渠道窜货管理

所谓窜货，是指分销成员为了牟取非正常利润或者获取制造商的返利，超越经销权限向非辖区或者下级分销渠道低价倾销货物。企业必须对窜货现象采用有效措施。

1. 明确渠道销售政策

明确分销成员的销售区域和销售权限，明确产品价格政策，明确界定每个销售区域的商品外包装的条码，便于检查。

2. 制定窜货处理政策

为防患于未燃，事先必须制定窜货处理政策，因窜货对其他分销成员和制造商造成的损失由窜货方全权负责，按比例扣除窜货方的年终返利，减少给其的促销费用，降低客户等级和经销权限。

3. 成立销售管理小组

成立销售管理小组，派专人负责管理，建立畅通的信息反馈渠道，经常抽查，听取中间商的意见反馈，发现有窜货现象及时处理解决。

拓展知识

渠道策划方案的格式

（一）市场环境分析

科学地分析营销环境是分销渠道选择的依据和基础。分销渠道策划的主要内容是根据搜集到的市场营销环境信息资料进行分析，选择合理的分销渠道，提出具体的方案设想。

环境分析包括的内容很广泛，对分销渠道选择而言，市场环境分析的内容主要有：行业情况分析，市场现状分析，消费者需求分析，市场竞争状况分析。分析的重点应放在行业情况、市场竞争状况，要对竞争对手的市场占有率、销售渠道、市场上柜、产品价格等情况做重点分析。在做环境分析时，往往要搜集大量资料，但所搜集的资料并不一定是都要放到环境分析中去，因为过于庞大繁杂的资料往往会减弱分析。

（二）企业的 SWOT 分析

企业的 SWOT 分析即从上面的市场环境分析中归纳出企业的机会与威胁、优势与劣势，然后找出企业存在的真正问题与潜力，为后面的方案制订打下基础。

企业的机会与威胁一般通过外部环境的分析来把握，企业的优势与劣势一般通过内部环境的分析来把握。在确定了机会与威胁、优势与劣势之后，根据对市场变化轨迹的预测，就可以大致找到企业问题所在了。

在策划中要充分利用企业的优势，同时要注意其劣势对渠道选择的影响，采取有效的措施，保证渠道选择的可行性与合理性。

（三）分销渠道选择方案的设计

在现代营销中，分销渠道是指把产品从生产者转送到消费者手里的所有经营环节或经营机构如批发商、零售商、代理商等中间商和生产企业自己的销售机构。

1. 分销渠道模式的选择

如何来选择分销渠道，是选择短渠道较好，还是选择长渠道较好，任何厂商都不能随心所欲地选择分销渠道，而是要根据具体的情况选择分销渠道。因为分销渠道的选择要受到一系列微观因素和宏观因素的制约。具体的因素有：产品因素；市场因素；中间商状况；厂商本身条件；环境因素。

2.具体分销渠道的选择

具体分销渠道的选择是指对分销渠道模式再作具体化选择,即对该类分销渠道某个环节的中间商具体选择。

3.中间商数目的选择

分销渠道的选择不仅要设计具体的分销渠道形式,还要确定分销面的大小,即宽渠道和窄渠道的选择。在进行中间商数目选择中,根据产品、市场、企业的具体情况,可以考虑三种分销策略的运用,即广泛性分销、选择性分销和独家分销。

4.具体中间商对象的选择

在选择中间商时,还需对中间商进行评估。具体评估的因素有:①合法建立资格;②目标市场定位;③地理位置;④营销策略;⑤销售能力;⑥服务水平;⑦储运能力;⑧财务状况;⑨企业形象;⑩管理水平。根据最优化原则来选择最有实力、最善于销售、最守信誉的中间商作为自己企业的合作伙伴,本着双赢的原则,把分销渠道的设计落在实处。

(四)分销渠道方案的实施安排

在设计分销渠道方案以后,其后将方案实施的时间进度表作为补充。以使分销渠道方案更具可操作性,还可提高方案设计的可信度。

此部分的内容不用写得太详细,只要写清楚对方案实施过程的安排进度即可。另外,由谁实施也要在这里提出意见。总之,对实施方案作出安排的目的在于对分销渠道计划的落实能够执行和控制。

工作实施

模拟公司的渠道实施方案设计

一、目标

根据本团队具体的项目(产品),要求学生依据分销策略要求,根据市场需求状况,分析竞争对手的分销策略,选择最佳的分销渠道,对分销渠道的"长度"、"宽度"、"成员"实施方案进行设计。通过本次训练,使学生设计分销渠道的"长度"、"宽度"、"成员"方案,掌握分销渠道选择的基本技能。

二、步骤

1.明确组内分工。

2.了解、熟悉分销策略理论,并掌握撰写相关方案的格式内容及技巧。

3.根据市场需求状况,分析竞争对手的分销策略,选择最佳的分销渠道,对分销渠道的"长度"、"宽度"、"成员"方案进行设计。

4.在小组讨论分析的基础上进行策划,整合思路。

5.归纳总结,形成框架内容,并撰写方案。

6.每个团队选1名代表面对全班同学陈述本团队设计的思路内容及感受(每组5～8分钟)。

7.每个团队提交一份"分销计划方案"(2000字左右)。

三、考核标准

评分项目	分 值	得 分
从产品、市场、企业条件、环境状况出发,设计合理、有效的分销渠道方案	30	
方案要有针对性、内容要具体、具有可操作性	25	
方案紧扣模拟公司主题,全面、正确、条理清楚	30	
报告人阐述思路清晰,分析活动计划条理清晰,有说服力	15	
总 分	100	

四、注意事项

1. 要求教师对“分销计划方案设计”的实践应用价值给予说明,调动学生操作的积极性。

2. 要求学生根据市场开发项目或资料,以及分销渠道的设计要求,完成分销计划方案设计任务。

3. 要求教师对分销计划方案设计的步骤、思路、方法进行具体指导。

4. 要求教师提供“分销计划方案设计”范例,供学生操作参考。

五、范例

“维维”豆奶分销计划方案

(一)分销渠道长度选择

根据当前的市场状况及其产品、企业的具体情况,我们认为维维公司销售渠道应采取少环节的最短渠道和短渠道,即渠道1和渠道2两个方案。

渠道1:生产者————→消费者

渠道2:生产者————→零售商————→消费者

其理由有以下几点:

1. 从产品特点和市场状况看

(1)豆奶与其他食品相比,它的保质期要短很多,应该尽量减少渠道的中间环节,使产品在流通过程中所耽搁的时间越少越好,让消费者在最短的时间内购买到最新鲜的豆奶。

(2)推出的“利乐包豆奶”伴随着新口味、新包装的革新和改进,是以一种新产品的姿态打入市场的,更需在广告热播等推广活动的带动下,要求在第一时间内把产品送到消费者的面前,渠道的选择必须采用少环节的短渠道,最好是直接渠道。

(3)由于豆奶消费的市场覆盖面很广,需求量很大,该市场还未处于一种白热化的竞争状态。但是很多产品早先进入市场,而且在消费者的心目中已建立起一定的良好形象。维维集团应该采用短渠道尽快地让自己的产品出现在柜台上,占据一定的份额,抢占时机。

2. 从企业当前的困难看

资金问题一直是困扰企业经营的大问题,且不易解决。对策之一就是可以通过销售周期的缩短,采用短渠道的分销策略来加快企业的资金周转,及时收回货款,以利于新产品的开发或进行更有利的广告促销攻势。

3. 从充分利用零售商的优势看

零售商在产品促销方面更富有经验。为此,维维公司要充分发挥零售商的积极性,尽最大可能采用渠道2。豆奶是一种薄利多销的商品,它的成本是不低的,再加上各种广告、促销等一切用于提高销售,打开市场的费用,往往会给企业造成一种重负。而且企业能把产品推向市场的面也很窄,对市场的需求缺乏直观的了解,有可能导致销售不对路,给企业带来更大损失。如采用渠道2来销售,可以在很大程度上得到改善。可以依靠零售商的现有场地、人员及其丰富的促销经验帮助推销本企业的产品。这就要求企业和零售商之间有很好的交流与协商,让零售商了解本企业的产品及理念,使产品在促销的过程中,不只是获得销售量的提高,更主要的还能帮助宣传企业的良好形象,以便更好地实现双赢,实行企业的促销计划。

从上述分析可见,应该选择两条分销渠道,如果只选择一条渠道,则无法顾及到分销的全面性,两条渠道则可以相辅相成,并且弥补各自的不足之处,使分销渠道打通到市场的各个层面。

(二)分销渠道宽度选择

根据当前市场状况及产品、企业的具体情况,我们认为维维公司的销售渠道应采取分销面广泛的宽渠道方案。

1. 渠道1运用广泛式分销策略,采用宽渠道方案

维维公司应该在上海20个区县,组织销售人员把产品推销到街道的方方面面,在每个区县建立推销部。例如,黄浦区是一个比较小的区,我们就可以只在该区安排20～30名销售人员(人数仅供参考),而普陀区就要大得多,我们就必须在那里安排50～60名的销售人员,此外还要注重地理位置的关系,位于市中心、居民区比较大的、学校比较多的地区,也需要分派比较多的人;一个地区的销售人员无论人数是多或是少,他们就是一个推销部门,负责进行整个地区的销售。

(1)中小学校——豆奶作为课间的营养饮品,覆盖面追求最大化。小学达90%以上;普通中学达70%以上;重点中学达75%以上。

(2)单位企业——豆奶作为定期的福利(以券的形式),在午餐时提供,最好是一些经济效益较好的企事业单位。覆盖率最好达到60%以上。

(3)体育娱乐中心——在体育比赛或文艺演出时,豆奶在比赛或演出间隙免费提供,可以与门票捆绑在一起出售。具体的覆盖率比较难以统计,但力求销售覆盖的最大化,影响力越大,销售的效果越好。

2. 渠道2运用广泛式分销策略,采用"宽渠道"方案

维维公司充分利用零售商进行销售,进行最大化铺点销售。对覆盖面作了以下具体安排:

(1)大卖场覆盖率达100%。

(2)连锁超市覆盖率达80%以上。

(3)便利店覆盖率达80%以上。

(4)食品商店覆盖率达60%以上。

(5)路边小摊覆盖率达70%以上。

(三)分销渠道成员选择

针对渠道2,维维公司在选择零售商时,注意他们经销年数的长短、商业信誉的好坏、

是否更容易接近目标市场。还观察了他们的经营管理水平、服务水平、促销措施、偿付能力等。并对这些零售商能否在市场覆盖、市场开发、市场情报、技术服务等方面为公司提供出色的服务，在销售其他产品的数量、特征及推销力量方面都做了深入细致的调查。

鉴于目前的状况，维维公司应将下列零售商作为渠道成员，因为他们不但具有一定的经济实力，而且在豆奶产品的销售上具有丰富的经验。主要零售商可以确定为：

(1)大卖场：家乐福、麦德龙、乐购、易初莲花、欧尚、好又多、世纪联华、花联吉卖盛等，都必须在他们的货架上看见维维集团的豆奶。

(2)连锁超市：联华、华联、家家乐、农工商、捷强超市等。

(3)连锁便利店：好德、联华、可的、21CN、良友、罗森等。

学习情境五

营销实施

【案例引入】

毛姆是英国著名的作家,他一生著述颇丰,享有世界声誉。可是一开始并不是这样,他写了很多作品,非常好,但就是销路不畅。他很着急,就开动脑筋想办法。一天,他突然想到一个好办法,在一家发行量大的报纸上,登了一则征婚启事:“本人是一位年轻有教养,爱好广泛的百万富翁,希望找一位与毛姆小说中的女主角一样的女性结婚。”这个启事一登出来,毛姆的小说立即被抢购一空,一版再版;而毛姆也在一夜之间,全国皆知,家喻户晓。毛姆的书走俏市场的奥妙何在?我们从中能得到哪些有益的启示?

【工作项目】

根据学习情境四中模拟公司进行的营销策划,请为模拟公司策划以下营销实施工作:

项目1　广告宣传

项目2　营业推广

项目3　公共关系

项目4　人员推销

相关知识

一、促销的概念

促销即促进销售，是指工商企业通过人员和非人员的方式把企业的产品信息及提供的服务信息传递给顾客，激发顾客的购买欲望，影响和促成顾客购买行为的全部活动的总称。

二、促销的形式和策略

促销组合就是把人员推销、广告宣传、公共关系和营业推广四种形式有机结合起来，综合运用，形成一种促销策略或技巧。这四种促销形式，又可归纳为人员推销和非人员推销两类，而这两类推销的形式和作用又是不同的。

1. 人员推销

人员推销活动是采取主动、直接的方式，由企业推销人员通过一定的渠道，将商品和服务推荐给消费者，是一种达到销售目的的“推”式策略，如图 5-1 所示。实行“推”式策略的企业，主要是运用人员推销和营业推广手段把商品推向市场——从制造商推向批发商，从批发商推向零售商，直至最终推向消费者和用户。实行“推”式策略要求推销人员针对不同的商品、不同的对象，采取不同的方式方法。该策略花费在现有产品、新开发的产品、现有用户和潜在用户上的力量不是均等的，而是有针对性的。

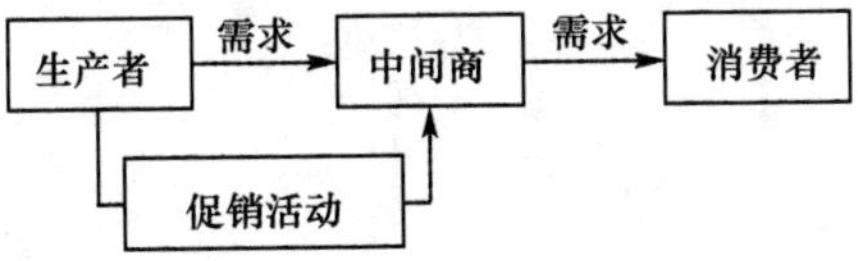

图 5-1　“推”式策略示意图

2. 非人员推销

非人员推销是指采取间接的方式，通过宣传使消费者对商品或服务产生兴趣的一种“拉”式策略，如图 5-2 所示。实行“拉”式策略的企业，是将企业主要的促销预算用于广告或其他宣传措施上，通过一系列的宣传报道，着重使消费者产生兴趣，吸引他们来购买。实行“拉”式策略必须注意企业是否有足够的库存，能否提供良好的产品等。

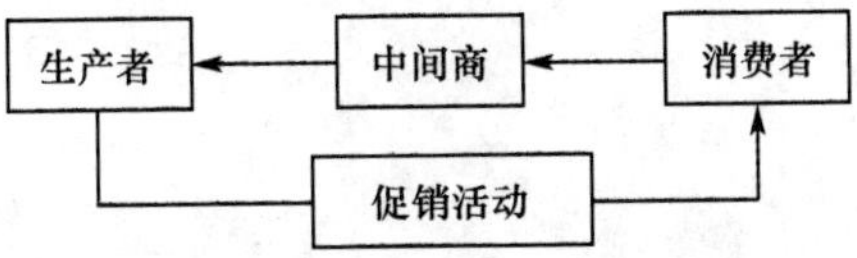

图 5-2　“拉”式策略示意图

企业在促进产品销售的过程中，究竟是实行“推”式策略，还是实行“拉”式策略，要根据具体情况而定。一般说来，应当二者兼顾，各有侧重。这两种策略、四种促销形式各具特色，在促销中各有作用、相辅相成。工商企业应有计划地将各种促销方式有机地结合起来，适当选择、编配和运用，使之互相配合。人员推销必须借助广告宣传介绍，才能引导更多的潜在消费者；广告宣传最终也要通过人的推销活动，才能实现销售产品的目的。因此，促销组合实质上就是综合运用人员推销、广告宣传、公共关系和营业推广这四种促销方式，使之成为一个有机整体，发挥其整体功能。

项目1　广告宣传

【知识目标】

- 了解广告
- 选择广告媒体

【能力目标】

- 能正确选择广告媒体
- 能独立进行广告策划，撰写质量较高的广告宣传策划书

【任务分解】

工作任务1　创意广告内容

工作任务2　选择广告媒体及策略

工作任务3　评价广告效果

工作任务1　创意广告内容

工作流程

1. 设定模拟公司的广告目标
↓
2. 确定模拟公司的广告内容
↓
3. 为模拟公司进行广告设计
↓
4. 为模拟公司创作简单的广告脚本

相关知识

一、广告宣传的特点

广告宣传主要有以下三个特点：

1. 信息的群体传播

广告宣传通过大众传播媒介，可以将企业及其产品信息传递给广大的消费者，其信息接受者是一个范围广泛的群体，它不仅包括现实的顾客，还包括潜在的顾客，因而通过广告宣传必然会提高促销信息的传播效果。

2. 促销效用滞后

广告传递信息的目的是刺激需求、促成购买，但广告宣传与购买行为之间往往存在着时间上的分离。如晚间的电视广告促销与顾客白天的购买行为不是同时进行的。此外，广告的促销效用具有一定的滞后性，即广告对消费者态度和其购买行为的影响难以立即见效，而是要延续一段时间才能显现效果。

3. 帮助推销人员达成交易

广告介绍的产品知识能指导消费者选购、使用、保养和维修商品，这就激发了顾客对商品的兴趣。当推销员与顾客面对面地洽谈时，由于有了广告宣传的促销基础，因而，不仅能缩短介绍过程，而且能强化说服力，促其迅速达成交易。

二、广告宣传的基本原则

广告宣传的基本原则主要有四个：

1. 计划性和效益性

计划性和效益性是指设计和制作广告，先要做好市场调查和预测，根据营销任务通盘规划，不能想做什么就做什么，要从实际出发，讲求经济效益，有的放矢，节省费用，提高效益。

2. 真实性

广告的生命在于真实。真实性是指工商企业进行广告宣传，必须实事求是地向消费者介绍产品的特点和使用价值，切不可采取欺骗的手段，溢美掩丑，哗众取宠，损害消费者的利益。

3. 思想性

思想性是指广告的语言编写和图画绘制，必须符合党和国家的方针、政策、法律法令，反映社会主义的时代特色和道德风貌，成为精神文明的传播者。

4. 艺术性

艺术性是指要运用新的科学技术，吸收文学、电影、戏剧、音乐、美术等艺术的特点，精心设计、制作广告，要给人以较高的艺术享受，使消费者得到启发、受到感染。广告形式还应不断创新，从而达到既能指导消费者，又能丰富和更新人们精神生活的目的。

三、广告宣传的内容与设计

（一）广告宣传的内容

广告宣传的内容至少应包括以下六个方面：

(1)产品名称。对产品名称的介绍应力求简单、易记。

(2)产品的性能与用途。可利用文字、图片或照片等,介绍产品的质量、性能与用途等。

(3)说明产品的使用方法。对于某些使用难度比较大且复杂的产品,广告中要附加使用说明,使消费者懂得如何使用。

(4)介绍效果。在广告中应向消费者介绍产品的使用效果。

(5)表明售后服务。在广告中应向消费者明确说明产品出售后的服务内容,如实行"三包"、送货上门、规定保修期等。

(6)标明企业名称、地点及联系方法。在广告中要把生产和经营单位名称、所在地点、邮政编码及电报、电话号码等介绍给消费者,便于消费者联系购买。

(二)广告的设计

1.简明易懂

广告的文字、图画以及其他部分都必须统一在特定的主题下,用最通俗和最鲜明的方式和谐地表达出来,力求文字简洁,语言精练,词语易记,图画清晰易懂,使消费者一听就懂、一目了然,并能在看后留下深刻的印象。

2.独具特色

广告的构思必须富有创造性,在内容和形式上必须多样化,其总体应独具特色、吸引力强。切忌抄袭沿用,千篇一律,陈词滥调。

3.具有美感性

广告设计是一种艺术活动,要用形象的语言、巧妙的构思、诱人的情趣,集中将商品的特性表现出来,借以加强广告的感染力和说服力,激发起顾客强烈的购买欲望。

广告主题设计必须鲜明,重点突出,使消费者一目了然,增加对商品或服务的好感。广告创意设计必须表现广告主题,符合市场定位要求和目标市场特点,以取得尽可能好的广告效果。

工作任务 2　选择广告媒体及策略

工作流程

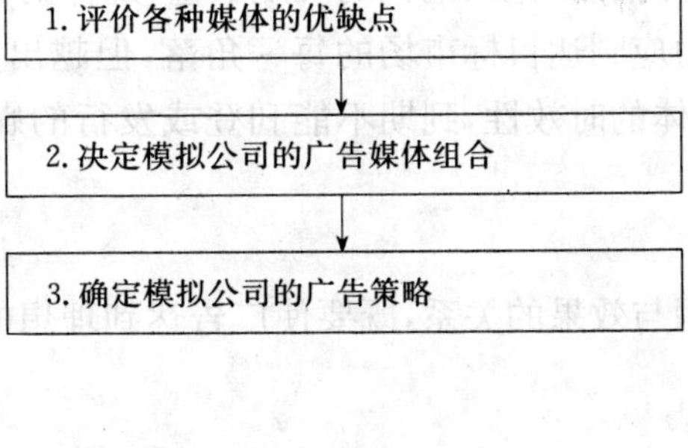

相关知识

一、广告媒体及其选择

（一）依照不同媒体划分的广告种类

广告媒体是指传递广告的工具。在我国，依照不同媒体划分的广告主要有以下几种：

（1）视听广告。通过电台、电视、电影、幻灯、广播等媒体传递的广告，称为视听广告。

（2）印刷广告。通过报纸、期刊、印刷品等媒体传递的广告，称为印刷广告。

（3）户外广告。在街头、建筑物、车站、码头、体育场（馆）、展览馆、旅游点等公共场所，按规定允许设置或张贴的路牌、霓虹灯、招贴等广告形式，称为户外广告。

（4）交通广告。在车、船、飞机内设置或张贴的广告，称为交通广告。

（5）售点广告。在商店、商品橱窗内设置的广告，称为售点广告。

（6）邮寄广告。通过邮政直接投递企业介绍、产品说明书等函件，称为邮寄广告。

（二）广告媒体的选择依据

不同的广告媒体，其特点和作用各有不同。在选择广告媒体时，应根据以下因素全面权衡，充分考虑各种媒体的优缺点，力求扬长避短。

1. 企业产品的特性

按照企业产品的不同特性选择广告媒体。如需要展示、有色泽或式样要求的产品，应选择电视、电影或印刷品做媒体，以增加美感和吸引力；对只需要通过听觉就能了解的产品，应选择广播做媒介；对技术性较强的产品宜选择报纸或杂志做媒体，必要时亦可直接用样品展示。

2. 消费者的媒体习惯

企业必须研究目标市场的消费者经常接触什么样的广告媒体，如妇女报刊的读者主要是妇女，因而妇女用品的广告宜登在妇女杂志上。

3. 媒体的传播范围

市场的地理范围关系到媒体的选择。因此，行销全国的产品，应选择全国性的报刊或中央电视台、中央广播电台做广告；局部地区销售的产品，企业可根据所销产品的目标市场，选择地方性的报刊、电视台、广播电台或广告牌及样品台等媒体做广告宣传。

4. 媒体的影响力

报纸杂志的发行量，广播的听众、电视的观众数量，媒体的频率及声音等，是媒体影响力的标志。媒体的影响力应到达目标市场的每一角落，但越出目标市场则造成浪费。季节性强的产品，应考虑媒体的时效性，到期不能刊登或发行的媒体就不宜选择，否则就会失去机会。

5. 媒体的成本

广告活动应考虑费用与效果的关系，既要使广告达到理想的效果，又要考虑企业的负担能力。应尽量争取以较低的成本,达到最大的宣传效果。

(三)广告媒体的选择策略

广告媒体的选择策略,应综合考虑以上因素来制定。一般来说,广告媒体的选择策略有以下五种:

1. 无差别市场广告策略

无差别市场广告策略运用在同质市场,指在一定时期内运用各种广告媒体向同一个大目标市场推出相同内容主题的广告,以广为宣传,迅速占领市场。这种策略的效果较好,但成本较高,效率不高。

2. 差别市场广告策略

差别市场广告策略是指在一定时期内,针对细分的目标市场,选择部分媒体或媒体组合进行广告宣传。之所以要选择,一是为了投石问路,待市场扩大后再采用其他媒体;二是为了节约成本,提高所选媒体的效率。

3. 集中市场广告策略

集中市场广告策略就是把广告力量专注于一个或几个细分的目标市场。采用此种策略一般应从企业自身力量考虑,尽量适应选择的目标市场,避免力量分散而缺少力度。

4. 动态策略

动态策略的特点是无特定媒体选择,完全根据需要和信息反馈情况来确定下一步的媒体选择方案。归纳起来可以有两种动态策略:一是先宽后窄,即先采用较多媒体,待征得广告信息反馈、研究反馈来源后,以反馈较多的媒体作为下一步媒体选择目标;二是先窄后宽,即以少数媒体开头,观察反应,若反应不强烈,则有两个对策,其一是另择媒体再试,其二是启用更多的媒体同时开展广告攻势。

5. 媒体组合策略

各种媒体功能、特性各异,合理搭配进行广告宣传是很有益的。常见的媒体组合策略主要有下几种:

(1)报纸与广播搭配,可使不同文化程度的消费者都能接受广告信息传播。

(2)电视与广播搭配,可使城市和乡村的消费者都能接受广告信息传播。

(3)报纸或电视与售点广告搭配,有利于提醒消费者购买已有印象或已有购买欲望的商品。

(4)报纸与电视的搭配运用,应该以报纸广告为先锋,对产品进行详细解释后再运用电视进攻市场,这样可以使产品销售逐步发展或做强力推销。

(5)报纸与杂志的搭配,可用报纸广告做强力推销,而用杂志来稳定市场。或者用报纸广告进行地区性宣传,而用杂志广告做全国性的大范围宣传。

(6)报纸或电视与邮寄广告配合时,应以邮寄广告为先锋,做试探性宣传,然后用报纸广告或电视广告做强力推销,这样可以取得大面积的成效。

(7)利用邮寄广告和售点广告或海报的配合,对某一特定地区进行广告宣传,可以巩固和发展市场。

总之，媒体的配合运用，必须根据广告费预算的多少、市场的大小、广告时期的长短、广告的时间性要求来妥善安排。

二、广告宣传策略

广告宣传策略是指企业根据市场分析、消费者分析和产品分析等，在企业营销战略和广告目标的指导下，对广告活动的开展方式、媒体选择和宣传劝说重点的总体原则做出的决策。企业的广告宣传策略，应与企业的整个市场营销密切配合。不同的企业、不同的产品、不同的营销目标应选用不同的广告宣传策略。

（一）标题的创新策略

标题是广告的名称。一个别致、新颖、独特、醒目的广告标题，有助于唤起消费者的兴趣，引起消费者的注意，突破广告单调结构的局限，起到画龙点睛的作用。比较常用的广告标题形式很多：

• 记事式标题，即只是如实地将广告的要点或与广告有关的事实凝练地点明。

• 新闻式标题，即利用新闻的特点，向读者提供新的事实，给人以新鲜感。

• 问题式标题，即站在消费者的立场上提出问题，引起消费者的共鸣或思考，并求得答案，从而形成较深的印象。

• 祈使式标题，即用礼貌的态度和劝告的言词来鼓励消费者进行购买。

• 赞扬式标题，即用赞美的词句，夸耀产品的过人之处（夸耀必须适度）。

• 催促式标题，即说明此货不多，时机难逢，过时不候，催促消费者尽早采取购买行动。

• 比较式标题，即把自己所介绍的商品或服务与其他同类产品和服务进行对比，借以烘云托月，衬托出自己商品的优点。

• 比喻式标题，即用大家熟知的事物来打比方，使消费者产生形象化的联想，以加深对产品的印象。

• 悬念式标题，即用布置悬念的方式，满足消费者的好奇心，进一步在广告中抖开包袱。

• 图解式标题，即用图案或图表来代替个别文字，使消费者一目了然，并易于理解。

（二）广告文字的创新策略

广告正文是广告的主要部分和精髓。广告正文是对标题的证实。广告正文的创新要求广告者要具有充分的信心，拿出最关键、最具说服力的证据和事实，阐明产品的优点，诱导消费者购买。广告正文的表达方式很多：

• 布告体正文，即用严肃、庄重的文字，将某一事情的事由、条件、手续、过程都十分明白地表达出来。

• 格式体正文，即用相对固定的格式（表格）和项目来撰写。

• 简介体正文，即正文语言文字非常简练，但配以相应图片来表达广告内容。

• 新闻体正文，即利用新闻的表达方式，发掘商品与新闻之间的联系。

• 论说体正文，即采用辩论的姿态，用充分的论据和雄辩的逻辑说服消费者购买商品。

• 问答体正文，即通过两个或两个以上问答题的方式表现广告的内容。

• 证书体正文，即搬出权威方面的鉴定、评奖或用名人、可靠人士、消费者的赞扬作为正文主体。

• 幽默体正文，即用幽默的笔法和俏皮的语言，在轻松愉快、活泼逗趣之中完成商品宣传的任务。

• 描写体正文，即用优美的文字，具体描写产品的特点和使用情况，使消费者在了解企业所宣传的商品的过程中得到一种艺术享受。

• 小说体正文，即用故事形式，以曲折的故事情节，通过矛盾及其解决，达到宣传商品的目的。

• 戏剧体正文，即通过对话、表演的形式进行广告宣传。

• 诗歌体正文，即用诗词或歌唱的形式作为广告正文。

广告正文的表达方式要依据企业性质、营销目标、产品和媒体特点来决定，而不能随心所欲、任意选择。

（三）广告画面的创新策略

广告画面的创新策略很多，通常可供选择的有以下几种：

• 写实式画面，即用图画或图片真实地再现产品的局部、外观和使用产品时的情形。

• 对比式画面，即通过画面，把革新前后的产品加以对照比较，使消费者产生不同的感触。

• 夸张式画面，即把广告中所宣传的产品在某一特定部分加以夸大，以较为新奇的手法给人以强烈的印象。

• 寓意式画面，即广告画面不直接表现广告主题，而是同所介绍产品的某种含义紧密相联，用象征性手段加深消费者对这种含义的印象。

• 比喻式画面，即用大家熟知和明白的形象，来比喻说明广告中产品的形象或特长。

• 卡通式画面，即通过广告画面中滑稽、有趣的人物，充满人情味的小动物等，进行说明和表演。

• 黑影式画面，即采用黑白相间的色调，表现人物的形态和动作。

• 悬念式画面，即用非常有悬念的画面和构思，造成观众的惊奇感和求知欲，使人一心想看究竟。

• 连续式画面，即用连环画的形式，以企业或产品为主体，用故事情节加以串联，构成引人入胜的连环画面。

• 装饰式画面，即通过色彩配合、画面分割来烘托、调节整个广告的气氛，使整个广告更具美感。

工作任务3 评价广告效果

工作流程

1. 选择模拟公司广告销售效果的测定方法

↓

2. 选择模拟公司广告诉求认知效果的测定方法

↓

3. 对模拟公司的广告效果进行评价

相关知识

企业在实施广告促销决策之后，会产生一定的广告效果。这种效果主要表现在两个方面：一是广告销售的效果；二是广告诉求认知的效果。

一、广告销售效果的测定

广告销售效果的测定主要有以下两种方法：

（一）销售额衡量法

销售额衡量法就是实际调查广告活动前后的销售情况，以事前与事后的销售额之差作为衡量广告效果的指数。其计算公式为

$$R=\frac{S_2-S_1}{A}$$

式中 R——每元广告效益；

S_2,S_1——广告发布后的平均销售额和广告发布前的平均销售额；

A—广告费用。

这种方法比较简便易行。但是如何除去广告效果以外的其他因素致使销售额增加的部分，却相当困难。

为了弥补此法的缺陷，在实际销售效果测定中往往参照广告费比率和广告效率比率进行综合测定。其计算方法为

$$广告费比率=\frac{广告费}{销售额}\times 100\%$$

$$广告效率比率=\frac{销售额增加率}{广告费增加率}\times 100\%$$

（二）小组比较法

小组比较法是将相同性质的被检测者分为三组，其中两组各看两种不同的广告，一组

未看广告，然后比较看过广告的两组效果之差，并和未看过广告的一组加以比较。通常将检测的数字结果用频数分配技术来计算广告效果指数。其公式为

$$AEI=\frac{1}{n}\left[a-(a+c)\cdot\frac{b}{b+a}\right]\times100\%$$

式中 a——看过广告并且购买该产品的人数；

b——看过广告未购买该产品的人数；

c——未看过广告但购买了该产品的人数；

n——被检测的总人数；

AEI——广告效果指数。

假定共有 100 人进行了检测，对于产品的第一种广告，其数据分别为 $a=30, b=20, c=20$；对于产品的第二种广告，其数据分别为 $a=32, b=18, c=15$。

则第一种广告的效果指数为

$$AEI=\frac{1}{100}\times\left[30-(30+20)\times\frac{20}{30+20}\right]\times100\%=10\%$$

第二种广告的效果指数为

$$AEI=\frac{1}{100}\times\left[32-(32+15)\times\frac{18}{32+18}\right]\times100\%=15.08\%$$

以上的计算结果表明第二种广告的效果比第一种广告的效果显著。

上述公式只适用于同一地区、同一媒介的不同广告效果比较，其他情况不能简单搬用。

二、广告诉求认知效果的测定

广告诉求认知效果测定的目的，在于分析广告活动是否达到预期的信息效果。测定广告诉求认知的效果，主要有以下指标：

1. 接触率

接触率是指在广告媒体的受众当中，有多少百分比的人已接触到该广告。假设某杂志共有读者 50 万人，其中只有 30 万人看到了封三封底的产品广告，则其接触率为 60%。

2. 注目率

注目率是指在看过该广告的人当中，有多少百分比的人能够辨认出先前已看过这一广告。

3. 阅读率

阅读率是指通过报纸、杂志来阅读广告的人数和报刊发行量的比率。阅读率越高，对广告的认识率就越高，广告效果就越好。

4. 好感率

好感率这是指在看过广告的人当中，有多少百分比的人对该企业及其商品产生了好感。

5. 知名率

知名率是指在被调查的对象中，有多少百分比的人了解该企业及其产品。知名率的考察往往是通过广告前后的对比来进行的。若广告后企业的知名度大为提高，说明企业

的广告效果十分理想。

6. 综合评分

综合评分是指由目标消费者的一组固定样本或广告专家来评价广告,并填写评分卷。评分卷中依广告的注意强度、阅读强度、认知强度、情绪强度等内容分别给出一定分数,所有分数汇总便得到综合评分。综合评分通常以百分制计,分数越高,则表明广告的诉求认知效果越好。

拓展知识

广告策划的文案格式

1. 前言
2. 环境分析
3. 消费者分析
4. 产品分析
5. 企业竞争对手分析
6. 企业与竞争对手的广告分析
7. 广告目标决策
8. 目标市场策略
9. 产品及广告定位策略
10. 广告诉求策略
11. 广告媒介策略
12. 广告表现策略
13. 广告费用预算
14. 附件

工作实施

模拟公司广告宣传方案设计

根据本团队具体的项目(产品),在市场调研分析的基础上,让学生进行广告创意策划,并制定一套完整的广告战略、策略、媒体计划及具体的行动方案,撰写完整的广告策划方案。

一、目标

小组成员在充分交流、合理分工、全面分析的基础上,探索完成本团队项目的广告策划,并撰写一份促销广告策划方案。使学生初步掌握广告策划的内容、程序步骤、方法和撰写促销策划方案的技巧。

二、步骤

1. 明确组内分工。

2. 了解、熟悉广告策划的内容、步骤、程序和方法,并掌握撰写相关策划方案的格式内容及技巧。

3. 各小组在讨论分析的基础上进行策划,整合思路。

4.归纳总结。

5.形成框架内容,并撰写广告策划方案。

6.每个团队选1名代表面对全班同学陈述本团队广告策划的思路内容及感受(每组5~8分钟)。

7.每个团队提交一份促销广告策划文案(3000字以上)。

三、考核标准

评分项目	分 值	得 分
从满足消费者的需要出发,根据竞争状况及企业自身条件,设计足有吸引力的促销方案	30	
方案设计要有创意、内容要具体、要有可操作性	25	
方案紧扣模拟公司的主题,全面、正确、条理清楚	30	
报告人阐述的思路清晰,分析活动计划条理清晰,有说服力	15	
总 分	100	

四、注意事项

1.教师要提前布置,让学生早做准备,对理论知识及相关资料准备充分,以取得良好的课堂效果。

2.授课教师需精心准备,善于引导,特别强调要能提出有创意的想法,确保策划方案有一定深度和广度,并具备实用性,以激发学生的学习激情。

3.撰写策划方案时力争全组讨论,动员全体同学参与,得出比较全面的广告策划方案。

五、范例

康师傅广告促销策划书

大学生是方便面的重要消费群体,我们通过对产品市场的综合调查分析,以提高康师傅方便面在××大学的市场占有率为主要目的做了一整套营销策略方案。

(一)市场分析

1.销售环境分析

大学生是方便面的重要消费群体。学生的食堂条件单一,且吃饭时间集中。同学们在厌倦了食堂那永远不变口味的食物和挤食堂抢饭的烦恼时自然会选择实惠方便的方便面。

2.自我剖析和销售比较

康师傅方便面品质精良、汤料香浓,碗装面和袋装面一应俱全,更重要的是它有一个“康师傅”的名字。“康”意味着要为消费者提供健康营养的食品。“师傅”在华人心目中有亲切、责任感、专业成就的印象,这个名字有亲和力。用“康师傅”这个名字反映了企业的责任心。

很多人在买方便面时首选康师傅,购买原因,一是因为品牌效应,二是因为好吃。校园外全国近期内方便面消费市场数据,见表5-1:

表5-1　大学生方便面消费市场占有率排名

排 名	1	2	3	4	5	6	7	8	9	10
品 牌	康师傅	统一	今麦郎	好劲道	华龙	福满多	日清	白象	华丰	公仔

注:冠军康师傅的市场综合占有率保持在34%以上。

3.消费者分析

学生一般都离不开方便面,而学生一般又会在什么情况下选择方便面呢?根据我们的调查得知：

很多同学忙于学习，懒得去吃饭或者下课晚时看到食堂吃饭的人太多，会选择吃方便面；学生本身属于消费群体，吃方便面省钱；整天用电脑的人，学生中有很大一部分喜欢游戏或者学习电脑软件，这部分人对着电脑就不愿意离开，很多时候会选择方便面；形单影只，不喜欢单独去食堂吃饭的人；真的很喜欢吃方便面的人。

既然这些人会更多地选择方便面，那我们怎么样才能抓住这些人的注意，让他们在买方便面时更多地购买方便面呢?

4. 竞争对手的分析

学生选择白象方便面的原因是因为它最便宜，选择好劲道和福满多的原因是这两种面价格定位在中低档。相对于因为价格便宜而选择以上这几款方便面的情况，把价位定格在中高档的统一、今麦郎、康师傅这几个品牌，竞争是相当激烈的，康师傅吸引学生群体的特点就是面筋斗，滑溜，味香，品牌大，包装好看，价格适中。

(二)广告策略

根据我们多番的讨论，最终确定把康师傅品牌信誉度高，品牌形象亲切和“好吃看得见”这几点强化突出出来。广告策略上侧重于深化“康师傅”这个可爱的动画人物给我们带来的亲切感，在品牌上加入人文关怀的因素，可以强化它的品牌效应。而强调它的好吃，我们就可以在网络上做突出康师傅方便面十分好吃这一特色的 FLASH 广告。我们推广的目标市场是××大学。

下面我们就进行一个更详细的说明。

1. 广告方式

首先，我们选用的媒体是广播。吃饭的时间在校园广播上推出一个介绍健康饮食知识的小栏目，比如说康师傅友情提示在炎热的夏天我们应该多吃点水果，吃西红柿有美容作用等，以增加其健康的良好形象。

然后在校园网上制作一个点击网页弹出式 FLASH，这个 FLASH 最主要是突出了康师傅的美味(后面附有这个广告的脚本)。由康师傅公司赞助的康师傅网页和 FLASH 设计大赛，一等奖可以得到在康师傅公司暑假打工的机会，二等奖设为做康师傅校园销售代表，优秀奖设为康师傅方便面一箱和发放证书。

补充策略：

(1)摆放 POP 指示牌

在学校的几个超市摆放康师傅方便面的地方贴上以“康师傅”亲切可爱的形象为画面的小的 POP 指示牌。突出其易看、易取、易买的特点。

(2)户外

在校园食堂和宿舍区的路间设一个自行车免费充气点。就是在摆放印有康师傅标识的大遮阳伞下安设一个自行车电动充气设备。

(3)促销

进行买五袋装康师傅方便面就可获赠一把印有康师傅字样漂亮纸扇的促销活动。

(4)设临时售点

在每幢宿舍楼都设一个小的销售点，开通一个免费服务电话和一个销售网页，学生需要方便面，只需一个电话或者网上发送信息便能得到。

另外我们还可以再使用一些无成本的非常规的方式加深康师傅的品牌形象。可以从游戏上打广告，比如在一个现有的学校网络游戏中，通过游戏中强者的身份和康师傅身份的对等来坚定康师傅王者风范的印象，或者在校园网上以康师傅的名义为同学们提供一些学习用的软件等。这种方式很容易使上网的这些人群加深产品的形象。

2.广告定位
(1)诉求点:品牌大、味道好。
(2)广告语:随时随地关爱你——康师傅方便面。
(3)广告表现:(FLASH 脚本)(POP 牌)。

(三)广告总策划

1.广告目标
通过提高品牌形象扩大销售。希望在××大学夏季的销售量达到 3000 箱(如果一箱方便面厂商大概纯赢利为 8 元,那么 8×3000=24000 元)。
2.广告时间
(1)POP 广告,广播,网络的广告时间为 3:1～4:31。
(2)临时售点的户外广告为 4 到 5 月。
(3)促销时间为 6.1～6.30 日之间的每周五下午。
3.广告预算
(1)POP 广告 100 元。
(2)广播 100 元。
(3)网络(含奖品)200 元。
(4)促销赠品:200。
(5)临时售点 150 元/月×2=300 元。
(6)户外:100 元。
(7)总费用:1000 元(预测波动价大概价位就在 1000 元到 1200 元之间)。

附件:FLASH 广告脚本

广告一:

(场景:街上)
一个女生跟一个男生生气,对他不睬不理。(男女衣饰看起来都表明他们已经走入社会,工作小有成就了)。为了哄女的开心,男的逐一变出美丽的鲜花、可爱的娃娃、漂亮的衣服,女的都不理睬。
最后男的想了想(画面字体:这样总行了吧)。
男的摇身一变,变成康师傅的动画人物形象。
女的看了一会,忍不住笑了。
两人手牵手言归于好。
(画面字体:康师傅,我们共同的青春回忆)
说明:因为这个是故事性的广告,镜头一般采用正面的镜头,每个镜头的时间差别也不需要很大,配乐使用水木年华的校园歌曲:一生有你。
这个广告主旨是说康师傅方便面是校园生活的重要回忆部分,当我们年少、穷、忙的时候,康师傅曾伴我们走过,多年以后再回首,当初的穷酸经历就是现在最美好的回忆。

广告二:

场景:舞台上
舞台帷幕拉起,康师傅动画人物形象带着可爱的笑容,手拿一个空碗出现在画面上。
(画面字体:康师傅要变魔术啦!)
台下众多观众眨着眼睛热切地看着他。
康师傅把筷子在空碗里一搅拌,出现一碗热腾腾、香喷喷、画面让人食欲大振的康师傅红烧牛肉面。(底下观众:哇!)
再一搅拌,是一碗香菇炖鸡味的面。(台下观众吞口水的声音)

再一搅拌，又连续变了很多张同样看起来香喷喷的其他口味的面（此时镜头已经对准康师傅手中的碗，一张一张画面的过，做镜头特写，重点是突出每一种口味的面都是诱人无比。）

然后镜头对准台下每人都捧着一碗康师傅方便面美滋滋地吃着，康师傅乐呵呵地看着大家吃。（画面字样：惊喜多多，满意多多！）

说明：镜头基本都是属于台上台下相互转换式。

声音：在舞台帷幕拉起时是热烈的掌声，后来在“康师傅要变魔术啦！”这一字样时是模拟康师傅很欢快活泼的声音在唱歌：“啦……”

下面的观众发出“哇”的声音时，就只有一个声音，突出“哇！”，喊得特别惊奇欢喜。

第一次再一搅拌，是变魔术式的以静来衬，突出吞口水的声音。

剩下的镜头，选用一段符合表现的音乐。

最后“惊喜多多，满意多多！”则是模拟康师傅的声音代表康师傅公司说出。

（第一个广告突出康师傅形象在人文因素上给人的美好印象，第二个广告突出康师傅的美味。）

项目2 营业推广

【知识目标】

- 了解营业推广

【能力目标】

- 能神态自然、恰到好处地演示推销商品
- 能运用营业推广刺激消费需求，鼓励中间商大批进货
- 能独立进行营业推广策划，撰写质量较高的营业推广策划书

【任务分解】

工作任务1　确定营业推广的目标

工作任务2　选择营业推广的方法

工作任务1　确定营业推广的目标

工作流程

1. 熟悉营业推广的特点

↓

2. 针对模拟公司产品的特点确定营业推广的目标

相关知识

所谓营业推广，就是指除人员推销、广告和公共关系宣传以外，在一个比较大的目标市场上，为了刺激消费需求而采取的能够迅速产生激励作用的促销措施。营业推广很少单独使用，一般是作为广告或人员推销的辅助手段。

一、营业推广的特点

1. 刺激需求，效果显著

营业推广以“机不可失，时不再来”的较强吸引力，给顾客提供了一个特殊的购买机

会，打破顾客购买某一产品的惰性，所以刺激需求效果显著，能花费较小的费用，在局部市场上取得较大的收益。

2. 营业推广形式的局限性

营业推广的形式较多，如提供咨询服务、举办展览会或展销会、现场示范、赠送纪念品或货样、奖售等。在这些推广形式中，像奖售、赠送纪念品或货样等形式，如果选择和运用不当，求售过急，可能会贬低产品，引起潜在的顾客怀疑其产品质量或价格的合理性，会有损产品形象，导致不良结果。因此营业推广适用于一定时期、一定产品，而且推广手法需要审慎选择，要符合社会主义精神文明建设的要求，否则就会失去营业推广的意义。

二、营业推广的作用

营业推广的作用主要表现在以下几个方面：

1. 加速新产品市场导入的进程

通过有效的营业推广措施，如免费试用、折扣优惠等，可以在较短的时期内迅速让消费者了解新产品，促进消费者接受产品，从而加速市场导入的进程。

2. 强化消费者重复购买的行为

通过销售积分奖励、赠送购物券等多种推广形式的运用，则可以在很大程度上吸引消费者重复购买，进而养成对该产品的购买习惯。

3. 刺激消费者迅速购买

通过运用价格优惠、附赠品等多种方式，形成强烈的利益诱导，可以在短期内刺激消费者的购买欲望，加速消费者的购买决策，从而在短期内迅速扩大企业的销售额。

4. 抵御竞争者的促销活动

当竞争对手展开大规模的促销活动时，可以有针对性地选择营业推广的手段，抵御和反击竞争者的促销行为，保持顾客忠诚度，维持本企业的市场份额。

必须明确，由于营业推广只是一种战术性的营销手段，它的运用只起到一种即时激励的作用，一般难以建立顾客的品牌忠诚度，也难以在销售额大幅度下滑时发挥起死回生的作用。

工作任务 2　选择营业推广的方法

工作流程

1. 分析各营业推广的形式

↓

2. 分析影响模拟公司推广形式选择的因素

↓

3. 确定适合模拟公司营业推广的形式

相关知识

一、营业推广的形式

营业推广的形式主要有以下几种：

1. 产品陈列和现场表演

在商品销售点或经销点占据有利位置，进行橱窗陈列、货架陈列、流动陈列或进行现场表演等，展示商品的性能，打消顾客的疑虑。

2. 产品展销会、交易会、订货会

产品展销会、交易会、订货会是不定时或定时、不定点或定点举行的应用广泛的营业推广形式。企业可通过展销会、交易会、订货会展示产品，显示自身的经济实力和贸易水平，洽谈业务，最终按展示的样品达成交易。

3. 赠送样品

赠送样品是指通过让顾客试看、试用、试听等方式，使顾客在试用商品的过程中了解效果、传递信息、产生兴趣，引起购买欲望。这类样品可以直接送给顾客，也可回收或折价处理。

4. 廉价包装

工商企业可以采用简单包装、把小包装换成大包装、除去精美包装等方式，达到降低费用及商品降价的目的，吸引“经济型”顾客。此外，企业还可利用多用途包装、系列包装等，不断吸引顾客，提高其重复购买率。

5. 有奖销售

有奖销售是采用发给奖券或号码中奖的办法，使顾客在购买时不仅得到产品，而且有机会得到额外收获，通过这两种方式刺激顾客的购买欲望。有奖销售是工商企业，特别是零售商最常用的一种营业推广方式，但其采用必须得到有关部门的批准，要有法律保证，否则，运用不当，会成为一种不正当竞争。

6. 优待券

优待券是企业向潜在顾客或现场购买者发放的优惠购物券，顾客可以凭此券到指定地点减价或优惠购到一定的商品，以此增强相应产品对顾客的吸引力。

二、企业进行营业推广时应考虑的因素

企业进行营业推广时应考虑的因素很多，但主要的因素有以下几个：

1. 目标

企业应当根据目标市场和整体策略来确定推广目标，依据推广目标制订周密的计划。在确定目标和制订计划时应区别对待，并把长期目标与短期目标有机地结合起来。

2. 费用

通过营业推广可以使销售额增加，但同时也增加了推销费用。企业要权衡推销费用与营业收益的得失，把握好所费与所得的正确比值，从而确定促销的规模和程度。

3. 对象

实践证明,营业推广的对象主要是那些随意型顾客和价格敏感度高的消费者。对于已经养成固定习惯的老顾客,营业推广的作用要小一些。因此,推广对象的选择要因时、因地制宜。

4. 媒体

企业必须通过最佳的媒体来实施营业推广。比如一张优惠券,既可以放在产品包装袋里赠送,也可以在购买产品时当场分发或附在报刊广告中给予。媒体的选择必须考虑媒体的普及率及费用支出等情况,权衡利弊,从优决定。

5. 期限

营业推广的时间选择必须符合整体营销策略,并与其他经营活动相协调。时间选择要恰到好处,既要给消费者欲购从速的吸引力,又要避免草率从事。

6. 效果

营业推广的效果体现了营业推广的目的。每次营业推广后,都要对营业推广的效果进行评价。推广效果评价的一般方法有比较法(即比较推广前后销售额的变动情况)、顾客调查法、实验法等。企业可通过这些方法取得营业推广的成果资料,并与推广目标和计划进行分析比较,肯定成绩,找出问题,以便控制和调整营业推广过程,实现推广目标。

拓展知识

营业推广策划方案格式

1. 前言
2. 市场及产品分析
3. 活动传播对象(目标人群)
4. 活动目的
5. 活动时间
6. 活动主题
7. 活动的策略或框架内容
8. 活动现场规划
9. 活动执行流程
10. 活动信息传播计划
11. 具体活动(工具)安排与开展
12. 活动费用预算
13. 活动效果评估

工作实施

模拟公司营业推广策划

根据团队具体的项目(产品),在市场调研分析的基础上,让学生策划一个完整的营业推广方案或商演活动,并撰写营业推广策划方案。

一、目标

小组成员完成本团队项目的营业推广活动策划，并撰写一份促销营业推广活动策划方案。使学生初步掌握促销营业推广活动策划的内容、程序步骤、方法和撰写促销策划方案的技巧，提高学生的实际操作运用能力。

二、步骤

1. 明确组内分工。

2. 了解、熟悉促销营业推广活动策划的内容、步骤、程序和方法，并掌握撰写营业推广策划方案的格式内容及技巧。

3. 各小组在讨论分析的基础上进行策划，整合思路。

4. 归纳总结。

5. 形成框架内容，并撰写促销营业推广活动策划方案。

6. 每个团队选1名代表面对全班同学陈述本团队策划的思路内容及感受(每组5—8分钟)。

7. 每个团队提交一份营业推广活动策划文案(3000字以上)。

三、考核标准

评分项目	分　值	得　分
从满足消费者需要出发，根据竞争状况及企业自身条件，设计足有吸引力的促销方案	30	
方案设计要有创意、内容要具体、要有可操作性	25	
方案紧扣模拟公司主题，全面、正确、条理清楚	30	
报告人阐述时思路清晰，分析活动计划条理清晰，有说服力	15	
总　分	100	

四、注意事项

1. 教师应提前布置，让学生早做准备，对理论知识及相关资料准备充分，以取得良好的课堂效果。

2. 撰写策划方案时力争全组讨论，动员全体同学参与，得出比较全面的策划方案。

3. 授课教师需精心准备、善于引导，确保策划方案有一定的深度和广度且具备实用性，以激发学生的学习激情。

五、范例

××乳业促销营业推广活动方案

(一)活动主题

"新鲜到家 如愿以偿 送奶上户"是××乳业特有的渠道，也是最有开发潜力的销售渠道，在分销中我们把"奶站"列为第一类渠道，因此，本次推广的"屋顶包"应在这一渠道开发上加大力度。

(二)活动时间

4月20日之前做好活动准备工作。

4月12日～4月18日完成对DM(direct mail advertising，直接邮寄广告)的设计、印

制，以及促销奖品的采购工作。

4 月 18 日～4 月 19 日确定 DM 投递人员，并对其进行相关培训，DM 印制成品到位至每个奶站。

4 月 20 日按活动方案实施投递。

5 月初进行兑奖。

(三)活动目标

1. 活动背景

在此之前，我们已经对××牛奶进行了多次市场调查和咨询服务，本次作业的流程与以往不同。

第一，没有进行专业化的市场调研，作业的依据主要是××牛奶提供的信息、经验判断以及联纵智达对市场的摸底和访谈。

第二，作业时间跨度较短，主要考虑到产品在 4 月中下旬就要进行市场推广，之前不仅要确立实施方案，而且要对人员的到位(相关培训及责任明确)、物品的准备(DM、奖品等)进行筹措。

第三，作业的项目内容较为单一，即仅仅是“屋顶包”产品的上市环节中订奶户这一细分市场的企划和运作。

2. 作业条件

(1)方案确立

本次活动是通过对新老用户投放 DM，用 DM 内容中对“屋顶包”的宣传及促销活动中奖品的刺激来达到扩大订奶户对“屋顶包”的订量，因此奖品及规则的确定不仅是活动执行的依据，更是活动实施的前提。此外还要对整个活动作业的流程作一个规划。

(2)人员到位

DM 投递人员的募用：考虑到奶站的送奶员对订奶户熟知的因素，DM 投递人员从送奶员中选用。而且，要对这些投放 DM 的人员进行相关培训，使 DM 的投递准确有效。

(3)物品准备

DM 的设计及印刷以及奖品的采购(前 100 名及订购周期不同的订户，其兑换的奖品也不同，需提前进行奖品档次分类)

3. 预期目标要求

苏州地区订奶户对“屋顶包”现有的消费量不到 3 吨/天，而苏州地区订奶户的牛奶消费总量超过了 100 吨/天。希望通过本次作业，能够使“屋顶包”的订量达到 8～12 吨/天。

4. 活动内容

(1)活动方案

方案是本次活动的构架，DM 内容则是方案的关键，是整个活动的决定性因素。DM 的参考样板：

大小：32 开

格式：单张(两面印刷)

风格：依照××牛奶一贯的广告宣传风格，并参考“屋顶包”的包装风格。

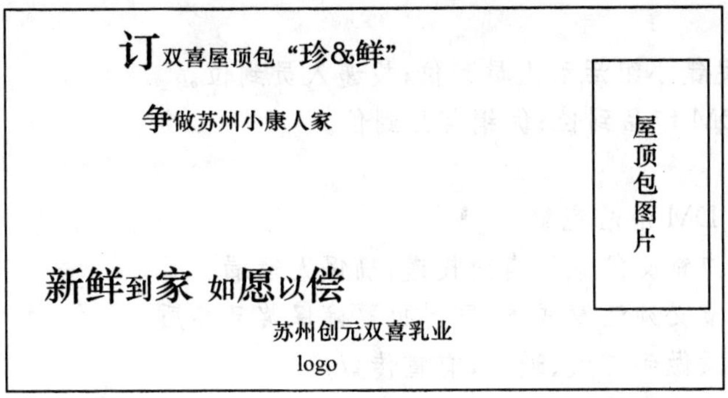

图 5-3　DM 正面样板

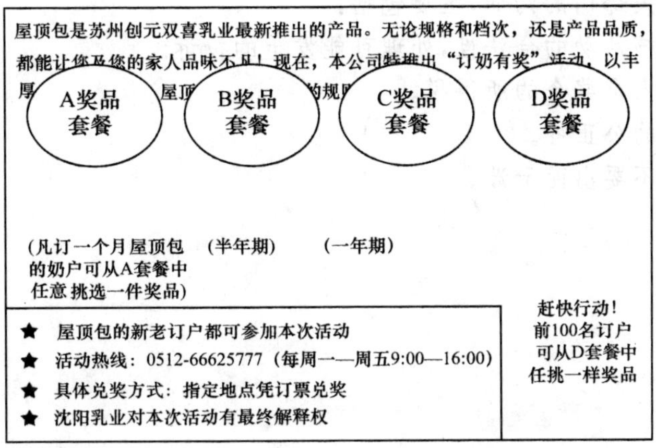

图 5-4　DM 反面样板

奖品套餐详解：

A 奖品套餐——厨用砧板、削果器、电子打火器

B 奖品套餐——食用油、刨冰机、电热毯

C 奖品套餐——电饭煲、高级餐具、榨果汁机、电暖器

D 奖品套餐——电火锅、电熨斗、台式饮水机、高级床上用品

附：所有奖品都须印上沈阳乳业的"LOGO"，及"恭、祝"等字体，以验明奖品"正身"

(2)整体活动执行方案(列表)

执行时间	运作事项	负责块面
4 月 12 日～4 月 18 日	(1)对 DM 进行设计及印制 (2)奖品采购	广告公司及印刷厂 促销活动小组(联络)
4 月 18 日～4 月 19 日	(1)DM 投递人员确定及相关培训 (2)DM 印品到位至每个奶站	××牛奶各奶站 促销活动小组(组织)
4 月 20 日	按活动方案对所有的奶户实施投递	沈阳乳业各奶站
5 月初	(1)热线联系 (2)所有屋顶包的订奶户凭订奶票进行兑奖	促销活动小组

(3)准备工作

①人员准备:促销小组活动人员到位;投递人员到位。

②物品准备:DM 印品到位;促销奖品到位。

(4)实施细则

①注意投递的 DM 清洁完整。

②每一个订奶户都必须做到有效投递,确保无遗漏。

③奖品采购环节必须注意成本,同时也要确保奖品品质。

④兑奖环节必须做到有效、通畅,有宣传效应。

⑤主动搜集活动的相关信息,为产品及企业宣传提供材料。

5. 注意事项

注意与其他相关部门的沟通,主要包括:

(1)工商局:审核活动的合法性,处理可能发生的投诉。

(2)税务:中奖人员奖金的所得税。

(3)公证:抽奖的公正性。

(4)政府:至少不要出面干涉。

项目3 公共关系

【知识目标】

• 了解公共关系

【能力目标】

• 能独立进行公关活动策划，撰写质量较高的公关促销策划书

• 能正确运用各种公共关系方法为企业促销服务

【任务分解】

工作任务1 确定公共关系目标

工作任务2 选择公共关系的活动方式与途径

工作任务1 确定公共关系目标

工作流程

1. 分析模拟公司的公众环境

↓

2. 明确模拟公司公关的原则

↓

3. 确定模拟公司公关的目标

相关知识

一、公共关系促销的特点

较之人员推销、广告宣传、营业推广，公共关系促销具有如下特点：

（一）传递信息的全面性

企业开展公共关系活动，通过一定的媒介把有关企业的信息有计划地传递给公众，是

为了塑造良好的企业形象，取得公众的信赖与支持。公共关系活动既传递企业技术、设备、财务等方面的信息，又传递企业职工福利、企业前途及社会责任等方面的信息，甚至还传递企业素质、人才培养、股票价值方面的信息。总之，公共关系能够把一个立体的企业形象完整地呈现在公众面前。

（二）对公众影响的多元性

一个企业周围的公众是多元的，主要有六种，如图 5-5 所示。

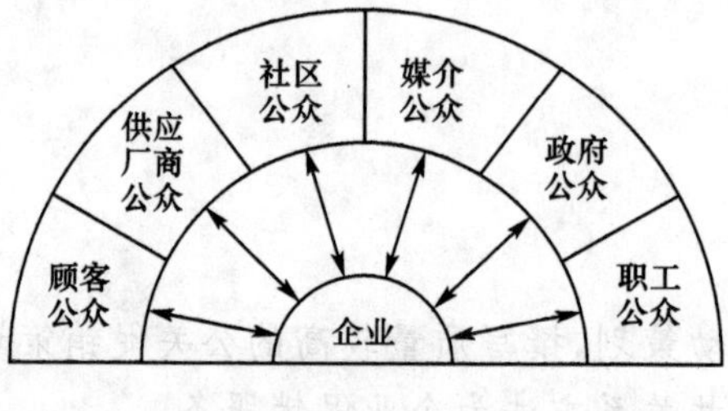

图 5-5　企业公众示意图

公众中不仅包括顾客(用户)，而且还包括供应厂商、社区、媒介、政府和企业内部职工等。例如，媒介公众中的报纸或广播对企业的一篇针砭的报道，即可使企业多年苦心经营的市场毁于一旦；政府公众的一纸决定，就能使企业的商品在一夜之间由畅销变为滞销；等等。因此，在公众面前，企业必须做到两点：一是积极顺应公众的意见；二是努力影响公众的意见，从而树立企业在公众中的正面形象。

（三）成效的多面性

从心理学的角度看，人们的感情普遍存在一种由此及彼的扩展和迁移特性。由于人们对某人、某物的主要方面感情很深，因此对与其相连的其他方面也容易产生相应的情感。公共关系正是恰到好处地把握人们的这种心理，通过集中力量塑造企业形象，使公众热爱企业，进而热爱与企业有关的其他方面。这样，不仅能促进产品销售，而且起到鼓励和吸引投资、吸引优秀人才等多方面的效果。

二、公共关系的对象

公共关系工作的对象是公众。所谓公众是指与工商企业经营管理活动发生直接或间接联系的社会组织和个人，主要包括顾客、供应厂商、新闻媒介单位、社区、上级主管部门和企业内部职工等。企业通过与顾客的公共关系，能够不断吸引现有的和潜在的顾客；通过与报纸、杂志、电台、电视台等新闻机构的公共关系，一方面争取舆论对企业营销政策的支持，另一方面利用新闻媒介扩大企业的影响；通过与银行、物资、商业、劳动人事部门等协作单位的公共关系，保证企业经营活动的正常进行；通过与上级主管部门的公共关系，争取给予经济的和政策的倾斜；通过与企业内部职工的公共关系，创造和谐的人际关系环境，激发职工工作的积极性、主动性和创造性。

三、公共关系的原则

企业开展公共关系，需要遵循以下四个原则。

（一）真实性原则

公共关系的真实性原则是指工商企业开展公共关系工作，要以事实为基础，据实、客观、公正、全面地传递信息，沟通情况。因为企业开展公共关系旨在沟通企业与社会公众之间的联系，它的职能之一是通过信息传播和交流来树立良好的企业形象。因此，信息的真实、准确就成为企业公共关系工作获得成功的基本前提。

（二）平等互利原则

平等互利原则是指企业与公众要平等相处，共同发展，利益兼顾。企业公共关系是为企业既定目标和任务服务的，但这种服务要以一定的道德责任为前提，以利他的方式利己，只有利他才能利己。公共关系强调主体与客体的平等权利和义务，尊重双方的共同利益和各自的独立利益，信守企业与公众共同发展、平等互利的坚定信念。如果企业在相互交往中损人利己，为满足自身的眼前利益而损害公众利益，不顾信誉、不顾形象，就毫无公共关系可言。

（三）整体一致原则

公共关系整体一致的原则，是指企业从社会全局、企业全局的角度，审视公共关系工作，评价其经济效益，明确自身的责任和义务，迎合公众的长远利益和根本利益。这一原则对企业公共关系工作的指导，集中体现在对公众和对社会的负责上。所谓对社会负责，就是企业不仅要考虑自身的经济效益，而且要站在全社会的高度，考虑社会的整体利益。因为每个企业都是社会的一个成员，离开了社会就无法生存，所以企业应该担负起社会责任，履行其社会义务。

（四）全员公关原则

全员公关是指企业的公共关系工作不仅依靠公关专门机构和专职人员的努力，还要依靠企业各部门的密切配合和全体员工的共同关心和参与。要做到这点就必须强调全员公关原则，即要求企业全体成员都要树立公关意识，共同关注和参与公共关系工作，并做出贡献，共同推动企业公共关系目标的实现。

工作任务 2　选择公共关系的活动方式与途径

工作流程

1. 分析模拟公司的公众环境

2. 选择模拟公司公共关系的活动方式

3. 选择模拟公司公共关系活动的途径

相关知识

一、公共关系的活动方式

公共关系的活动方式主要有以下六种：

1.加强新闻宣传

企业应争取一切机会同新闻媒介单位建立联系，及时将其有新闻价值的信息提供给报纸、杂志、电台、电视台等媒介机构，以扩大企业影响，加深顾客印象，激励推销人员及其他职工的工作热情。

2.开展公益性活动

企业可通过赞助和支持体育、文化教育、社会福利等公益性活动，树立一心为大众服务的形象。

3.搜集、处理与反馈公众意见

企业应经常搜集和处理公众对其经营、商品服务方面的意见和建议，及时将改进后的情况告知公众，求得公众的谅解和理解。

4.建立全方位的联系

企业应建立与消费者、社会团体、政府机构、银行、商业等单位的广泛联系，主动向他们介绍企业的经营情况，听取他们的意见，争取他们的支持。

5.组织专题公关活动

企业可通过组织或举办新闻发布会、展览会、联谊会、庆典、开放参观等专题公关活动来介绍企业的情况，推销商品，沟通感情，增进了解，扩大宣传，强化形象。

6.建立、健全内部公关制度

企业应建立和健全内部公共关系制度，以协调企业内部各部门、各方面及其职工之间的关系。

二、公共关系促销的途径

公共关系促销的途径主要有以下四种：

1.运用公共关系宣传促销

企业营销的成功需要综合运用营业推广、广告宣传、人员推销、公共关系等促销手段，其中营业推广、广告宣传、人员推销，是促销的重要手段和策略。现在，消费者越来越倾向于新闻界或第三者对企业或商品的赞赏和评价报道，并据此决定市场行为。他们认为，新闻界超脱于企业利益之外，是与企业和消费者无关的第三者，因此能站在公众的立场上对企业产品和企业形象做出真实、准确的评价，从而既能提高企业产品的知名度，更能提高顾客对商品的信任程度。

2.运用公共关系塑造企业形象促销

企业市场营销的成功仅仅靠自身的努力是不够的，还需要社会各界的大力支持和协作。如果企业在制定市场营销策略中不顾公众的利益，无视企业对社会环境造成的污染，只求企业自身利润的最大化，对社会福利事业漠不关心、一毛不拔，哪怕它的产品再好，定价再公道，也会遭到公众舆论的谴责，招致政府的干预和消费者的抵制。作为社会组成部分的企业，必须义不容辞地担负起社会责任，通过积极开展公共关系活动，实行开放式的经营，为公众和社会谋福利，为科学文化教育事业做出力所能及的贡献，扭转人们对企业只是赚钱机器的传统看法，从而提高企业的声誉，获得公众对企业销售活动的支持，借以扩大销售市场。

3. 运用公共关系保证企业的市场营销真正以消费者为中心

企业应设身处地地为消费者着想，站在消费者的角度去观察企业，从消费者的意见中发现问题，找出不足之处。公关部门必须建立与消费者的联系制度，听取和收集各种不同的公众对企业市场营销政策和活动的意见和要求，对任何来访、来电、来信、来人均给以迅速、礼貌、准确和友好的答复。通过公共关系活动，增进企业与公众感情上的交流和融合，可以保证企业市场份额的不断扩大。

4. 运用公共关系，通过纠正企业营销的失误进行促销

企业本着实事求是的态度，坦率地检讨本企业营销策略失误以及其他过失，尽快向社会表明本企业正在虚心听取各方面意见并予以改正的决心，采取“解铃还需系铃人”的策略，及时邀请新闻界和社会有关部门对企业进行实地考察，以求得他们将企业的改进措施和整顿情况及时地公布于众，消除公众的不满，求得公众的谅解，把事件的影响降到最低限度，借以重振声誉。对于公众因不了解真实情况而对企业产生的误解，企业决不能一声不吭，而应对公众的误解给予必要的解释和说明，以正视听。当一些企业采取不正当竞争手段诋毁本企业形象时，受诋毁的企业应公开发表声明，予以揭露，使其真相大白于公众，求得社会舆论的支持，维护企业声誉，借以恢复和扩大企业产品的销售市场。

拓展知识

公共关系策划文案的基本格式

1. 封面

(1)题目。

(2)策划者单位或个人名称。

(3)文案完成的日期。

(4)编号。

(5)草稿或初稿应在标题下用括号注明，写上“草案”、“送审稿”、“讨论稿”、“征求意见稿”或“修订稿”、“实施稿”、“执行稿”等字样。

2. 序文

以简洁的文字作为一个引导或提举。

3. 目录

4. 正文

(1)目标任务。

(2)背景分析。

(3)设计公共活动主题。

(4)公共方案的设计与实施。

(5)媒介宣传。

(6)具体活动日程安排。

(7)公关费用预算。

5.附件

(1)活动筹备工作日程推进表。

(2)有关人员职责分配表。

(3)经费开支明细预算表。

(4)所需物品一览表。

(5)场地使用安排一览表。

(6)相关资料:调查报告、新闻稿范本、演讲词草稿、平面广告设计图、纪念品设计图。

(7)注意事项:实施过程中应注意的事项、应变措施。

工作实施

模拟公司的公共关系策划书设计

根据团队具体的项目(产品),在市场调研分析的基础上,让学生策划一个完整的公关活动方案,并撰写公关策划方案。

一、目标

小组成员探索完成本团队项目的促销公关策划,并撰写一份公关策划方案。使学生初步掌握公关策划的内容、程序、步骤、方法和撰写促销公关策划文案的技巧,提高学生的实际操作运用能力。

二、步骤

1.明确组内分工。

2.了解、熟悉公关策划的内容、步骤、程序和方法,并掌握撰写公关策划方案的格式内容及技巧。

3.小组在讨论分析的基础上进行策划,整合思路。

4.归纳总结。

5.形成框架内容,并撰写促销公关策划方案。

6.每个团队选1名代表面对全班同学陈述本团队策划的思路内容及感受(每组5~8分钟)。

7.每个团队提交一份促销公关策划文案(3000字以上)。

三、考核标准

评分项目	分 值	得 分
从满足消费者需要出发,根据竞争状况、企业自身条件,设计足有吸引力的促销方案	30	
方案设计要有创意、内容要具体、要有可操作性	25	
方案紧扣模拟公司主题,全面、正确、条理清楚	30	
报告人阐述时思路清晰,分析活动计划条理清晰,有说服力	15	
总 分	100	

四、注意事项

1. 教师应提前布置，让学生早做准备，对理论知识及相关资料准备充分，以取得良好的课堂效果。

2. 撰写策划方案时力争全组讨论，动员全体同学参与，得出比较全面的策划方案。

3. 授课教师需精心准备，善于引导，确保策划方案有一定深度和广度，具备实用性，以激发学生的学习激情。

4. 引导学生多方面搜集资料，多从生活周边的策划方案中获取知识和启发。

五、范例

2009年重庆火锅文化节策划方案

经过近10年的发展，重庆火锅红透大江南北，并为重庆赢得“中国火锅之都”的殊荣。举办“重庆火锅文化节”，旨在提升中国美食与重庆火锅的国际竞争力。当今国际市场竞争的杀手锏有二：一是标准；二是文化。欣慰的是，重庆火锅实质卖的就是一种标准，一种文化。实践将继续证明，重庆火锅是重庆最能全国化，甚至全球化的特色产业。因此，应举全力办好这次属于重庆、属于世界的重庆火锅文化节。

(一)活动目的

通过这次活动，让世人进一步了解火锅、认识火锅、喜欢火锅，从而提升重庆火锅的国际竞争力。

(二)活动原则

安全第一，大众参与，体面轻松，皆大欢喜。

(三)活动卖点

主题化、大众化、互动化。

(四)活动理念

像重庆火锅一样，越麻辣越要烫！

(五)活动主题

感受欢乐，释放激情。

(六)活动组织

1. 组织机构。

2. 工作分工。

3. 协调联络。

4. 对外宣传。

5. 安全保障。

(七)活动内容

1. 准备期

(1)举行新闻发布会，传递首届重庆火锅文化节的目的、原则、卖点、理念、主题等信息，唤起全市各方面的关注和支持。

(2)组织好对广告公司、公关公司的招标工作，严格按市场化的方式运作，优选协办单位。

(3)加强对外联络,协调合作关系,解决冠名赞助问题,确保基本费用。

(4)通过报纸向社会有奖征集重庆火锅文化节标识、吉祥物,以及重庆火锅形象广告语和歌曲。

2.举办期

朝天扬帆正当时,重庆火锅乐盛世。

(1)开幕式(晚上)

主题:创造生活,创造欢乐。

方式:主会场与分会场互动,做到简短、意深、形美、乐人。

形式:主会场设在朝天门(象征重庆火锅寻根清源),分会场设在各条美食街,并通过彩车队流动助兴的方式把分会场"串"起来。

内容:

①主会场举行开幕仪式,嘉宾致贺词,李双江高歌《川江号子》,彩车队"扬帆",电视进行直播,仪式完成后嘉宾登游船观江景。

②分会场与主会场互动,嘉宾致贺词,敲锣打鼓、舞龙舞狮、唱歌跳舞等助兴。

③彩车队分两组:一组从朝天门出发—南滨路—直港大道—南方花园—大渡口;另一组从朝天门出发—江北区—沙坪坝(随后每天彩车队都有活动安排)。

(2)品牌火锅形象展示(第一层面)

主题:有滋有味,多姿多彩。

方式:设固定的展区,邀请国内、国外品牌火锅参展。

形式:通过火锅宴,展示品牌及其文化形象。

内容:

①火锅宴的实物艺术形态。

②火锅宴的文化展示。

③火锅宴服务人员的仪表姿态。

展区建议设在较好的会展中心内,让重庆火锅这个城市名牌更加体面。

(3)重庆火锅店促销活动(第二层面)

主题:更欢乐,更轻松。

方式:凡在重庆境内的合法火锅店,均可申请参加本项活动。

形式:价格优惠,借节日开展促销。

内容:在重庆火锅文化节期间,对消费者一律实行16%的价格优惠,愿重庆火锅给消费者的生活带来"一帆风顺"。另外,重庆火锅品牌形象店可组织一些"更欢乐,更轻松"的促销活动。

(4)"串串香"闹秋夜(第三层面)

主题:吃夜火锅、喝夜啤酒、观夜江景。

方式:邀请品牌火锅企业参加,争取啤酒企业赞助。

形式:在北滨路江边设露天临时卖场,采用"串串香"的模式经营,满足重庆人的码头情结和坝儿情绪,达到"不是狂欢,胜似狂欢"的节日效果。

内容:

①采用"串串香"的模式经营。

②参加企业用简易方式划定经营场地。

③经营场地周围插上彩旗和显眼的品牌大旗。

④消费者每人 15 元随便吃。

(5)辣妹子形象大赛

主题:麻辣妹子,韵味无穷。

方式:凡在重庆出生的 16～26 岁的女性,均可报名参赛,邀请有关品牌企业冠名。

形式:观赏、评比、电视传播。

内容:

①除常规评选方法外,在智力测试方面出一些有关重庆火锅的题。

②重庆火锅文化节组委会与重庆电视台联合举办。

③本活动拟成为感动来宾的重头戏。

6.彩车队助兴活动

主题:动起来,乐起来。

方式:品牌火锅出资,汽摩企业协助,专业人员制作,联合统一行动。

形式:通过彩车展示品牌火锅形象,扩大节日活动范围,塑造火锅整体形象,增添节日活动气氛,满足市民求乐心理。

内容:

①摩托车队开路,造型为小帆船,象征"千帆竞渡,火锅赶海"。

②彩车费用力争控制在 2 万元之内,品牌企业可认定 1～3 辆。

③彩车品牌企业自定主题,统一车型,由专业人员制作。

④除主城区外,根据区县的申请,尽力安排前往助兴。

(7)重庆火锅发展论坛

主题:欢乐使者,重庆火锅。

方式:会议、报纸征文。

形式:专业人士参加会议,市民参与征文。

内容:

①邀请政府有关领导、专家、学者、火锅企业代表参加研讨会,论坛成果汇编成册。

②在相关报纸栏目中举办有奖征文活动,并由企业冠名,暂定名称为:"××杯"我与重庆火锅。

③在总结表彰大会上为获奖者颁奖。

(8)闭幕式

主题:感受欢乐,释放激情。

方式:国外艺术家在人民大礼堂内演出,彩车队在人民广场助兴。

形式:邀请国外充满激情的民俗艺术表演团给闭幕式助兴,让人感受到重庆火锅融入国际所带来的欢乐气息。

内容:

①嘉宾致闭幕词。

②国外表演团演出。

③演出完后主持人宣布首届重庆火锅文化节闭幕。

(八)其他活动

1. 开幕式、闭幕式建议与第五届中国美食节合并举行,即主题可以共用。

2. 彩车队可由重庆火锅企业和重庆餐饮企业共同组建,代表重庆餐饮的整体形象。

3. 主会场、分会场的重庆火锅企业应与餐饮企业携手互动,共同把本会场的活动搞好。

4. 主会场、分会场向广告公司招标,由中标者落实经费和布置会场,组委会统一协调,按布场要求验收。

5. 彩车制作要求较高,力求达到彩灯效果,须请专业人员制作。

6. 重庆火锅和重庆汽摩均为重庆城市名片,应相互借力、相互整合、相互受益,希望重庆长安集团和重庆摩托车骨干企业给予支持,借一些汽车和摩托车制作彩车。

7. 闭幕式演出,采用市场化运作,通过招标的方式落实承办单位。

8. 做好组织落实、任务落实、经费落实、宣传费落实、安全落实。

9. 本届重庆火锅文化节,拟对积极参与、表现突出和反映良好的单位颁发"欢乐使者"奖,此外不再设其他奖项。在总结表彰大会上颁奖。

10. 组委会下面设分会(以美食街为单位),争取当地政府部门的支持,努力让市民"感受欢乐,释放激情"。

项目4 人员推销

【知识目标】

- 了解人员推销

【能力目标】

- 能灵活机动地运用推销方法与技巧向顾客介绍和推销产品
- 能正确处理推销员队伍建设与管理中的一般问题

【任务分解】

工作任务1 熟悉人员推销的过程

工作任务2 选择人员推销的组织形式

工作任务3 制定人员推销的策略

工作任务1 熟悉人员推销的过程

工作流程

1. 确定模拟公司人员推销的功能

↓

2. 分析适合模拟公司产品的人员推销过程

↓

3. 确定模拟公司人员推销过程中的关键环节

相关知识

一、人员推销

所谓人员推销，就是指企业派出或委托推销人员，亲自上门向目标顾客介绍和推销产品的方法。人员推销的核心问题是说服，即说服目标顾客，使其接受其推销的产品或服务。人员推销的基本要素包括推销人员、推销品和推销对象。

二、人员推销的功能

人员推销的功能主要有以下几个方面：

1. 寻找顾客

人员推销不仅要提供产品，满足消费者重复购买的要求，更重要的是在市场中寻找机会，挖掘和发现潜在需求，创造新需求，寻找新顾客，开拓新市场。

2. 传递信息

推销人员在推销过程中及时将企业提供的产品和服务信息传递给顾客，为顾客提供资料，引起顾客的购买欲望，并使其做出相应的购买决策。

3. 推销产品

推销人员通过与消费者的直接接触，运用销售技巧，有效地分析顾客的需求及其所期望的最大利益，根据不同情况向他们提供各种奖励、折扣、优惠和服务等，从物质和精神上满足对方需求，诱导其购买所推销的产品。

4. 搜集信息

企业所需要的营销信息，很大一部分源于顾客，推销人员活跃于企业与顾客之间，是企业搜集信息的重要渠道之一。推销人员在推销产品的过程中，应进行调查研究，与顾客保持经常联系，搜集市场情报资料及反馈信息，及时向有关部门反映，为改进营销措施、进行营销决策提供依据。

5. 提供服务

推销人员应在推销中积极主动地为顾客提供售前、售中、售后服务，及时解决顾客在购买和使用产品的过程中出现的问题，兼顾企业和顾客的利益。

三、人员推销的过程

人员推销的过程一般分为以下几个步骤：

1. 寻找并识别目标顾客

推销人员在推销之前，首先必须弄清两个问题，顾客在哪里？自己要向哪种类型的人推销产品？如果这两个问题没有搞清楚，哪怕是再周密详尽的推销计划都有可能失败。所以，准确寻找和识别目标顾客应当是推销人员的基本功。

2. 前期调查

对于已确定的目标顾客，推销人员应当首先搜集他们的有关资料，包括需求状况、顾客的经济来源和经济实力、拥有购买决策权对象、购买方式，以便制订推销方案。

3. 试探式接触

推销员要根据掌握的目标顾客的资料，从目标顾客感兴趣的问题入手打开话题，在了解顾客后根据顾客的反应，逐步引入推销产品的话题。

4. 介绍和示范

在对目标顾客已有充分了解的基础上，推销人员可以直接向目标顾客进行产品介绍，甚至主动地进行一些产品的使用示范，以增强目标顾客对产品的信心。

5. 应付异议

在推销过程中，推销员经常遇到顾客的异议。顾客的异议是成交的障碍，但它也表明了顾客已经对推销员的讲解给予了关注，对产品产生了兴趣，只要克服了异议，就能够达成交易。应付异议的有效办法是把握产生异议的原因，对症下药。

6. 达成交易

成交是推销的目标，当各种异议被排除之后，要密切注视顾客发出的成交信号，即通过顾客的言语动作、表情等流露出的购买意向，并抓住这一成交的良好机会及时达成交易。

7. 后续工作

交易达成后，并不意味着推销工作的结束，而应看作新的推销工作的开始，因此，各种后续工作必须及时跟上，如备货、送货、配套服务及售后服务等。这些工作的妥善处理，不仅有利于企业同目标顾客建立长期稳固的购销关系，而且可以吸引新的顾客。

工作任务 2　选择人员推销的组织形式

工作流程

1. 确定模拟公司的人员推销功能

↓

2. 选择适当的人员推销组织形式

相关知识

人员推销的组织形式有以下四种：

一、区域结构式

区域结构式是指每个推销人员（组）负责一定地区的推销业务。这是一种最简单的推销组织形式。其优点是：

（1）推销人员的责任明确，便于考核，有利于鼓励推销员努力工作。

（2）推销人员活动范围小，相对地节约了销售费用。

(3)推销人员活动区域稳定,有利于与当地各界大众建立联系,增进友谊,加强合作。

(4)推销人员熟悉当地市场的整体情况,能够正确分析和估计市场销售潜量,有利于开拓市场。

区域推销组织形式最适合于类似性较大的产品和市场。

二、产品结构式

产品结构式是指每个推销人员(组)负责某种或某类产品的推销业务。其优点是:

(1)推销人员熟悉该种产品的供销情况,有利于预测该种产品的销售趋势,及时组织货源。

(2)推销人员能够运用自己的专业知识为顾客服务,有利于扩大顾客群。

(3)商品推销组织形式对推销人员的知识结构提出了更高的要求,有利于促进推销员不断学习、更新知识、提高素质。

产品结构式适宜于产品技术性强、生产工艺复杂、营销技术要求高、产品品种多而买主又不大相同的企业。反之,则不宜采用这种推销组织形式。

三、顾客结构式

顾客结构式是指根据顾客的行业不同、规模不同、分销渠道不同、用户不同而分别配备推销人员。其优点是:

(1)推销员与顾客直接打交道,有利于推销员深入了解特定顾客的需求,在推销中有的放矢,提高工作效率。

(2)推销员与特定顾客在产品买卖中经常交往,有利于彼此间建立感情,增进友谊,从而建立稳固的购销关系。

顾客结构式适宜于顾客比较集中、用户规模较大、分销渠道比较稳定的企业。

四、复合结构式

复合结构式是指将区域与产品、区域与顾客、产品与顾客三种组织形式混合运用,有机结合,按区域-产品,区域-顾客,产品-顾客,甚至按区域-产品-顾客来分配推销人员。其优点是:

(1)能够灵活调度推销人员,全方位地发挥和运用推销人员的知识才能,有利于调动推销人员的积极性。

(2)推销人员能从企业整体营销效益出发开展营销活动,有利于扩大销售。

(3)推销人员能进入一个地区或某一单位,解决诸多商品的推销问题,有利于节省推销费用。

复合推销组织形式适宜于顾客类别复杂而且分散的企业。但推销人员往往要对数个产品经理或几个部门经理负责,容易造成多头领导、职责不清。特别是当不同部门人员的协调配合工作做得不好时,会直接影响推销效果。

工作任务3 制定人员推销的策略

工作流程

1. 确定模拟公司人员推销的功能与目标
↓
2. 选择适当的人员推销策略
↓
3. 选择适当的人员推销方法

相关知识

一、人员推销的策略

人员推销主要有以下三种策略：

1.“刺激—反应”策略

这是推销人员在不了解顾客需要的情况下，经常采用的一种策略，即：推销人员事先准备好几套要说的话进行演讲（即刺激），看看顾客的反应；再讲，再看顾客的反应，如此运用一系列的刺激方法，以期引起顾客的购买行为。这种策略对于推销日用工业品效果较好。

2.“启发-配方”策略

这也是推销人员在事先不了解顾客需要的情况下常用的一种推销策略，即：推销人员从访问顾客开始，通过带有启发性的讲话，引起顾客的交谈，进而推动成交。

3.“需要-满足”策略

这是一种创造性的推销策略。这种策略的特点是：推销员在推销时，要引起顾客对某种商品的需要，并促使顾客想满足这些需要。当推销员在说明所推销的商品如何能满足这些需要时，顾客感到推销员成了他们的参谋，从而较顺利地推动成交。

二、人员推销的技巧

人员推销的技巧是指推销人员在实施推销过程中，针对不同的推销对象或顾客，为达到推销目标所运用的方式、方法、技能、谋略等综合举措。

1. 自我介绍的技巧

推销有句名言：“推销之前要先推销自己”。推销自己简单地讲，就是在与顾客初次见面时，尽量消除顾客的紧张感和恐惧感，建立与顾客之间的亲密感和信任感。自我介绍时，一要态度诚恳、热情；二要保持亲切的微笑；三要步履轻盈、快捷，正面走近顾客；四要与顾客握手问候时语调应热情洋溢、精神饱满、音量适中；五要在自我介绍时掌握分寸，态度谦虚，先从自己的姓名、单位、身份开始，辅之恭敬地递上自己的名片。若顾客有兴趣或有耐心，再进一步介绍企业或产品。

2. 交谈的技巧

推销员与顾客交谈必须要抓住对方的心，引起对方的共鸣，从而消除对方的紧张感和恐惧感。要做到这一点需做到：一要顾及对方的自尊心，不能说出让对方厌恶或忌讳的话；二要注意关注和兼顾对方的利益；三要注意交流互相感兴趣的信息和经验；四要给顾客谈话的机会；五要直视顾客的脸和眼睛，真诚、尊敬地聆听顾客的谈话；六要养成附和、赞美顾客的谈话习惯。

3. 应付顾客拒绝的技巧

拒绝是推销人员的家常便饭。面对顾客的拒绝，推销员要采取积极的态度，分析原因，寻找应付顾客拒绝的技巧。

(1)附和法

附和法，即推销员在遭到顾客因对产品的某一方面不满而拒绝时，附和顾客的看法，抓住某一方面的关键词，加以其他意义上灵活地阐释，从而直攻对方不满，消除其顾虑。

(2)转折法

转折法，即顾客阐述了自己的看法后提出拒绝，不管其理由多么不充分，推销员都不采取否定回答，而应该附和顾客的看法，然后通过转折词语，再提出自己的看法。

(3)抹煞法

抹煞法，即对顾客的拒绝避而不谈，悬而不论，用笑声或一些轻快的语句把话题引开，这样不仅可以缓和因顾客拒绝而造成的紧张和尴尬局面，而且显示出推销员的大度和宽容。

(4)发问法

发问法，即顾客提出拒绝自有其道理，为探问其原因，通过发问，推销员的位置和态度就发生转移，即由原来的守方变成了主动发问的攻方。这样，就为顾客的倾诉提供了机会。同样，推销员也了解并把握住了顾客反馈回来的信息，如果及时对症下药，消除顾客的顾虑，那么，推销成功已为时不远了。

(5)否定法

作为推销员，对待顾客的诉说和要求，一般不要做出否定的回答，但是在适当的情况下，做出否定回答也是必要的。这样，既可保持公司的形象，又可维护自身的荣誉。但是，在做否定回答时，推销员应注意语气和分寸，不能太过于强硬，需增添一些适当的幽默加以调节，否则就会得罪顾客。

(6)举例法

顾客的拒绝有时是因为缺乏自信，由于对产品认识的可信度不高所致，这时推销员就需用举例法，亦即举出类似顾客的例子，用以加强说明。如果有以前顾客对该产品的称赞的实物证明就可以有力地阻止顾客的拒绝。

(7)转换法

顾客的拒绝往往源于自己的主观印象。因此,推销员应抓住时机,将自己的主观说明转化为客观实在之物,即可出示有关产品的资料说明、获奖情况或产品实物、演示等。

4.排除顾客异议的技巧

推销人员在推销产品的过程中常常会遇到顾客异议,排除顾客异议是顺利推销和达成交易的必备条件。具体可采取以下方法:

(1)反驳处理法

反驳处理法,即推销员根据事实和道理来直接否定顾客异议的一种处理技巧。一般来说,在排除顾客异议时,推销人员应尽量避免与顾客发生直接冲突,尽量避免针锋相对地反驳,但在一定的条件下,推销人员也可以使用反驳处理法。

(2)"但是"处理法

"但是"处理法,即指推销员根据事实和道理来间接否定顾客异议的方法。在实际推销面谈过程中,顾客往往提出许多无效异议,直接妨碍成交。推销人员应该根据有关的事实和理由来否定各种无效的顾客异议。

(3)利用处理法

利用处理法,即指推销员利用顾客的异议来处理异议的一种方法。推销人员利用顾客异议的这种特点来处理顾客异议,即肯定其正确的一面,否定其错误的一面,利用其积极的因素,克服其消极因素,排除成交障碍,有效地促成交易。

(4)补偿处理法

补偿处理法,即指推销员利用异议以外的优点来补偿或抵消顾客异议的一种方法,可以使顾客达到一定强度的心理平衡,有利于排除障碍,促成交易。

(5)询问处理法

询问处理法,即指推销员利用异议来反问顾客的一种处理技巧。推销员在处理各种顾客异议时,应该认真分析有关顾客异议,找出异议的原因。但在实际工作中,推销员又往往不清楚顾客异议产生的根源,于是,通过询问来了解和掌握顾客异议的原因及其性质,以便于处理。

(6)不理睬处理法

不理睬处理法,即指推销员有意不理睬顾客异议的一种方法。

5.成交的技巧

在实际推销工作中,顾客往往不愿主动地提出成交,即使心里想成交,为了杀价或保证实现自己所提出的交易条件,顾客也不首先表示成交,好在成交的意向总会以各种方式表露出来,如在顾客接待推销员的态度逐渐好转时;在顾客主动提出更换面谈场所时;在顾客主动介绍其他相关人员时;在顾客的疑问、异议一个接一个时都可能是成交意向的表示。推销员要不失时机地运用成交技巧,促成交易。其技巧方法有:

(1)请求成交法

请求成交法，即推销员直接要求顾客购买商品的一种技巧。这种技巧要求推销员利用各种成交机会，积极提示，主动向顾客提出成交要求，努力促成交易。

(2)假定成交法

假定成交法，即指推销员假定顾客已接受推销建议而要求顾客实现成交的技巧。假定成交法是一种基本的成交技术，在整个推销面谈过程中，推销员随时都可以有假定顾客已经接受推销建议的想法。假定成交法的力量来自于推销人员的自信心，而推销员的自信心又可以增强顾客的信心，以彼此互相影响，促成交易。

(3)选择成交法

选择成交法，即指推销员为顾客提供几种购买决策方案，并且要求顾客立即购买的一种成交技巧。

(4)小点成交法

小点成交法，即指推销员利用次要问题来间接促成交易的一种技巧。此法避重就轻，提示顾客不太敏感的成交问题，先小点成交，后大点成交。

(5)从众成交法

从众成交法，即指推销员利用顾客的从众心理来促使其立即购买商品的一种技巧。消费心理学认为，人的购买行为既是一种个别行为，又是一种从众行为。顾客在购买商品时不仅考虑自己的需要和问题，也要考虑是否符合社会的需要和规范。从众成交法正是利用了顾客的从众心理，创造一定的购买情境和购买气氛，说服这一部分顾客去影响另一部分顾客，利用成交来促成交易。

(6)机会成交法

机会成交法，即指推销员向顾客提示有利的机会以促使成交的一种技巧。购买机会也是一种财富，也具有一定的经济价值，失去购买机会本身就是一种损失，有时还得支付一定的机会成本。机会成本原理是机会成交法的理论基础，推销员可以利用这个基本原理，针对顾客害怕错过购买机会的心理动机，向顾客提示成交机会，限制顾客的购买选择权和成交条件，施加一定的机会成交压力，促使顾客购买推销品，达成交易。

(7)保证成交法

保证成交法，即指推销员通过向顾客提供成交的保证条件来促成交易的一种技巧。推销心理学认为，顾客在成交时往往存在着害怕错误成交而拒绝成交的心理。推销人员针对顾客的这种心理，向顾客提供一定的成交保证，消除顾客的成交心理障碍，以增加顾客成交的信心而促成交易。

(8)异议成交法

异议成交法，即指推销人员利用处理顾客异议时的时机直接向顾客提出成交要求的一种成交技巧。顾客异议既是成交的直接障碍，又是成交的明显信号。一般来说，只要推销人员能够成功地处理有关的顾客异议，就可以有效地促成交易，促使顾客立即购买推销品。

6.注意形象,培植感情

推销人员在推销过程中同时扮演着两重角色:一方面是企业的代表,另一方面又是顾客的朋友。因此推销人员必须十分重视自身形象的把握。在同顾客的接触中,重视推销礼仪,做到举止大方,不卑不亢,给顾客留下可信可亲可敬的印象,以使顾客产生信任感。在同顾客进行的交易活动中应做到言必信,行必果,守信重诺,不能局限于只站在企业的立场上同顾客发生关系,而应学会站在顾客的立场上帮其出主意,当参谋,帮助指导他们消费、选购商品,甚至可向其推荐一些非本企业的产品,以强化推销活动中的"自己人效应"。

拓展知识

推销人员的素质

1.思想政治素质

推销人员应具有强烈的事业心和责任感。具有集体利益高于个人利益的思想境界,具有公道、正派的思想作风和合作共事的精神。

2.知识修养

一般来讲,一个优秀的推销人员应该懂得政治法律、经济学、市场营销学、推销业务以及社会学、心理学等多种知识。

3.实际工作能力

合格的推销人员应具有业务推销能力、处理人际关系的能力、为顾客服务的能力以及较强的应变能力。

4.个性素质

推销工作的特殊性决定了对推销人员性格特殊的要求。合格的推销人员应该具有感情外露、热情奔放、活动能力强、能当机立断的外向型性格特征,沉默寡言、具有内向性格的人不宜做推销工作。

工作实施

模拟公司的商品模拟推销演练

一、目标

根据本团队具体的项目(产品),在充分熟悉产品的基础上,让学生分别扮演推销员和顾客,进行模拟推销商品演练,使学生能正确、熟练、恰到好处地推销。

二、步骤

1.进行推销实践动员,让学生充分认识推销实践活动的意义,掌握必要的推销技巧和方法。

2.规定适当的推销任务,以两人为一组,一位学生扮演推销员,一位学生扮演顾客,进行模拟推销演练。

3. 进行角色互换。

三、考核标准

评分项目	分 值	得 分
精心进行模拟推销准备	10	
角色扮演神态自然，情景模拟逼真，口齿清楚，语言流利	20	
举止文雅，语言得体，卖点分析到位，有一定的可信度和诱惑力	45	
总结情景模拟的收获，分析存在的问题	25	
总 分	100	

四、注意事项

1. 开始前注意营造轻松气氛，掌握好课堂纪律，确保情景模拟逼真。

2. 模拟演练过程中避免中途打断，多做鼓励，让学生越自然、越逼真越好。

3. 教师可以让扮演客户的学生私下设计一些障碍，以达到训练目的，让业务员过关。

4. 教师点评过程应首先赞美参与的学生，请参与的学生谈谈体会，同时也可请其他学生做评论。

参考文献

［1］ 吴勇．市场营销．北京:高等教育出版社,2008

［2］ 梅鹏．市场营销实务．北京:高等教育出版社,2009

［3］ 章金萍．市场营销技术．北京:高等教育出版社,2008

［4］ 人力资源和社会保障部教材办公室．市场营销学．北京:中国劳动保障出版社,2009

［5］ 王妙．市场营销学实训.上海:复旦大学出版社,2007

［6］ 王妙．实践课业教学.上海:立信会计出版社,2006

［7］ 方光罗.市场营销学.大连:东北财经大学出版社出版,2008

［8］ 张建华.市场营销策划.北京:中国经济出版社,2008

［9］ 彭石普.市场营销原理与实训教程.北京:高等教育出版社,2006

［10］ 罗绍明.市场营销实训.北京:机械工业出版社,2010

［11］ 罗小东,王金辉．推销实务．大连:大连理工大学出版社,2010

［12］ 江林 主编．消费者行为学.北京:首都经济贸易大学出版社,2005

［13］ 郭国庆.市场营销学通论.北京:中国人民大学出版社,2007

［14］ 吴健安.市场营销学.北京:高等教育出版社,2007

［15］ 卢泰宏.营销在中国.北京:企业管理出版社,2003

［16］ 郭朝阳等.中国著名企业营销案例评析.广州:广东经济出版社,2002

［17］ 邱斌等.市场营销学:基本原理与经典案例.南京:南京大学出版,2005

［18］ 菲利普.科特勒著．梅清豪等译营销管理.上海:上海人民出版社,2006

［19］ 菲利普.科特勒等著,洪瑞云等译．市场营销原理(亚洲版).北京:机械工业出版社,2006

［20］ 中华人民共和国劳动和社会保障部组织编写．营销师一国家职业标准.北京:中国劳动社会保障出版社,2006

［21］ 中国就业培训技术指导中心组织编写．营销师基础知识.北京:中央广播电视大学出版社,2006

［22］ 中国就业培训技术指导中心组织编写．助理营销师(三级).北京:中央广播电视大学出版社,2006

［23］ 中国教学案例网：http://www.cctc.net.cn.

［24］ 中国营销传播网:http://www.emkt.com.cn/

［25］ 中国市场网：http://www.18-china.com/

［26］ 中国市场营销网：http://www.ecm.com.cn/